Claus-Heinrich Daub
Globale Wirtschaft – globale Verantwortung

Über das Buch

Der Prozess der Globalisierung führt zu einer Verschiebung des Kräfteverhältnisses zwischen Nationalstaaten und multinationalen Unternehmen. Deren Macht- und Bedeutungszuwachs lässt Forderungen nach einer Übernahme zusätzlicher Verantwortung im Prozess einer nachhaltigen Entwicklung laut werden. Die Publikation zeigt, unter welchen Voraussetzungen dies gelingen kann.

Über den Autor

Claus-Heinrich Daub ist Professor für Marketing und Management an der Fachhochschule Nordwestschweiz Aargau und Privatdozent für Soziologie an der Universität Basel.

Claus-Heinrich Daub

Globale Wirtschaft – globale Verantwortung

Die Integration multinationaler Unternehmen
in den Prozess der nachhaltigen Entwicklung

edition gesowip
Basel 2005

Die Deutsche Bibliothek - CIP-Einheitsaufnahme
Ein Titeldatensatz für diese Publikation ist bei Der Deutschen Bibliothek erhältlich

Die Deutsche Bibliothek - CIP-Cataloguing-in-Publication-Data
A catalogue record for this publication is available from Die Deutsche Bibliothek

Originalausgabe

Alle Rechte vorbehalten
© 2005 by edition gesowip, Basel/Switzerland
Herstellung: SDL, Berlin

Printed in Germany

ISBN 3-906129-23-3

Inhalt

Danksagung 9

1 Einführung 11

2 Globalisierung und die Ausbildung weltgesellschaftlicher
   Strukturen 27
   2.1 Evolution und Implikationen der Globalisierungstheorien
       aus soziologischer Perspektive 29
   2.2 Die ökonomische Globalisierung als Motor der globalen
       Entwicklungen 38
       *2.2.1 Qualitative und quantitative Veränderungen
       weltwirtschaftlicher Prozesse* 41
       *2.2.2 Die Bedeutung multinationaler Unternehmen für den
       Prozess der ökonomischen Globalisierung* 48
       *2.2.3 Die Entwicklung und Bedeutung globaler Informations-
       systeme, Kommunikations- und Transportnetze* 54
   2.3 Konsequenzen der Globalisierung? Eine kritische Reflexion 64

3. Das globale Projekt der Gestaltung einer menschengerechten
   Zukunft 73
   3.1 Nachhaltigkeit – von einer forstwirtschaftlichen zu einer
       integralen Leitidee 74
   3.2 Das moderne Konzept einer nachhaltigen Entwicklung
       und Probleme seiner Umsetzung 78
       *3.2.1 Nationale Egoismen bei Umweltverschmutzung und
       Nutzung natürlicher Ressourcen* 83
       *3.2.2 Das Problem der Durchsetzung von Prinzipien einer
       »good governance«* 88

3.4 Die Funktion von Wirtschaftsunternehmen im Prozess
der nachhaltigen Entwicklung 94

4. Die Verantwortung von Unternehmen im Spannungsfeld
von Markt und Gesellschaft 103

   4.1 Ökonomie, Moral und die Diskrepanz zwischen
      Geltung und Gültigkeit sozialer Normen 107

      *4.1.1 Die Grundproblematik: Ökonomisches Handeln und
          die Spielregeln des Leistungswettbewerbs 107*
      *4.1.2 Zur Entwicklung und Ausdifferenzierung des
          wirtschaftsethischen Paradigmas 111*
      *4.1.3 Individualethik versus Institutionenethik und die
          Dimensionen unternehmerischer Verantwortung 115*

   4.2 Konsequenzen sozialer Differenzierungsprozesse für
      die Integration von Werten und Normen 121

      *4.2.1 Die Entwicklung der modernen Gesellschaft aus
          differenzierungstheoretischer Perspektive 122*
      *4.2.2 Die Eigenlogik des Wirtschaftssystems und seine
          Unzugänglichkeit für Moral 130*
      *4.2.3 Die Notwendigkeit der Übersetzung moralischer
          Forderungen in die »Sprache des Geldes« 132*

5. Strategien der Integration von Unternehmen in den Prozess der
nachhaltigen Entwicklung 137

   5.1 Zu den Gestaltungsmöglichkeiten staatlicher Politik 144

      *5.1.1 Nationalstaaten und multinationale Unternehmen –
          Gegner oder »neues Bündnis« 145*
      *5.1.2 Staatliche Bemühungen um nachhaltiges Wirtschaften:
          vom »Zwang« zum »Anreiz« 151*

   5.2 Regulations- und Korrektivfunktionen der Zivilgesellschaft 161

      *5.2.1 Zivilgesellschaft, neue soziale Bewegungen und
          Nichtregierungsorganisationen – Begriffsklärungen 163*
      *5.2.2 Nichtregierungsorganisationen als »dritte Kraft« im
          Prozess einer nachhaltigen Entwicklung 166*
      *5.2.3 Die besondere Rolle der Massenmedien bei der
          Strukturierung des öffentlichen Diskurses 171*

5.3 Zum Interessenausgleich zwischen gesellschaftlichen
und unternehmerischen Zielen 178
    5.3.1 Der »Global Compact« der Vereinten Nationen 181
    5.3.2 Inititiativen der Wirtschaft am Beispiel des Programms
    »Responsible Care« der chemischen Industrie 186
    5.3.3 Kampagnen von NGOs: Die »Clean Clothes Campaign«
    und der »Sozialstandard SA8000« 192
    5.3.4 Die Entwicklung von Nachhaltigkeitsindikatoren am
    Beispiel des »Corporate Sustainability Reporting« 199
    5.3.5 Das Problem der Umsetzung und des Prozessmonitoring
    durch unabhängige Institutionen 211

6. Ein abschliessendes Resümee 221

Personen- und Sachregister 231

Literaturverzeichnis 247

Danksagung

Als ich mich im Jahre 2000 an das Projekt des Verfassens der Habilitationsschrift machte, die diesem Buch zugrunde liegt, ahnte ich noch nicht, wie viele Freunde und Wegbegleiter ich brauchen würde, um diesen Weg zu Ende gehen zu können. Nun ist das Ziel erreicht und ich bin in der erfreulichen Lage, all jenen auch einmal schwarz auf weiss danken zu können, die an diesem Erfolg ihren Anteil hatten.
Mein erster Dank gilt den vier Gutachtern, welche meine Habilitationsschrift kritisch geprüft und der Philosophisch-Historischen Fakultät der Universität Basel zur Annahme empfohlen haben. Es waren dies Prof. Dr. Sabine Maasen, Prof. Dr. Jan Krulis-Randa, Prof. Dr. Klaus M. Leisinger und Prof. Dr. Ueli Mäder. Danken möchte ich auch all jenen, welche mir in vielen Gesprächen wichtige Anregungen für meine Arbeit gegeben haben, an erster Stelle meinem Freund und Kollegen Prof. Dr. Rudolf Ergenzinger, ausserdem Yvonne Scherrer, Jan Frèce, Dr. Catherine Mueller, Dr. Hector Schmassmann, Stefan Philippi, Ylva Karlsson, Sebastiaan Stiller, Prof. Dr. Arie H. Verkuil und Prof. Thomas Fischer.
Gewidmet ist auch und gerade diese Arbeit wieder meiner Frau Angelika. Ich hoffe, ihr in unserer gemeinsamen Zukunft all jene Zeit zurückgeben zu können, die uns dieses Werk über sein Verfassen hinaus gekostet hat.

Basel, im April 2005   Claus-Heinrich Daub

1 Einführung

Die Erfahrungen der Menschheit in der Zeit seit dem Zweiten Weltkrieg sind geprägt von einer zunehmenden Sorge um die Zukunft ihres Planeten. Ob es hierfür einzelne Auslöser gegeben hat und welche Bedeutung diesen zukam, lässt sich im Rückblick nur schwer diagnostizieren. Einerseits mögen Einzelereignisse wie der globale Schock nach dem Abwurf der ersten Atombombe über der japanischen Stadt Hiroshima eine wesentliche Rolle gespielt haben, brachte dieser gewaltsame Akt doch die Erkenntnis ins Bewusstsein der Menschheit, dass Leben im Zeitalter der Nutzung atomarer Energiequellen mit einem Schlage ausgelöscht werden kann (vgl. Jaspers 1958). Eine ähnliche Funktion dürfte jüngeren Ereignissen wie dem Kernreaktorunfall von Tschernobyl (1986) oder Naturkatastrophen wie dem über Asien hereingebrochenen Tsunami (2004) zukommen, die den Menschen wiederholt die Gefahr eines Kollapses des Weltklimas vor Augen führen.

Prägender mag indes eine sich eher schleichend verbreitende Erkenntnis gewesen sein, die im Verlaufe der zurückliegenden Jahrzehnte in den Mittelpunkt der menschlichen Selbst- und Weltwahrnehmung rückte: die Erkenntnis nämlich, dass in einer komplexen Gesellschaft auf dem Wege der Globalisierung schon alltägliches Tun negative Effekte erzeugen kann, die in ihrer kumulierten Konsequenz zu einer irreversiblen Zerstörung der biologischen und sozialen Grundlagen des Lebens führen können. Welcher einfache Bürger hätte sich noch vor 50 Jahren Gedanken darüber gemacht, dass seine Ferienreise mit dem Pkw zur Produktion von Treibhausgasen führt, wer sich vor Augen geführt, dass sein Kauf preisgünstiger Gartenmöbel zur Abholzung tropischer Regenwälder und sein Kauf eines T-Shirts zur Stabilisierung teilweise unmenschlicher Arbeitsbedingungen in den Herstellerländern beitragen könnte? Heute hingegen gehören derartige Überlegungen zumindest in den westlichen Industrienationen zum gängigen Repertoire des »neuen Denkens«, das die »Selbsterzeugung gesellschaftlicher Lebensbedingungen« erkennt und thematisiert, wie dies Ulrich Beck in seiner Untersuchung der »Risikogesellschaft« treffend dargelegt hat (Beck 1986, 300 ff.).

Wie bereits in den Beispielen angedeutet, wurden die potenziell negativen externen Effekte menschlichen Handelns in der jüngeren Vergangenheit erstens verstärkt in einem ökonomischen Kontext und dabei vor allem im Felde der Herstellung und des Konsums von Produkten und Dienstleistungen und zweitens in zwei Wirkbereichen sichtbar: in einem *sozio-ökonomischen* sowie in einem *ökologischen*. Darüber hinaus wurden sie vor allem in Folge des Vordringens der Massenmedien vermehrt in einem globalen Kontext thematisiert.

In ökologischer Hinsicht gewannen die im bereits zu Beginn der 1970er Jahre erschienen ersten Bericht des »Club of Rome« (Meadows u.a. 1972) dargelegten Besorgnisse um die Ausbeutung und Verschmutzung der Natur mit der Ausweitung der wissenschaftlichen Erkenntnisse über deren globales Bedrohungspotenzial während der 1980er und 1990er Jahre beständig an Bedeutung (vgl. Dahrendorf 1998, 41). Als grösste Gefahren diagnostiziert wurden dabei der sogenannte »Treibhaus-Effekt«, also die Schädigung der stratosphärischen Ozonschicht durch die zunehmende Produktion von Kohlendioxid (CO_2) sowie Fluorchlorkohlenwasserstoffen (FCKW) und der damit verbundene Anstieg der mittleren globalen Lufttemperatur sowie – daraus resultierend – des Meeresspiegels, der Rückgang der Artenvielfalt, die Erosion landwirtschaftlicher Nutzflächen, das Vordringen der Wüsten (Desertifikation) und schliesslich die Verschmutzung und Überfischung der Weltmeere (Bundesumweltministerium 1997, 4). In *sozio-ökonomischer* Hinsicht gelangten insbesondere Fragen des Schutzes grundlegender Menschenrechte, wie sie in der Universal Declaration of Human Rights festgehalten sind, einer gerechten Verteilung des weltweit generierten Wohlstandes und die hiermit in engem Zusammenhang stehenden Problem der Überbevölkerung sowie der menschlichen Armut auf die globale politische Agenda.

In den Mittelpunkt des »neuen Denkens« gerieten somit die Ideen einer globalen *Intra-Generations-Gerechtigkeit* einerseits, einer *Inter-Generationen-Gerechtigkeit* andererseits. Eine sogenannt »nachhaltige« globale Entwicklung, wie sie erstmalig im Jahr 1987 von der Brundtland-Kommission (Hauff 1987) formuliert und später in der Agenda 21 (United Nations 1992) und Folgedokumenten weiter konkretisiert wurde, ist dieser Idee zufolge nur dann möglich, wenn die heutige Generation alle notwendigen Anstrengungen zur Abwendung eines ökologischen und/oder sozialen Kollapses unternimmt und dabei die Verantwortung gerecht auf die Schultern aller Organisationen weltweit verteilt.

Dieser Diskurs um eine nachhaltige Entwicklung ist so betrachtet ohne einen Globalisierungsprozesses nicht denkbar; er ergibt sich vielmehr aus der Tatsache, dass ein offenkundig stattfindender Prozess (Globalisierung) zunehmend Problemlagen ins Bewusstsein der Menschen vordringen lässt, die es öffentlich zu debattieren und politisch zu steuern gilt. Dadurch, dass in ihm alle grundlegenden Problematiken des Umgangs der Menschen mit sich selbst und ihrer natürlichen und sozialen Umwelt thematisiert und im Modell einer ganzheitlich betrachteten »menschlichen Entwicklung« reflektiert werden (UNDP 1999, 20), geht er weit über frühere Debatten zu globalen Umweltveränderungen hinaus, die vor allem in den Naturwissenschaften geführt wurden und in erster Linie *physikalische oder biologische* Vorgänge und ihre Auswirkungen auf Mensch und Natur im Blick hatten. Mit der sich gegen Ende der 80er Jahre immer rascher durchsetzenden Erkenntnis, dass Veränderungen dieser »biologischen Umwelt« auf das engste verzahnt sind mit Entwicklungen der »sozialen Umwelt« nahm zugleich die Bedeutung der Soziologie als derjenigen Wissenschaft zu, welche die *Auswirkungen physikalischer auf soziale Prozesse* beschreiben sollte (vgl. Redclift/Skea 1996, 382). Der Diskurs um eine nachhaltige Entwicklung kann heute insofern als *der* globale Metadiskurs bezeichnet werden.

Wie eng soziale und ökologische Fragestellungen im Prozess einer nachhaltigen Entwicklung miteinander verwoben sind, zeigt sich bereits im Bericht der Brundtland-Kommission, in zahlreichen weiteren internationalen Dokumenten und schliesslich am Deutlichsten in der Deklaration der United Nations Conference on Environment and Development (UNCED), der Agenda 21: Neben Fragen einer gerechten Lastenverteilung zwischen Industrie- und Entwicklungsländern bei der Bewältigung der ökologischen und sozio-ökonomischen Herausforderungen der Gegenwart werden dortselbst auch ausführlich Probleme einer Bewahrung der generellen Fähigkeit der Menschheit thematisiert, in Zukunft ein ähnliches Niveau der Lebensqualität zu erreichen, wie es heute herrscht (UNDP 1994, 22). Nahezu alle Untersuchungen werfen dabei gleichlautend die Frage auf, von welchem Zustand der natürlichen und künstlichen Umwelt aus eine nachhaltige Entwicklung vorangetrieben werden soll (Renn/Knaus/Kastenholz 1999, 25 ff.) respektive wie die für zukünftige Generationen zu bewahrende Lebensqualität gemessen und bestimmt werden kann.

Ein Aspekt ist dabei unumstritten: Die Angleichung der Lebensumstände einer wachsenden Weltbevölkerung an das derzeitige Niveau der westlichen Industrienationen würde die Öko-Systeme der Erde an die Grenzen ihrer Belastbarkeit führen (UNDP 1998, 103). Zwar gibt es Stimmen, die in einer »Effizienzrevolution« eine Chance zur Abwendung der dann drohenden Katastrophe erkennen und ein »neues Wohlstandsmodell« proklamieren (Weizsäcker 1989, 221 ff.; vgl. Leisinger/Schmitt/Pandya-Lorch 2002, 122 ff.). Allerdings geben die realpolitischen Entwicklungen nicht allzu viel Anlass zur Hoffnung. Dies offenbart sich regelmässig, wenn die Vereinten Nationen zu Nachfolgetreffen des »Klimagipfels« von Kyoto im Jahre 1997 laden. Die dort getroffenen Grundsatzvereinbarungen zur Reduktion des Ausstosses von Treibhausgasen durch die Industriestaaten um 5,2% bis zum Jahr 2012 (im Vergleich zum Jahre 1990) und zur Etablierung eines Handels mit Emissionsrechten werden regelmässig in Frage gestellt. Entsprechend kam es auf keiner der Folgekonferenzen zu einer Lösung dieses grundsätzlichen Problems – wenngleich sich einige Länder dazu bekannt haben, zumindest ihren Teil der Verantwortung freiwillig zu tragen. So pessimistisch die Verläufe dieser internationalen Konferenzen in Hinblick auf eine konzertierte Aktion zugunsten einer nachhaltigen Entwicklung stimmen mögen, so gemahnen die dort aufflackernden Konflikte die Öffentlichkeit in den Industrieländern doch immer wieder an ihre besondere Rolle und stärken das öffentliche Bewusstsein einer *gesellschaftspolitischen Verantwortung*.

Die im öffentlich-politischen aber auch wissenschaftlichen Diskurs meist diskutierte Frage betrifft die *Träger der Verantwortung* und deren geforderte Beiträge zur Lösung der globalen Probleme. Dabei lässt sich eine sukzessive Wahrnehmungsveränderung beobachten. Ein Teil dieser veränderten Wahrnehmung betrifft die sich in immer breiteren Teilen der Bevölkerung insbesondere in den industrialisierten Ländern durchsetzende Erkenntnis, dass *jeder einzelne Mensch* einen Anteil an den globalen Problemen hat, die es zu lösen gilt (Preuss 1991). Ein zweiter Teil betrifft die prominentesten bzw. dominierenden Akteure der Ausgestaltung einer »globalen Weltordnung« in ökonomischer, politischer und sozialer Hinsicht. Dabei werden zwar einerseits weiterhin die Nationalstaaten genannt, wobei der Fokus auf den in der Gruppe der G7 vereinigten Länder USA, Japan, Kanada, Frankreich, Deutschland, Grossbritannien und Italien liegt, denen aufgrund ihrer politischen und wirtschaftlichen Stellung eine besondere Verantwortung zuzuschreiben ist. Darüber hinaus werden indes zunehmend *global agierende Unternehmen bzw. Unternehmensnetzwerke*, sogenannte »multinationale Konzerne«, als machtvolle und einflussreiche Akteure angeführt (vgl. u.a. Warner/Sullivan 2004; Kuttner 2001, 177 f.; Scherer/Smid 2000; Die Gruppe von Lissabon 1998, 99 ff.; Perraton u.a.

1998, 160 ff.). Dies belegen zahlreiche Beiträge vor allem wirtschafts- und sozialwissenschaftlicher Provenienz, die in den zurückliegenden Jahren zum Diskurs um den *Globalisierungsprozess* vorgelegt wurden. Darin wird Globalisierung regelmässig als ein Prozess betrachtet, der sich *vornehmlich* (wenn auch keinesfalls ausschliesslich) als eine Veränderung des weltwirtschaftlichen Systems darstellt. Genannt werden an erster Stelle die geographische Ausdehnung und wachsende Interaktionsdichte des internationalen Handels, die Globalisierung der Finanz- und Kapitalmärkte sowie das Aufkommen und der weltwirtschaftliche Bedeutungszuwachs eben jener multinationalen Konzerne.

Entsprechend lässt sich konstatieren, dass der Prozess der Globalisierung in seiner Entwicklungsrichtung vornehmlich von den bereits genannten *zwei Hauptakteuren* bestimmt wird: Nationalstaaten und global agierenden Konzernen. Wenn letzteren in der Steuerung der künftigen globalen Entwicklungen in technischer und ökonomischer, aber auch politischer und sozialer Hinsicht eine führende Rolle zugewiesen wird, geht dies weit über jene Funktion hinaus, die ihnen Robert Reich zuwies, als er sie in einer paradigmatischen Wendung als Protagonisten einer »neuen Weltwirtschaft« bezeichnete (Reich 1993, insb. 152 ff.). Sie können vielmehr als prominente Protagonisten einer sich abzeichnenden *Weltgesellschaft* begriffen werden.

Ihre dominierende Rolle wird in der Literatur nahezu einhellig mit dem Bild einer sukzessiven »Machtübernahme« von den nationalen Regierungen beschrieben. Es findet m.a.W. ein Prozess der sukzessiven *Verschiebung des Machtgleichgewichts zwischen wirtschaftlichem und politischem System* statt, der in einer paradigmatischen Wendung des Politikwissenschaftlers Martin Albrow als ein »Abschied vom Nationalstaat« bezeichnet wurde (Albrow 1998). Von politikwissenschaftlicher Warte aus wird argumentiert, dass die sozialen Folgeprobleme einer »entgrenzten Ökonomie« geeignet seien, »das Vertrauen in die demokratische Politik überhaupt zu untergraben« (Scharpf 1998, 229). Der Soziologe Richard Münch geht sogar noch einen Schritt weiter, wenn er von der Notwendigkeit einer »Entschärfung der ökologischen, sozialen und kulturellen Sprengsätze des globalen Kapitalismus« spricht (Münch 1998, 11).

Wirtschaftsunternehmen und dabei insbesondere multinationalen Konzernen wird in diesem Prozess eine besondere Rolle zugeschrieben. Weitgehende Einigkeit herrscht darüber, dass sie infolge der fortschreitenden globalen Marktöffnung über die Potenz verfügen, sich dem Zugriff der nationalstaatlichen Ordnungsmacht sukzessive zu entziehen und Staaten gegeneinander auszuspielen. Die Frage, in welchem Masse dies stattfindet, wird jedoch unterschiedlich beantwortet. Extrem zwar, doch nicht zuletzt deshalb vielleicht auch besonders häufig kolportiert wird die These eines nahezu vollständigen Diktats der »Terms of Trade« durch die Unternehmen. Sie werden zum einen als Hauptverursacher und »Taktgeber« der Globalisierungstendenzen ausgemacht (vgl. Dicken 1992, 177 ff., Beck 1998b), zum anderen als ihre »Hauptprofiteure« (z.B. bei Afheldt 1995; Forrester 1997). Stellvertrend für zahlreiche pessimistisch gestimmte Beobachter und Kommentatoren dieser Veränderungstendenzen formuliert Jenner: »Die industrielle Führung entgleitet den Nationen und geht in die Hand von transnationalen Konzernen über« (Jenner 1997, 117). Wenngleich derart plakativ formulierte Szenarien heute Konjunktur zu haben scheinen, kommt es bisweilen auch zu ausgewogeneren Darstellungen. Sie zeichnen das Bild einer stärkeren, wenngleich nicht bestimmenden Rolle der multinationalen Konzerne in einem neuen »Bündnis zwischen Unternehmen und Staat« (Die Gruppe von Lissabon 1998, 101). Unabhängig von der Radikalität ihrer Formulierungen ist den meisten Interpretationen die Schlussfolgerung gemein, dass der Wirtschaft respektive den Unternehmen seitens der Politik zu wenige Handlungseinschränkungen auferlegt würden (Kneschaurek 1999, 14; vgl. auch Nowotny 1997 und Kuttner 2001). So bezeichnet die Gruppe von Lissabon in ihrer Analyse der »Grenzen des Wachstums« das »Fehlen institutionalisierter Formen sozial verantwortlicher und demokratisch kontrollierter politischer Macht auf globaler Ebene« pointiert als »fundamentale Schwäche der heutigen Welt« (1998, 20 f.).

Diese »Kardinalkritik« an Unternehmen mag zunächst insofern nicht verwundern, als ihre potenziellen Beeinflussungsmöglichkeiten politischer Entscheidungen von der Öffentlichkeit *de facto* als bedrohlich wahrgenommen werden. Entsprechend formieren sich seit einigen Jahren verstärkt subpolitische Gruppierungen, die ihre Ängste um die *Zerstörung der sozialen und ökologischen Grundlagen des menschlichen Zusammenlebens* und eine einseitige Förderung des wirtschaftlichen Globalisierungsprozesses auf die Strasse tragen. Die sogenannten »Globalisierungsgegner« – dies sei hinzugefügt – sind im Übrigen recht eigentlich keine »Gegner« der Globalisierung, wie der Begriff suggeriert. Sie wehren sich vielmehr gegen eine Globalisierung, die einzig den Protagonisten des Wirtschaftssystems Vorteile brächte. So wichtig die Funktion derartiger Gruppierungen im öffentlichen Diskurs sein mag, so bedenklich erscheint sie allerdings hinsichtlich der Ausgewogenheit und Rechtfertigung der vorgetragenen Argumente. So wird – wie später noch ausführlich gezeigt werden wird – die Funktion von Unternehmen im Prozess der Gestaltung einer neuen und gerechteren Weltordnung durch diese Gruppen nahezu ausschliesslich negativ dargestellt und dabei selten ein Unterschied zwischen der Grösse eines Unternehmens und/oder der Branche gemacht, in der es tätig ist. Auch seine Bemühungen, sich zu einem »good corporate citizen« zu entwickeln, sein Engagement in internationalen Programmen, wie beispielsweise dem »Global Compact« der Vereinten Nationen oder sein Wirken als Partner in einer strategischen Allianz mit Regierungen und/oder Nichtregierungsorganisationen (Warner/Sullivan 2004) hilft einem Unternehmen in einem derart emotional aufgeladenen Diskurs selten, sein echtes Interesse an einer Partizipation am öffentlichen Diskurs zu untermauern. Ja, geraten Konzerne erst einmal ins Schussfeld der Kritik, wird ihnen ein nach Aussen getragenes verantwortliches Verhalten bisweilen sogar erst recht negativ ausgelegt (vgl. Werner/Weiss 2001, 15 ff.). Dies be- und verhindert wiederum die Möglichkeiten, die sich bei einer systematischen Einbindung von Unternehmen als Partner in den Prozess der Gestaltung einer neuen weltgesellschaftlichen Ordnung ergeben könnten.

Dieser Gedanke leitet über zu unserer zentralen *Fragestellung* sowie zur daraus abgeleiteten *Zielsetzung*. Die Untersuchung wird die veränderten *Rollen und Funktionen* sowie die *gesellschaftspolitischen Verantwortlichkeiten* multinationaler Konzerne im Sinne *sozialer Akteure* reflektieren, die im Zuge des Globalisierungsprozesses einen spürbaren Zuwachs an Einflussmöglichkeiten auf soziale und politische Prozesse gewonnen haben, bei der Weiterentwicklung und Gestaltung des globalen Wirtschafts- und Gesellschaftssystems im 21. Jahrhundert. Dabei wird sie sich auf die *Beantwortung der Frage* konzentrieren, unter welche *Voraussetzungen* die zweifellos vorhandenen Kapazitäten von Unternehmen bei der Gestaltung der globalen sozio-ökonomischen Veränderungsprozesse genutzt werden können.

Die *Hauptzielsetzungen* dieser Arbeit sind es erstens zu zeigen, dass multinationale Konzerne – und im Übrigen auch mittelständische und kleinere Unternehmen – dann bereit sind, sich in den Prozess der Realisierung einer nachhaltigen Entwicklung verstärkt positiv einzubringen, wenn sie davon überzeugt werden können, dass die Berücksichtigung des Nachhaltigkeitsthemas in Geschäftsstrategien mittel-

und langfristig zu Wettbewerbsvorteilen führen wird. Zweitens werden *Wege aufgezeigt, wie multinationale Konzerne in den gesellschaftlichen Prozess der Gewinnung handlungsleitender Normen dialogorientiert und damit konstruktiv eingebunden werden können, welche Chancen und Risiken sich dabei ergeben und wie diese überwunden werden können.*

Unsere forschungsleitende *Perspektive* wird dabei eine *deskriptive* und *keine normative* sein: Es soll nicht darum gehen, »nachhaltige Entwicklung« als einen gesellschaftlich wünschenswerten Zustand zu postulieren und den Lesern Handlungsvorschläge zu dessen Realisierung zu unterbreiten, wie dies in der Literatur zu diesem Thema wiederholt vorgenommen wird (vgl. Minsch u.a. 1996, 7). Damit weichen wir zugleich bewusst ab von einer *umweltsoziologischen Position*, die dazu aufruft,»die spezifischen Kenntnisse und Erkenntnisse der Soziologie für mehr Nachhaltigkeit einzusetzen« (Redclift/Skea 1996, 381). Dies überlastete nicht nur die Funktion der Sozialwissenschaften als Reflexions- und Kritikinstanz gesellschaftlicher Entwicklungen, es verwickelte uns zugleich in einen normativen Diskurs, in dem Positionen bezogen werden müssten, was in seiner Konsequenz den objektiven Blick trüben würde.

Gemäss dieses hier zunächst kurz skizzierten Arbeitsprogramms werden wir im Verlaufe der Untersuchung in einem mehrstufigen Analyseprozess zeigen, dass

1. der Globalisierungsprozess tatsächlich stattfindet und die Existenz multinationaler Konzerne in erster Linie auf Globalisierung zurückzuführen bzw. der Prozess ihrer Entwicklung untrennbar mit dem Phänomen der Globalisierung verbunden ist (Kapitel 2);
2. die zunehmende Macht multinationaler Konzerne im Diskurs um eine nachhaltige Entwicklung erkannt worden, daraus jedoch bislang noch nicht in ausreichendem Masse die Konsequenz gezogen worden ist, sie systematisch als Partner in den Prozess der Entwicklung handlungsleitender Normen für eine globale Gesellschaft einzubeziehen (Kapitel 3);
3. eine solche Einbindung möglich ist, wenn es gelingt, Konzernen in Anerkenntnis ihrer systemimmanenten Handlungsbeschränkungen (Kapitel 4) die positiven Konsequenzen eines verantwortlichen Unternehmensverhaltens in einem diskursiven, dialogorientierten Verfahren deutlich zu machen und dabei systematisch Anreize zu entwickeln, die ein »nachhaltiges Wirtschaften« honorieren (Kapitel 5).

Im *ersten Analyseschritt* wird es zunächst darum gehen, die einleitend aufgestellte These eines sukzessiven Machtzuwachses multinationaler Konzerne im Prozess der Globalisierung zu erhärten. Dabei müssen einerseits theoretische Ansätze entkräftet werden, welche die Existenz eines Globalisierungsprozesses generell in Abrede stellen (Hirst/Thompson 1998, 85 ff.). Andererseits muss verdeutlicht werden, dass derzeit stattfindende sozio-ökonomische Veränderungstendenzen überhaupt als globale Phänomene gedeutet werden können. Denn nur, wenn dies der Fall ist, würde die Rede von einer Entwicklungsdynamik hin zu einer »globalen Gesellschaft« respektive einer »Weltgesellschaft« Sinn machen, die einer systematischen Gestaltung bedarf. Hierbei werden wir uns sowohl auf Erkenntnisse aus den Sozialwissenschaften als auch den Wirtschaftswissenschaften stützen. Konkret werden wir Globalisierung – wie einleitend bereits angedeutet – als einen *sozio-ökonomischen Entwicklungsprozess* betrachten, der zur allmählichen Auflösung nationalstaatlicher Strukturen und der Ausbildung einer globalen Gesellschaft führt. Dabei versuchen wir, unter Konsultation theoretischer *und* empirischer Befunde festzustellen, in welchem Stadium ihres Entwicklungsprozesses sich die »Weltgesellschaft« zum jetzigen Zeitpunkt befindet und inwiefern es statthaft ist, von einer Auflösung nationalstaatlich verfasster Gesellschaften zu sprechen.

Im *zweiten Analyseschritt* soll die *Rolle* transnationaler Konzerne im Kontext des sozial-evolutionären Prozesses einer politischen »Neuordnung« der Welt gemäss der Kriterien einer nachhaltigen Entwicklung beleuchtet werden. Dabei rekurrieren wir auf die im Diskurs um eine nachhaltige Entwicklung wiederholt vorgetragene Behauptung, dass multinationale Konzerne im gesellschaftlichen Ringen um eine gemeinsame Strategie zur Bewältigung der anstehenden sozialen und ökologischen Herausforderungen aus *praktischen* Gründen eine prominente Rolle einnehmen *müssen*, um diese nicht zum Scheitern zu verurteilen (vgl. Schmidheiny/BCSD 1992, 13; Die Gruppe von Lissabon 1998, 182; UNDP 1998, 121).

Im *dritten Analyseschritt* – gleichzeitig dem »Herzstück« der vorliegenden Arbeit – soll schliesslich in zwei Stufen dargelegt werden, welche Voraussetzungen erfüllt sein müssen, um multinationale Konzerne dazu zu bewegen, ihre gesellschaftliche Verantwortung wahrzunehmen.

Auf einer *ersten, theoretischen Stufe* (Kapitel 4) wird zunächst die Frage beantwortet, *weshalb multinationale Konzerne zwar nachweislich über wachsende Einflussmöglichkeiten auf den Prozess der Gestaltung einer heraufkommenden Weltgesellschaft nach dem Vorbild einer nachhaltigen Entwicklung verfügen, diese Möglichkeiten indes noch nicht in ausreichendem Masse nutzen.* Mit letzterer These rekurrieren wir auf Beobachtungen wirtschaftsethischer Autoren, die in diesem Kontext eine Kluft zwischen den Verlautbarungen vieler Unternehmen beobachten, sich in ihren Handlungen an ethischen Normen zu orientieren und dem *realen* Umgang mit Forderungen gesellschaftlicher Anspruchsgruppen (Hengsbach 1991, 9). Sie beklagen dabei den Sachverhalt, dass sich Unternehmen ihrer gesellschaftspolitischen Verantwortung nicht oder zumindest nicht alleine aus der Einsicht in die ethische Legitimität normativer Forderungen stellten, sondern vor allem aus der Beobachtung heraus, dass eine Abwehr der »Verantwortungszumutung« aus Gründen der betriebswirtschaftlichen Klugheit negative Auswirkungen auf den Geschäftsgang und damit die Rentabilität des Unternehmens hätte (vgl. Göbel 1992, 21). Dies bedeute letzten Endes eine Berücksichtigung moralischer Anliegen ausschliesslich aus geschäftsstrategischen Erwägungen, mithin die Reduktion von »Ethik« auf »Strategie« (Zajitschek 1997).

Gegen diese Kritik lassen sich praktische und theoretische Einwände erheben. In *praktischer Hinsicht* ignoriert sie, dass sich Unternehmen längst ihrer veränderten Funktionen im Sinne »quasi-öffentlicher« sozialer Akteure (Ulrich 1977)[1] bewusst geworden sind. Dies wird in einem rapiden Zuwachs an wirtschafts- und unternehmensethischer Literatur sichtbar (Hengsbach 1991, 17). Die dort thematisierte Grundproblematik, dass *jedes* Wirtschaftshandeln zahlreiche soziale und ökologische Konsequenzen nach sich zieht und entsprechend einem ethisch-normativen gesellschaftlichen Diskurs unterworfen sein muss, ist wiederum nicht neu. In Anbetracht der einer-

---

[1] A. A. Bearle und G. C. Means sprachen bereits zu Beginn der 1930er Jahre von der »quasi-public corporation« (vgl. dies. 1932, 9). Der Begriff wurde später von Peter Ulrich aufgegriffen und weiterentwickelt (Ulrich 1977). Die Grundidee lautet: Wenn es in einem pluralistischen Gemeinwesen keinen Herrschaftsanspruch ohne demokratische Legitimation geben darf, kann ein unternehmerisches Handeln, dessen Auswirkungen auf unbeteiligte Dritte – gewollt oder ungewollt – zunehmen, nicht mehr als privatautonom deklariert werden; es nimmt vielmehr einen zumindest quasi-öffentlichen Charakter an. Hierzu führt Ulrich aus: »Als quasi-öffentliches Unternehmen bezeichne ich jedes Unternehmen, dessen Eigentum formalrechtlich zwar privat, dessen Handlungswirkungen jedoch faktisch von mehr oder weniger grosser öffentlicher Relevanz ist« (Ulrich 1993, 394).

seits faktisch immer grösseren Auswirkungen von Einzelhandlungen in einem stetig an Komplexität zunehmenden globalen sozialen System und der anderseits wachsenden Kritik zahlreicher gesellschaftlicher Gruppierungen an einer »Ökonomie ohne Moral« löst sie sich jedoch allmählich aus dem Diskurs im Elfenbeinturm der akademischen Lehre. Sie wird heute in einem Diskurs, der durch Begriffe wie »Corporate Citizenship«, »Corporate Social Responsibility« oder »Corporate Responsiveness« geprägt wird (McGuire 1963; Sethi 1975; Ackerman and Bauer 1976; WBCSD 1999; Carroll 1999; Leisinger/Schmitt 2003; Boatright 2003; Crane/Matten 2004), zunehmend auch *innerhalb* von Wirtschaftsunternehmen und ökonomischen Organisationen thematisiert. Diese realisieren, dass sie sich seit einigen Jahren verstärkt und in Zukunft wohl in weiterhin zunehmender Intensität mit Forderungen und Ansprüchen politischer und subpolitischer Gruppierungen auseinandersetzen und sich stärker für das Gemeinwohl engagieren müssen (Schmidheiny/BCSD 1992; WBCSD 1997 und 1999; Leisinger 2002).

In theoretischer Hinsicht blendet die Kritik aus, dass die *offensichtlich bestehende Diskrepanz zwischen der Geltung moralischer Prinzipien und der Anerkennung und Umsetzung durch ihre Adressaten nicht zwangsläufig* auf eine bewusste respektive kalkulierte Abwehr moralischer Forderungen durch eine Unternehmensführung zurückgeführt werden kann. Vielmehr lassen sich zwei weitere – und überzeugendere – Gründe ausmachen, welche die Zurückhaltung von Unternehmen zu erklären helfen.

Der *erste Grund* liegt in einer Charakteristik der modernen Gesellschaft begründet, die mit dem Schlagwort einer »Eigenrationalität gesellschaftlicher Teilsysteme« bezeichnet werden kann. Gemäss dieser Vorstellung ist die modernen Gesellschaft in relativ autonome, funktional spezialisierte Teilsysteme mit ihren je systemspezifischen Codes ausdifferenziert, was wiederum eine Verständigung der einzelnen Teilsysteme prinzipiell ausschliesst. Ökonomische Rationalität und von der Gesellschaft an Unternehmen herangetragene moralische Ansprüche sind daher *faktisch unvereinbar*, wie dies von der Institutionenethik (insb. Homann 1994) sowie Vertretern eines differenzierungstheoretischen Paradigmas – u.a. von Niklas Luhmann – gezeigt wird: moralische Forderungen und Appelle an die Adresse einzelner Unternehmen oder Manager müssen danach aus *systemimmanenten* Gründen ebenso ungehört verhallen wie politische Lenkungsversuche (Luhmann 1996a, 324 ff.). Wird eine Entscheidung gegen diese systemimmanente Eigenlogik getroffen – z.B. indem ein Unternehmen *einzelnen* moralischen Forderungen bzw. Appellen folgt – führt dies in einer durch Dilemmastrukturen charakterisierten Realität aufgrund der sogenannten »Trittbrettfahrer-Problematik« beinahe zwangsläufig zur *Selbstschädigung* des Akteurs (Zimmerli/Assländer 1996, 297); zumindest dann, wenn ein Eingehen auf soziale oder ökologische Anliegen nicht wenigstes zum Reputationsaufbau oder der Entwicklung von Marktstrategien genutzt werden kann. Dies wird am deutlichsten in Konzepten des »Öko-Marketing« bzw. »Sustainability Marketing« (Brandt u.a. 1988; Wagner 1990; Charter/Polonsky 1999).

Der *zweite Grund* liegt in dem Umstand begründet, dass Unternehmen sich – nicht zuletzt aufgrund der beschriebenen »Negativsemantik«, die ihnen eine ausschliesslich zerstörerische Rolle im Ringen um eine nachhaltig verfasste Gesellschaft zuweist – vor einem verstärkten Engagement scheuen, weil ihnen die Rahmenbedingungen, in denen ein solches stattfinden kann und soll, zu unklar sind. Nicht selten basiert die Zurückhaltung dabei auf der konkreten Erfahrung, dass ihnen selbst bestgemeinte Aktionen und Initiativen negativ ausgelegt werden (können). So kann, um ein Beispiel zu nennen, einem Unternehmen sowohl sein Engagement als auch sein Nicht-Engagement in einem nicht-demokratisch geführten Land der Dritten Welt mit grossen ökonomischen und sozialen Problemen vorgeworfen werden. In ersterem Falle lautet die Anklage, es habe seinen Produktionsstandort in jenes Gebiet verlegt, um die niedrigen sozialen und ökologischen Standards sowie gegebenenfalls sogar den korrupten Staatsapparat zu seinem Vorteil zu nutzen; in letzterem Falle wird ihm vorgeworfen, mit seiner Standortentscheidung zu einer wirtschaftlichen Marginalisierung eines der ärmsten Länder beizutragen. Diese Problematik wurde inzwischen selbst von kritischen Beobachtern anerkannt (vgl. Werner/Weiss 2001, 29 f.).

Nun können global verbindliche Prinzipien derartige prinzipiell negative Interpretationen unternehmerischen Handelns zwar nicht ausschliessen, sie können aber dazu beitragen, dass Unternehmen sich gezielter und auf Basis eines »common sense« engagieren können. Entsprechend fordern diese selbst die Ausarbeitung allgemein verbindlicher Prinzipien immer wieder ein (vgl. Mariacher 1996, 291). An diesem Punkt ist m.a.W. wiederum die Gesellschaft gefragt: sie muss normativ verbindliche Prinzipien eines menschengerechten Handelns einer zukünftigen »Weltgesellschaft« festlegen *und* deren Kontrolle und Sanktionierung gegenüber *allen Menschen und Organisationen* durchsetzen. Zu diesen gehört – dies muss vor dem Hintergrund aktueller Diskussionen zur Problematik einer »good governance« in Ländern der Dritten Welt (vgl. Leisinger 1995) kritisch angemerkt werden – explizit auch die Nationalstaaten: auch sie haben sich an übergeordnete Prinzipien des Zusammenlebens von Menschen in einer globalen Gesellschaft zu halten und dabei insbesondere die Menschenrechte zu achten. Dies ist indes allzu oft nicht der Fall, wie u.a. im jüngsten »Atlas der Globalisierung« am Beispiel der Länder südlich der Sahara eindrucksvoll gezeigt wird (Le monde diplomatique 2003, 188 f.).

Mit dem Leitbild einer »nachhaltigen Entwicklung« (Agenda 21), so werden wir zeigen, liegt zwar ein erster, international ausgearbeiteter normativer Orientierungsrahmen vor, der Bedingungen einer ökologisch und sozial tragfähigen Transformation der Gesellschaft fixiert und nicht zuletzt aufgrund der Tatsache, dass er als erster einen »globalen Anspruch« (Leist 1996, 432) formuliert, zweifelsohne als das dominierende Konzept zur Beantwortung der Frage angesehen werden kann, wie eine zukunftsorientierte Gestaltung des Zusammenlebens der Menschen in einer globalen Gesellschaft realisierbar ist. Dies vor allem, weil es im Gegensatz zu anderen Konzepten *sowohl* ökologische *als auch* soziale *und* ökonomische Aspekte beinhaltet und über ein Verfahren gewonnen wurde, an dem wenigstens annähernd alle Menschen über politische, subpolitische oder wirtschaftliche Organisationen beteiligt waren. Dieses Leitbild kann indes nur als ein *grober Orientierungsrahmen* angesehen werden, den es systematisch zu konkretisieren und operationalisieren gilt.

Wenn es dabei gelingen soll, Unternehmen und speziell multinationale Konzerne in diesen Prozess der Normengewinnung bzw. der Erarbeitung von Prinzipien eines »nachhaltigen Handelns« einzubinden, muss dabei nicht nur Abschied genommen werden von der beschriebenen »Negativsemantik«. Soll der Diskurs um eine »nachhaltige Entwicklung« Früchte tragen, muss vielmehr auf Basis der bereits reflektierten Erkenntnis, dass Unternehmen systemimmanenten Beschränkungen unterworfen sind, noch wesentlich konsequenter der Frage nachgegangen werden, *wie* sie in den Prozess der nachhaltigen Entwicklung eingebunden werden können. Dann nämlich kann erst erkannt werden, dass Wirtschaftsunternehmen daran ein zunehmendes Interesse haben. Und zwar nicht, um ihn in ihrem Sinne aus einer ökonomistischen Warte heraus zu beeinflussen und kurzfristige Markterfolge zu erzielen, sondern um *verändernden Märkten* gerecht zu werden, was nur durch eine sukzessive Umstellung auf ein längerfristig orientiertes Denken gelingen kann.

Damit wären wir bei der *zweiten, praxisorientierten Stufe* (Kapitel 5) angelangt, in dem ein *transdisziplinärer Brückenschlag* gewagt werden und zugleich das aus der Theorie Hergeleitete empirisch abgestützt werden soll. Konkret soll dabei die soeben aufgeworfenen Frage beantwortet werden, *wie* multinationale Konzerne in den Prozess einer »nachhaltigen Entwicklung« als *Partner* eingebunden und ihre Kapazitäten für die Weiterentwicklung der globalen Gesellschaft *jenseits* der ökonomischen Sphäre und damit ihrer Geschäftsinteressen genutzt werden können (vgl. United Nations 1992, 237), welche *Widerstände* sich dabei ergeben und wie diese überwunden werden können. Inwieweit dies gelingt, bestimmt nämlich letzten Endes die *Geschwindigkeit* und den *Umfang* des Wandels hin zu einer Gesellschaft, der eine Verbindung von intra- und intergenerationaler sozialer Gerechtigkeit mit dem Schutz der menschlichen Lebensgrundlagen gelingt.

Dabei werden wir noch einmal unsere These aufgreifen, dass der auf der UN-Konferenz 1992 in Rio de Janeiro begonnene Prozess der konsequenten Konkretisierung und Umsetzung des dort formulierten Leitbildes in den kommenden Jahren nicht alleine die Politik auf internationaler, nationaler und regionaler Ebene sondern verstärkt auch ökonomische Entscheidungsträger beschäftigen wird. Dies aus zwei Gründen. Zum einen werden Ziele des Leitbildes durch die politischen Instanzen nach und nach in Gesetzen und Verordnungen berücksichtigt, die direkte Auswirkungen auf die Handlungsspielräume der Unternehmen zeitigen werden. Zum anderen wird die Aufmerksamkeit der Öffentlichkeit geschärft, insoweit diese durch die beteiligten politischen und subpolitischen Institutionen in die konkrete Gestaltung des Prozesses einer nachhaltigen Entwicklung eingebunden werden, was teilweise schon geschieht und künftig verstärkt geschehen wird. Dies erhöht den Druck auf die Unternehmen, ihre Rolle in diesem Prozess zu definieren und in ihrem Handeln zu berücksichtigen.

Bereits sind einige Anstrengungen unternommen worden. So bekannte sich beispielsweise die chemische Industrie bereits im Jahre 1995 als erste Branche offen zu dem Leitbild von Rio und lancierte die Initiative »Responsible Care«. Diese setzt sich, so der Internationale Verband der Chemischen Industrie (ICCA) in einer programmatischen Formulierung, zum Ziel, »to continuously improve the health, safety and environmental performance of their products and processes, and so contribute to the sustainable development of local communities and of society as a whole« (ICCA 2004, II; vgl. Mariacher 1996, 290 f.). In dieser Aussage wird deutlich, dass es aus Sicht von Unternehmen in Zukunft nicht alleine darum gehen kann, auf die stattfindenden Veränderungen nur zu *reagieren*. Auch in Hinblick auf ein kluges strategisches Handeln erscheint es vielmehr sinnvoll, sich frühzeitig in den Prozess der nachhaltigen Entwicklung gestaltend einzubringen und die eigenen (ökonomischen) Interessen zu formulieren.

Aus den beiden soeben genannten Gründen für die wachsende Bereitschaft von Unternehmen, sich in den Prozess einer nachhaltigen Entwicklung einzuschalten, ergeben sich nun zugleich die wichtigsten ausserökonomischen *Akteure*, die in einem Dialog mit Unternehmen stehen und darin deren Funktionen und Verantwortlichkeiten aushandeln: erstens der *(National-)Staat*, der Unternehmen unter Anwendung regulativer, anreizorientierter, partizipativer sowie informativerzieherischer Instrumente zu einem verantwortlicheren Verhalten bewegen möchte sowie zweitens und drittens *internationale Organisationen* und *subpolitische Gruppierungen*, die ihre Anliegen unter Anwendung der drei letztgenannten sowie weiterer Instrumente gegenüber Unternehmen durchzusetzen suchen. Entsprechend wird sich diese Arbeit im letzten Teil mit einer Analyse dieser Instrumentarien befassen und dabei ihre Vor- und Nachteile sowie allfällige Interdependenzen reflektieren. Gemäss unserer forschungsleitenden Perspektive wird dabei den *anreizorientierten* sowie den *partizipativen Instrumenten* ein besonderes Augenmerk geschenkt, widerspiegelt sich in diesen doch am deutlichsten die beschriebene Anerkenntnis der systemimmanenten Handlungsbeschränkungen eines Akteurs im Wirtschaftssystem, der vor allem dann zur Begleitung bzw. Mitgestaltung eines Aushandlungsprozesses bereit ist, wenn er darin zumindest keine ökonomischen Nachteile erkennt.

2 Globalisierung und die Ausbildung weltgesellschaftlicher Strukturen

Die Begründung der These einer wachsenden Verantwortlichkeit von Unternehmen in einer Gesellschaft auf dem Wege der Globalisierung bedarf zunächst einer Analyse des Phänomens der »Globalisierung« selbst, zumal es Ansätze gibt, welche die Existenz eines Globalisierungsprozesses in Abrede stellen (z.B. Hirst/Thompson 1996 und 1998). Nur, wenn plausibel gemacht werden kann, dass derzeit stattfindende sozio-ökonomische Veränderungstendenzen *sinnvoll* als globale Phänomene gedeutet werden können, macht die Rede von einer »globalen Gesellschaft« respektive einer »Weltgesellschaft« (Altvater/Mahnkopf 1997a; Richter 1997; Beck 1998c; Münch 1998) letztlich Sinn.

Dabei sollte zunächst festgehalten werden, dass mit letzteren beiden Begriffen keineswegs der *Endzustand* einer Entwicklung beschrieben wird, wenngleich der Begriff der Weltgesellschaft in der Literatur tendenziell eher zur Beschreibung eines Zustandes benutzt wird, wohingegen Globalisierung den *Prozess* meint, der zur sukzessiven Ausbildung weltgesellschaftlicher Strukturen führt (Richter 1997, 185). Folglich stützen sich Vertreter der Globalisierungstheorie bei ihrer Kritik an den Aussagen der sogenannten »Globalisierungsskeptiker« (Perraton et. al. 1998) und der Begründung ihrer Thesen auch weniger auf *quantitativ messbare* sozio-ökonomische Daten, als vielmehr auf die Beobachtung *qualitativer Veränderungen* im Sinne einer Entgrenzung und zugleich einer Beschleunigung. Weltgesellschaft wird demnach verstanden als Ziel einer sozio-ökonomischen Entwicklung, die sich in den zurückliegenden Jahren wesentlich beschleunigt hat. Bezeichnenderweise spricht Dietmar Brock mit Blick auf ökonomische Entwicklungen von einem »Dynamisierungsschub« Brock 1997, 15), der eine neue Phase der Globalisierung einläute. Verschiedentlich wird der Rückgriff auf empirische Befunde als Beleg respektive Gegenbeleg für Globalisierung sogar prinzipiell kritisiert. So kann es den Sozialwissenschaften in den Augen Ulrich Becks weniger darum gehen, die Existenz einer globalen Gesellschaft auf Basis empirischer Daten zu belegen; es komme vielmehr darauf an, »Daten durch (gewagte) Theorien über Globalisierung überhaupt aussagekräftig zu machen«. (Beck 1998b, 19)

In Anlehnung an diesen Gedanken werden wir uns im ersten Teil dieses Kapitels mit der Bedeutung des Globalisierungsdiskurses für die soziologische Theoriebildung befassen, ohne zunächst empirische Daten zu sichten, welche die These der Existenz von Globalisierung zu untermauern helfen. Dabei soll insbesondere festgestellt werden, ob und inwieweit die Tatsache, dass zahlreiche soziale Erscheinungen sinnvoll nur aus einer globalen Perspektive beleuchtet werden können, dazu führt, dass die Soziologie ihr traditionelles, sich auf einen nationalstaatlichen Gesellschaftsbegriff abstützendes Analysemodell überwinden muss. Dies ist im Kontext unserer Analysen vor allem deshalb von Relevanz, weil nur auf Basis dieser Diagnose verdeutlicht werden kann, dass es sich bei Globalisierung um einen Prozess handelt, der sich in *unterschiedlichen Teilsystemen* einer als Weltgesellschaft gedachten »Gesellschaft« in *unterschiedlicher Geschwindigkeit* vollzieht. Das Wirtschaftssystem, so wollen wir nachweisen, fungiert hierbei als »Taktgeber«, der die anderen Systeme beständig zu Anpassungsleistungen zwingt (vgl. Stückelberger 2004, 52). Innerhalb dieses globalen Wirtschaftssystems sind es dann die transnationalen Konzerne, die – in einer Formulierung Peter Dickens – als »primary ›movers and shapers‹ of the global economy« (Dicken 1992, 177) wirken.

Im zweiten Teil wird unter Konsultation theoretischer *und* empirischer Befunde festzustellen sein, wie sich der Prozess der ökonomischen Globalisierung vollzogen hat und welche Rolle einzelnen politischen, ökonomischen und sozialen Akteuren in diesem Veränderungsprozess zukommt. Hierbei interessiert natürlich insbesondere die Funktion und Bedeutung der Unternehmen, speziell der multinationalen Konzerne. Entsprechend werden real zu beobachtende und empirisch messbare Entwicklungen rekapituliert, die als Beleg für die ökonomische Globalisierung angeführt werden können – von der Internationalisierung der Finanz- und Kapitalmärkte, der geographischen Ausdehnung und wachsenden Interaktionsdichte des internationalen Handels sowie dem Anstieg der Direktinvestitionen (ökonomische Dimension) über die Entstehung globaler Informationssysteme und Kommunikationsnetze (technologische Dimension) bis hin zu Veränderungen in der territorialstaatlichen und transnationalen Politik sowie den Sozialsystemen der einzelnen Länder und Regionen (gesellschaftspolitische Dimension) und schliesslich dem Ökosystem der Erde (ökologische Dimension).

2.1 Evolution und Implikationen der Globalisierungstheorien aus soziologischer Perspektive

Die öffentliche und wissenschaftliche Auseinandersetzung um den Begriff der »Globalisierung« und verwandter Termini[2] hat in der zweiten Hälfte der 1990er Jahre massiv zugenommen (Neyer/Seeleib-Kaiser 1996). Dabei wurden in der Literatur zahlreiche semantische Prägungen vorgenommen und Faktoren benannt, die für die These einer zunehmenden Globalisierung sprechen (sollen), dass die Übersichtlichkeit verloren zu gehen droht. Der zweifellos wichtigste Grund für die zunehmende Verwendung des Begriffs in der Literatur findet sich in seiner vielversprechenden *Erklärungskapazität* für gesellschafts- und wirtschaftspolitische Fragestellungen. Angefangen von der Verlagerung der Produktion und von Arbeitsplätzen durch Unternehmen über die Internationalisierung der Kriminalität und die Zunahme illegaler Wanderungsströme bis hin zur Veränderung kultureller Wert- und Deutungsmuster sowohl in den Industrienationen als auch in Entwicklungs- und Schwellenländern werden in der Literatur zahlreiche aktuelle soziale, politische und ökonomische Entwicklungstendenzen benannt, die durch den Begriff der Globalisierung in einen grösseren Kontext gestellt werden können.[3] Seine Gebrauchsvielfalt veranlasste Jan Nederveen Pieterse jüngst vom Phänomen einer »Globalisierung im Plural« zu sprechen (Nederveen Pieterse 1998, 87). Er stützt sich dabei auf die Beobachtung, dass inzwischen zahlreiche wissenschaftliche Disziplinen einen spezifischen Beitrag zur Globalisierungsdiskussion leisten und dabei ihren je eigenen Glo-

---

[2] Zu nennen sind insbesondere die von Ulrich Beck vom Terminus »Globalisierung« unterschiedenen Begriffe »Globalismus« und »Globalität« (vgl. Beck 1998, 26).

[3] In Massenmedien und populärer Literatur wird »Globalisierung« allerdings zumeist einseitig zur metaphorischen und einprägsamen »Verschlagwortung« zahlreicher sozialer und ökonomischer Erscheinungen verwandt, die bisweilen wenig korrelieren und in den meisten Fällen als destruktiv respektive desintegrierend beschrieben werden. Dies belegt exemplarisch eine wachsende Zahl journalistischer Texte, die sich auf den Prozess der ökonomischen Globalisierung konzentrieren und diesen – in nicht selten »reisserisch« anmutenden Wendungen – als eine bedrohliche Entwicklung darstellen. Zum Ausdruck kommt dies in Titeln wie »Die Globalisierungsfalle: Der Angriff auf Demokratie und Wohlstand« (Martin/Schumann 1997), »Der Terror der Ökonomie« (Forrester 1997), »Die Gier des Marktes: Die Ohnmacht des Staates im Kampf der Weltwirtschaft« (Koch 1995) oder »Wohlstand für niemand? Die Marktwirtschaft entlässt ihre Kinder« (Afheldt 1995).

balisierungsbegriff bzw. ihre Globalisierungstheorie geschaffen haben (vgl. auch Reich 1993, Mazlish/Buultjens 1993, Scharpf 1998, Wendt 1998). Vor dem Hintergrund des einleitend zitierten Vorhabens macht es indes wenig Sinn, die unterschiedlichen theoretischen Ansätze getrennt zu analysieren und einander anschliessend vergleichend gegenüberzustellen. Wir müssen vielmehr darum bemüht sein, zunächst die *zentralen Konsequenzen des Globalisierungsdiskurses für die Theoriebildung in den Sozialwissenschaften und dabei insbesondere der Soziologie* herauszuarbeiten und diese anschliessend an konkreten Veränderungstendenzen in der globalen sozio-ökonomischen Struktur zu reflektieren.

Dabei leitet uns die Diagnose einer grossen Herausforderung der Soziologie, die Anthony G. McGrew einmal wie folgt formulierte: »Such a challenge invites a considerable retooling or rethinking of basic concepts within the social sciences, together with a re-examination of the fundamental unit of analysis which has been taken for granted for so long, namely the nation-state.« (McGrew 1992, 316) Die Soziologie steht im beginnenden 21. Jahrhundert also vor keiner geringeren Herausforderung als einer *Neubewertung ihrer grundlegenden theoriestrategischen Konzeption*. Diese Sichtweise stützen auch die verschiedenen Analysen des Globalisierungsprozesses, so unterschiedlich sie hinsichtlich seiner Herleitung, Bedeutung und Auswirkungen auch ausfallen mögen: Anschlussfähigkeit, so ein breiter *common sense*, können vor dem Hintergrund einer wachsenden Bedeutung globaler Phänomene nur Theoriekonzepte erhalten, die sich von der Vorstellung lösen, dass Gesellschaft als territorial begrenzter Nationalstaat zu denken sei und entsprechend von nationalstaatlicher Politik und Ökonomie bestimmt werde (Nederveen Pieterse 1998, 118; Richter 1997, 199). Dies ist zugleich die wichtigste und für die soziologische Theoriebildung folgenreichste Erkenntnis aus der Globalisierungsdebatte.

Ulrich Beck bezieht seine Kritik an diesem Theoriekonzept, dessen Kategorisierungslogik des sozialen Raumes er treffend als »*Container-Theorie*« der Gesellschaft bezeichnete (Beck 1998, 49; Pries 1999, 383) auf *drei Dimensionen*, in denen der traditionelle Theorieansatz seines Erachtens immer mehr Anschlussfähigkeit verliert: erstens auf die Idee einer Gesellschaftsordnung als eine rein *staatspolitische Ordnung*, zweitens auf die These *kollektiver Identitäten* wie Klassen oder Schichten, die ebenfalls nur im Kontext eines als abgeschlossen definierten Nationalstaates gedacht werden können und drittens schliesslich auf jenes durch das Theoriemodell geprägte *evolutionäre Selbstbild* moderner Gesellschaften im Sinne ihrer Überlegenheit gegenüber un- oder vormodernen Gesellschaften (Beck 1998). Dieses Dominanzstreben der westlichen Kultur, das Beck kritisert, trägt u.a. zu einem Prozess bei, den Samuel G. Huntington in einer paradigmatischen Wendung als einen »Clash of Civilizations« bezeichnete (Huntington 1997). In seiner gleichnamigen Publikation prognostiziert er hinsichtlich der weltpolitischen Entwicklung im 21. Jahrhundert einen zunehmenden Kampf zwischen Völkern und Volksgruppen aus sieben Kulturen respektive Zivilisationen, der die vormalige Rivalität der Supermächte ablöse (Huntington 1997, 24). Diese Kulturen strebten heute verstärkt nach ihrer eigenen kulturellen Identität und entzögen sich mehr und mehr der Macht des Westens.

Vor diesem Hintergrund erscheint die Globalisierungstheorie mithin als ein neuer theoretischer Ansatz, der zur Klärung der kontrovers diskutierten Frage beitragen kann, von welcher »Gesellschaft« wir eigentlich reden, wenn wir den Begriff gebrauchen, von einem räumlich begrenzten und abgrenzbaren System oder einer »Weltgesellschaft«. Darüber hinaus gewinnt die Soziologie durch die Einnahme einer globalen Perspektive neue Erklärungsansätze zur ebenfalls seit längerem umstrittenen Frage, wie modern/postmodern, traditional/posttraditional, industriell/nachindustriell die heutige Gesellschaft eigentlich ist (vgl. Bell 1975; Beck/Giddens/Lash 1996; kritisch dazu: Schwinn 1999). Insbesondere verhilft eine stärkere Einbeziehung räumlicher Aspekte in die soziologische Theoriebildung, wie sie in der Globalisierungsdebatte wiederholt gefordert wird (Giddens 1996; Beck 1998), zur Überwindung einer nahezu ausschliesslich *temporal ausgerichteten* und zugleich *eurozentristischen* Betrachtungsweise.[4] Ja, die Entdeckung oder Wiederentdeckung der Räumlichkeit im Sinne der Beobachtung, »dass lokale Handlungen, wo auch immer auf der Welt, von Ereignissen und Institutionen an weitentfernten Orten beeinflusst und manchmal sogar determiniert sind« (Giddens 1996, 115), ist geradezu der Schlüssel zur Gewinnung eines neuen theoretischen Ansatzes. Sie kappt die Traditionsschnur, welche die Modernisierungstheorie in der soziologischen Theoriebildung mit dem Fortschrittsgedanken des

---

[4] Allerdings weist Nederveen Pieterse zurecht darauf hin, dass die Moderne nach wie vor eine Dominante in den soziologischen Überlegungen zur Globalisierung ist, die überwunden werden muss, will man die eigentliche Bedeutung der Globalisierungstheorie herausarbeiten (vgl. ders. 1998, 89).

ausgehenden 19. Jahrhunderts verknüpfte und die zur Gegenüberstellung der (eigenen, besseren) »modernen Gesellschaft« und der (fremden, zurückgebliebenen) »unmodernen« Gesellschaft führte, was letztlich dem kulturimperialistischen Denken Vorschub leistete.[5] Erst die Überwindung dieser Sichtweise fördert die »Verbreitung einer globalen Orientierung, die vielfach mit einer zunehmenden Identifizierung mit der Menschheit als Ganzes einhergeht« (Schimany 1997, 138).

Die Bedeutung, die diesem Überwindungsmotiv im Diskurs um Globalisierung beigemessen wird, verweist auf ein selbstreflexives Moment, das ihm innewohnt. Die Idee der »Globalisierung« relativiert jeden Standpunkt, jede Kultur, jede persönliche Norm- und Wertvorstellung. Zugleich stellt sie vertraute Begriffe zur Disposition.[6] Darüber hinaus ist in der Debatte um »Globalisierung« ein Anspruch erfüllt, den sie in unterschiedlichen Konnotationen wiederholt formuliert: Sie findet selbst in einem virtuellen globalen Raum statt und fängt Stimmen aus den unterschiedlichsten Regionen und Kulturen ein. Damit gerät sie idealiter zu einem zugleich globalen und multithematischen Diskurs, der auf seine Weise zu einer Reduktion der Dominanz westlicher Sichtweisen beiträgt. Dies ist zugleich die Voraussetzung für die Entwicklung eines konzeptionellen Ansatzes, der Gesellschaft als Weltgesellschaft begreift und begreiflich macht. Nur auf Basis eines solchen theoretischen Konstruktes werden die konkreten Erscheinungen, die der Globalisierung zugerechnet werden, in ihren Interdependenzen und damit ihrer relativen Bedeutung sichtbar (vgl. Richter 1997, 200/201).

Obschon es den Anschein hat, als würde die Soziologie erst heute, nachdem die Tendenzen der Globalisierung unübersehbar auf die ei-

---

[5] Vgl. hierzu die Auseinandersetzung des Ethnologen Hans Peter Duerr mit der Zivilisationstheorie Norbert Elias` (Elias 1995). Darin kritisiert er Theorieentwürfe, welche fremde Gesellschaften am Modell der westlichen Industrienationen mit dem Ziel messen, deren Zivilisiertheit zu belegen. Dadurch werde eine imperialistisch-kolonialistische Ideologie gerechtfertigt, die zu folgenreichen Eingriffen in die Sozialsysteme vorgeblich »barbarischer« Gesellschaften geführt habe (Duerr 1993, 9 ff.).

[6] So wird »Entwicklung« – um unser Beispiel noch einmal aufzugreifen – heute verstärkt im Sinne des Ansatzes einer »menschlichen Entwicklung« begriffen, der »alle Aspekte des menschlichen Lebens und alle Menschen« (UNDP 1999, 20) einbezieht. Damit wird der Begriff abgekoppelt von dem überkommenen Fortschrittsglauben, der sich einzig an der technisch-ökonomischen Weiterentwicklung der Gesellschaft orientiert.

nerseits reale, andererseits notwendige Ausbildung globaler gesellschaftlicher Strukturen hindeuten, zu einem Paradigmenwechsel bereit sein[7], lassen sich einige ältere Konzepte ausmachen, die vor allem auf Basis *kommunikationstheoretischer Reflexionen* schon früh eine globale Perspektive einnahmen und damit die Grundlagen für die Weiterentwicklung der Idee einer Weltgesellschaft schufen. In der klassischen soziologischen Literatur selbst findet sich kein Ansatz, der die nationalstaatliche Analyseeinheit überwindet. So geht Emile Durkheim, wenn er die Unterschiede von vormodernen und modernen Gesellschaften in differenzierungstheoretischen Kategorien beschreibt (Durkheim [1893] 1992), ebenso von der Vorstellung des Nationalstaats als Analyseeinheit aus, wie Georg Simmel in seinen theoretischen Überlegungen zur »Kreuzung sozialer Kreise« (Simmel [1908] 1968, 305-344) oder Max Weber in seinen Analysen der Makro-Differenzen zwischen verschiedenen gesellschaftlichen Teilbereichen.[8] Auch nach dem Zweiten Weltkrieg stand ein weltumspannendes Gesellschaftssystem noch nicht zur Debatte. Zwar richtete sich das Interesse der Modernisierungstheorien im Anschluss an den Strukturfunktionalismus Talcott Parsons auch über den »Tellerrand« der westlichen Industrienationen hinaus auf die Entwicklungsländer, die sich vor allem in den 1960er Jahren von ihren Kolonialherren zu emanzipieren begannen. Doch hoben auch ihre Konzepte vor allem auf die Bedeutung gesellschaftsintegrierender Faktoren für die politische und ökonomische Entwicklung ab.

Auch der Strukturfunktionalismus selbst begrenzte den Systembegriff bewusst auf den Nationalstaat, wenngleich Wilbert E. Moore aus dem Umstand, dass globale Ereignisse einen zunehmenden, lokale hingegen einen relativ abnehmenden Einfluss auf das Handeln der In-

---

[7] Die deutschsprachige Soziologie erwies sich hierbei im Vergleich zur angelsächsischen als resistenter. Letztere befasste sich bereits zu Beginn der 1990er Jahre mit der Globalisierungsthematik (Schimany 1997, 138). Genannt seien hier exemplarisch die Arbeiten von Featherstone (1990), Giddens (1990), Sklair (1991), Sassen (1991), Robertson (1992) sowie Lash/Urry (1994). Heute erkennt indes auch die deutschsprachige Soziologie die hohe Bedeutung an, die dem Globalisierungsdiskurs zweifelsohne zukommt (Richter 1997, 185).

[8] Allerdings muss darauf hingewiesen werden, dass in den religionssoziologischen Schriften Webers einige Gedanken enthalten sind, die zumindest auf die Vorstellung gleichartiger Geistes- und Welthaltungen in Orient und Okzident – und damit nicht in Nationalstaaten, sondern in Kulturkreisen – verweisen (vgl. z.B. Weber [1920] 1988).

dividuen ausübten, bereits früh die Forderung ableitete, die Soziologie müsse die Welt als eine singuläre Einheit bzw. als ein System im Sinne der strukturfunktionalistischen Terminologie begreifen und dementsprechend ihren Fokus von der Analyse der Prozesse und Strukturen in territorial begrenzten Gesellschaftsgebilden auf die gesamte soziale Welt ausweiten (Moore 1966). Seine Vision einer »Global Sociology« wurde indes nicht weiter verfolgt, wohl auch, weil die Soziologie im allgemeinen, der Strukturfunktionalismus im besonderen gegen Ende der 1960er Jahre im Anschluss an die Studentenunruhen in Europa in seinen theoretischen Bemühungen gestärkt wurde, soziale Integrationsprobleme *innerhalb* einzelstaatlicher Gesellschaften prominent zu behandeln. Wenngleich in dieser Zeit mithin *intranationale* Ereignisse die *internationalen* überlagerten, wies John W. Burton einige Jahre später darauf hin, dass es die fortschreitende Evolution der globalen Kommunikation inzwischen gerechtfertigt erscheinen lasse, von einer »World Society« zu sprechen (Burton 1972). Er richtete sich dabei insbesondere gegen politikzentrierte Ansätze und vertrat die These, dass die relative Zahl der kommunikativen Kontakte zwischen Staaten zurückgegangen sei, während wirtschaftliche, wissenschaftliche und religiöse Kontakte zugenommen hätten; Kommunikation, nicht Macht sei der bedeutsamste ordnende Einfluss in einer Weltgesellschaft (Burton 1972, 45). Burton begründete seine These der Existenz einer Weltgesellschaft m.a.W. ebenfalls kommunikationstheoretisch. Schliesslich sei noch auf die Analysen des kanadischen Anglisten und Medientheoretikers Marshall McLuhan verwiesen, der die metaphorische Figur des »global village« prägte (McLuhan 1995, 39). Auch dahinter verbirgt sich die Vorstellung einer *kommunikativen Vernetzung der Welt*, die geographische Distanzen aufzulösen beginnt und die Vorstellung vermittelt, der Einzelne sei nicht mehr nur Teil eines territorial begrenzten sozialen Lebensraumes, sondern einer globalen menschlichen Gemeinschaft (vgl. Giddens 1996, 115). Allerdings dachte er seinen Ansatz im Sinne der Theorie einer globalen Gesellschaft nicht weiter.

Der Begriff der »Globalisierung« selbst wurde zunächst in den Wirtschaftswissenschaften von Levitt (1983) im Sinne der Globalisierung der Märkte eingeführt und fand in der Soziologie erst gegen Ende der 1980er Jahre erstmals Verwendung, sieht man einmal ab von den sozio-historischen Arbeiten des amerikanischen Soziologen Immanuel Wallerstein. Dieser gebrauchte den Begriff der Globalisierung bereits zu Beginn der 1970er Jahre, um mit ihm die Herausbildung eines modernen Weltsystems seit dem 16. Jahrhundert zu beschreiben (Wallerstein 1974; 1986). Dabei meinte er aber ausgerechnet die Entwicklung hin zu einem *System der Nationalstaaten* respektive nationaler Volkswirtschaften in Europa, welche die vorgängige Einteilung der Welt in (ökonomisch) relativ geschlossene *Imperien* ablöste. Diese Deutung von Globalisierung, die von Ditmar Brock jüngst als »Globalisierung I« bezeichnet wurde, welcher er die »Globalisierung II« gegenüberstellte (vgl. Brock 1997, 12/13), gilt heute allerdings als »veraltet« und soll somit hier nicht weiter thematisiert werden.

Obschon also konstatiert werden kann, dass in der Zeit nach dem Zweiten Weltkrieg »erstmalig die globalen Ausmasse des menschlichen Zusammenlebens ein ernsthafter Gegenstand soziologischer Forschung geworden [sind]« (Richter 1997, 190/191) und sich dabei die Erkenntnis durchzusetzen begann, dass insbesondere Innovationen im Bereich der Informations- und Kommunikationstechnologien allmählich zu einer »Entzeitlichung« und »Enträumlichung« der wahrnehmbaren Welt führen – was im heutigen Globalisierungsdiskurs vor allem im Kontext der Beobachtung einer fortschreitenden weltwirtschaftlichen Vernetzung und damit der Herausbildung einer »Network-Economy« (vgl. European Communication Council 1999, 136) diskutiert wird, blieben doch die meisten Konzepte der Vorstellung von Nationalstaaten als analytische Einheiten verhaftet.

Als erster soziologischer Autor, der eine Theorie von Gesellschaft im Sinne einer Weltgesellschaft entwickelte, die zu einer ernstzunehmenden »Konkurrenz« territorialstaatlich orientierter Theorieentwürfe wurde und damit wesentlich dazu beitrug, dass viele Soziologen heute das »Faktum der Weltgesellschaft« als Selbstverständlichkeit betrachten (Stichweh 1995, 33), gilt Niklas Luhmann. Er prägte bereits ein Jahr vor Erscheinen der Untersuchung Burtons den Begriff der »Weltgesellschaft« als einzig legitimen Begriff für die moderne Gesellschaft überhaupt. (Luhmann 1971, 51 ff.)[9] Aus Sicht Luhmanns handelt es sich bei Weltgesellschaft nicht nur um eine projektive, sondern vielmehr um eine *reale* Einheit des Welthorizontes. Er begründete diese These sowohl mit empirischen Befunden, als auch theoretisch auf Basis seiner Theorie selbstreferenzieller Systeme. Diese begreift Ge-

---

[9] Sein Aufsatz erschien erstmalig im Archiv für Rechts- und Sozialphilosophie LVII/1 im Jahre 1971 (S. 1-35) und wurde 1975 in den zweiten Band seiner Reihe »Soziologische Aufklärung« übernommen.

sellschaft als diejenige Einheit, »die alle Kommunikationen und nichts anderes in sich einschliesst und dadurch völlig eindeutige Grenzen hat« (Luhmann 1991, 557). Der Begriff »Welt« wird in Luhmanns Terminologie als ein differenzloser Letztbegriff verstanden, der die Sinneinheit der Differenz von System und Umwelt beschreibt (vgl. Luhmann 1991, 283). Jedes System nimmt demnach die Welt als Korrelat seiner eigenen System/Umwelt-Differenz wahr; es konstruiert m.a.W. eine je eigene Welt. Wenn nun Gesellschaft alle Kommunikationen umfasst, ist in diesem Falle die Sinneinheit der Differenz von System und Umwelt die Welt als Ganze. Damit kann Gesellschaft aus Perspektive Luhmanns in ihrer Umwelt gleichsam keine anderen Gesellschaften mehr vorfinden und ist aus diesem Grunde notwendig selbst Weltgesellschaft.

Eine solche theoretische Konstruktion zeitigt weitreichende Folgen für die Theoriebildung. Insbesondere scheiden damit Staatsgrenzen als Gesellschaftsgrenzen von vornherein aus. Die Differenzierung der Welt in Nationalstaaten ist aus Perspektive einer Theorie selbstreferenzieller Systeme einzig Ergebnis einer *politischen* Beobachtung der Welt und damit Ergebnis nur einer Art des Beobachtens. Neben dem politischen System haben sich im Verlaufe der funktionalen Differenzierung der modernen Gesellschaft indes weitere Teilsysteme herausgebildet, deren Begrenzungen nicht mit jenen des Nationalstaates zusammenfallen. Vielmehr bilden sie je eigene Grenzen zu ihrer systemrelativen Umwelt aus. Luhmann geht m.a.W. davon aus, dass es neben einem globalen politischen System weitere System, wie beispielsweise das Wirtschaftssystem oder das Rechtssystem gibt, die sich jeweils durch ihre Kommunikationen unterscheiden – wobei die Gesamtheit dieser Kommunikationen durch den Begriff der »Gesellschaft« beschrieben werden kann – und konstatiert: »Wenn diesem weltweiten Kommunikationssystem zuweilen noch der Titel ›Gesellschaft‹ verweigert wird [...], so mag dies an traditionsbedingten Begriffsvorgaben liegen, die den Gesellschaftsbegriff mit dem des Nationalstaates verschmelzen, die aber durch keine ernst zu nehmende Theorie mehr gedeckt sind.« (Luhmann 1998, 374) Hatte schon Burton betont, dass sich die Existenz einer »World Society« damit begründen lasse, dass die relative Zahl der interstaatlichen kommunikativen Kontakte zugunsten wirtschaftlicher, wissenschaftlicher und religiöser Kontakte abgenommen habe, so erfährt diese These nun eine völlig neue Lesart. Folgt man nämlich Luhmann, so bilden wirtschaftliche, wissenschaftliche oder religiöse Kommunikationen immer schon eigenständige Systeme, deren Grenzen per definitionem nicht mit jenen des Staates zusammenfallen *können*.

Mit Dirk Richter betrachten wir die Luhmann'sche Lesart der Weltgesellschaft als diejenige, die »das stärkste Entwicklungspotenzial für weitere Untersuchungen zur Globalität« (Richter 1997, 200) aufweist. Insbesondere lassen sich mit ihrer Hilfe vorzüglich die temporalen Divergenzen in der Evolution gesellschaftlicher Teilsysteme beschreiben. Diese nämlich befinden sich in Hinblick auf den Prozess der Globalisierung gleichsam natürlicherweise in unterschiedlichen Stadien ihrer Entwicklung bezüglich des globalen Durchdringungsgrades ihrer Kommunikationen. Gerade aus diesem Sachverhalt werden ja zentrale Probleme bei der Weiterentwicklung der globalen Gesellschaft abgeleitet: So befindet sich das Wirtschaftssystem offensichtlich bereits in einem derart weit fortgeschrittenen Stadium der globalen Vernetzung, dass es sich den Regelungsbemühungen des politischen sowie des Rechtssystems partiell entziehen kann (Stückelberger 2004, 51). Politik und Recht haben m.a.W. gegenüber der Wirtschaft einen deutlichen Aufholbedarf, was ihre Internationalisierung beziehungsweise Globalisierung betrifft. Inwieweit die Perspektive einer solchart konstruierten Theorie der Weltgesellschaft zu einer adäquateren Beschreibung der Welt und ihrer derzeitigen Probleme beizutragen vermag, kann an dieser Stelle nicht abschliessend entschieden werden. Allerdings soll sie im Rahmen unserer nachfolgenden Analysen der Dimensionen, Perspektiven und Konsequenzen des Globalisierungsprozesses auf ihre Leistungsfähigkeit respektive Anwendbarkeit hin überprüft werden.

2.2 Die ökonomische Globalisierung als Motor der globalen Entwicklungen

Mit Blick auf unsere vorstehenden Ausführungen lässt sich konstatieren, dass Theorieentwürfe zu Globalisierung in der Regel *multikausale Logiken* des Prozesses annehmen. Selbst in den Wirtschaftswissenschaften wird davon ausgegangen, dass sich Globalisierung »nicht alleine durch technologische oder politische Veränderungen bzw. den Triumph des globalen Kapitalismus erklären lässt. Sie gehorcht als multikausales Phänomen nicht nur einer einzigen Entwicklungslogik« (Perraton u.a. 1998, 167). Dennoch gehen die Einzeltheorien bei der Frage, wie es zu den als Globalisierung bezeichneten Entwicklungen kam und welche Faktoren sie begünstigten, meist von einer Dominanz *ökonomischer Entwicklungen* im Sinne einer *Veränderung des weltwirtschaftlichen Systems* aus (vgl. Beck 1998, 61).

Uneinigkeit besteht allerdings darüber, ob die zu beobachtenden Veränderungen durch den Begriff »Globalisierung« korrekt wiedergegeben werden. So behaupten die bekannten Wirtschaftswissenschaftler und Globalisierungsskeptiker, Paul Hirst und Graham Thompson, »dass Globalisierung nicht stattgefunden hat und wahrscheinlich auch nicht stattfinden wird« (Hirst/Thompson 1998, 130).

Zur Begründung ihrer Position verweisen sie zum einen auf die nach wie vor prominente Rolle der Nationalstaaten bei der Koordination und Kontrolle der Handlungen ökonomischer Akteure innerhalb ihrer Territorien, ja, sie halten die politische Gestaltung der Wirtschaft für eine vornehmliche Aufgabe nationaler Regierungen. Insbesondere seien allein diese befähigt, den negativen Konsequenzen der Internationalisierung und der fortbestehenden Unbeständigkeit der Kapitalmärkte entgegenzuwirken. Als ein weiteres Argument tragen sie die Herausbildung bedeutender regionaler Wirtschaftsblöcke vor, innerhalb derer ein grosser Teil des internationalen Handels abgewickelt werde. Im Ergebnis ihrer Analysen kommen sie zu dem Schluss, dass »keine vollständig globalisierte« (Hirst/Thompson 1998, 131), sondern vielmehr eine *internationale* Wirtschaft existiere, auf die einzelne Nationen unterschiedlich reagierten.

Die entscheidende Schwäche ihres Ansatzes besteht in der von ihm kolportierten Vorstellung, dass Globalisierung bereits stattgefunden habe. Diese These wird aber nur von wenigen geteilt (z.B. von Ohmae 1992 und Reich 1993); die meisten Autoren sprechen hingegen nicht von Globalisierung als einem *bereits vollzogenen Prozess*, sondern einer *fortschreitenden Entwicklung*. So geht beispielsweise auch Ulrich Beck im Kontext seiner These der Inszenierung einer »Globalisierungs-Drohung« durch den Globalismus davon aus, dass in der wirtschaftlichen Dimension derzeit noch nicht von einer Globalisierung, sondern von Internationalisierung gesprochen werden muss (vgl. Beck 1998, 199 ff.).

Wenngleich es auch in aktuellen Texten noch bisweilen zu Divergenzen in der Begriffswahl kommt, hat sich heute im Diskurs um den weltwirtschaftlichen Wandel weitgehend eine terminologische Dreigliederung durchgesetzt, die Globalisierung von Internationalisierung und Multinationalisierung scheidet (vgl. Die Gruppe von Lissabon 1998). Der Begriff der *Internationalisierung* wird dann verwendet, wenn eine Intensivierung ökonomischer Kontakte zwischen nationalen Volkswirtschaften beschrieben werden soll; der Begriff der *Multinationalisierung* bezieht sich auf die Verlagerung von Ressourcen von einer Volkswirtschaft in eine andere, vor allem durch unternehmerische Aktivitäten; der Begriff der Globalisierung schliesslich beschreibt in diesem Kontext einen Prozess des sozio-ökonomischen Wandels, der über die Internationalisierung und Multinationalisierung hinaus einen *multidimensionalen Wandel der Weltwirtschaft* beschreibt (Perraton u.a. 1998, 137; Die Gruppe von Lissabon 1998, 44 f.).

Die Legitimation für die Kreation und Anwendung einer neuen Terminologie ergibt sich mithin aus dem Umstand, dass sich ältere Konzepte als ungeeignet erwiesen, um insbesondere die Multidimensionalität der Wandlungserscheinungen angemessen interpretieren zu können. Hinsichtlich einer Deutung ökonomischer Veränderungstendenzen als Erscheinungen eines Globalisierungsprozesses folgt daraus, dass insbesondere begründet werden muss, inwieweit diese über eine Intensivierung internationaler Wirtschaftsbeziehungen hinaus *auch* Auswirkungen in anderen gesellschaftlichen Dimensionen zeitigen. Erst in der Zusammenführung einzelner Faktoren, die je für sich auf eine Intensivierung der weltwirtschaftlichen Interaktionen einerseits und eine grössere Reichweite ökonomischer Einzelhandlungen andererseits hinweisen wird mithin deutlich, dass es Sinn macht, von wirtschaftlicher Globalisierung zu sprechen.

Als die drei bedeutsamsten Faktoren für wirtschaftliche Globalisierung werden in der Literatur die geographische Ausdehnung und gleichzeitig wachsende Interaktionsdichte des internationalen Handels, die Globalisierung der Finanz- und Kapitalmärkte sowie der Anstieg der Direktinvestitionen insbesondere durch multinationale Konzerne genannt (Habermas 1998, 70; Hirsch-Kreinsen 1999, 115). Wirtschaftliche Globalisierung vollzieht sich m.a.W. einerseits auf *zwei Ebenen*: der Ebene der *Produktionswirtschaft* respektive der Märkte für Güter und Dienstleistungen und der Ebene der *Finanzwirtschaft* respektive der Geld-, Devisen- und Kapitalmärkte (Kneschaurek 1999, 213). Sie wird andererseits in ihrer Entwicklungsrichtung vornehmlich von *zwei Akteuren* bestimmt, deren Einflussstärke sich in entgegengesetzte Richtung entwickelt: den Nationalstaaten, deren Macht bei der Lenkung und Gestaltung des ökonomischen Wandels sukzessive abnimmt, sowie den transnationalen Konzernen, deren Bedeutung zunimmt. Die *Entstehung globaler Informationssysteme und Kommunikationsnetze* wiederum wird als ein diese Entwicklungen *begleitender und verstärkender Prozess* angesehen, während Veränderungen in der territorialstaatlichen und transnationalen Politik, den Sozialsystemen der einzelnen Länder und Regionen, dem Ökosystem der Erde und schliesslich auch in der Wahrnehmung und dem Bewusstsein einer gemeinsam geteilten Welt als *Folge- oder Begleiterscheinungen* betrachtet werden.

Bereits in dieser Einteilung wird sichtbar, dass sowohl von *unterschiedlichen Dynamiken der einzelnen gesellschaftlichen Teilbereiche* im Globalisierungsprozess als auch von einem *divergierenden Mass ihrer Aktivität respektive Reaktivität* ausgegangen wird. Sie belegt die Behauptung, dass der Primat der Ökonomie im Prozess der Globalisierung seitens der Wissenschaften erkannt und aufgrund seiner Unabänderlichkeit zugleich akzeptiert wird. Alleine bezüglich der Konsequenzen bestehen durchaus unterschiedliche Ansichten.

In den *Wirtschaftswissenschaften* dominiert eine eher pragmatische Sichtweise. Die durch den ökonomischen Globalisierungsprozess ausgelösten Problemlagen erscheinen als Herausforderung der politischen Ökonomie: »Die Aufgabe der politischen Ökonomie im Zeitalter der Globalisierung besteht darin, das theoretische Rüstzeug zu entwickeln, um diese Prozesse zu erklären, und politische Massnahmen für deren Steuerung auf ihre Erfolgsaussichten hin zu prüfen« (Perraton u.a. 1998, 168). Dabei wird jedoch übersehen, dass eine Steuerbarkeit globaler Prozesse die Ausbildung von internationalen bzw. globalen Institutionen und Strukturen voraussetzt, die derzeit noch nicht oder nur in Grundzügen existieren. Es müssen m.a.W. die Bedingungen geschaffen sein, die ein »Regieren jenseits des Nationalstaats« (Zürn 1998) überhaupt erst ermöglichen, wobei die Geschwindigkeit der Entwicklungen, die es zu regulieren gilt, im politischen

System einen immensen Zeitdruck auslöst; Zürn bezeichnet diese temporale Diskrepanz treffend als eine »ungleichzeitige Denationalisierung« (Zürn 1998, 294). Dieser Umstand hat wiederum in den *Sozialwissenschaften* zu der Erkenntnis beigetragen, dass die Bemühungen um eine politische Gestaltung des Globalisierungsprozesses möglichst rasch angegangen werden müssten. So ruft Jürgen Habermas die »vernunftkritisch abgerüstete Gesellschaftstheorie« dazu auf, ihre bislang gesammelten Erkenntnisse aus der Reflexion der heutigen weltgesellschaftlichen Lage und ihrer Implikationen für die Zukunft zu nutzen, um »eine breitere Öffentlichkeit zu alarmieren« (Habermas 1998, 79/80). Seine explizite Betonung der Notwendigkeit einer *Beobachtungs- und Frühwarnfunktion* der Wissenschaften im Zusammenhang mit stattfindenden Globalisierungsprozessen untermauert die allgemein tiefgreifende Skepsis der Sozialwissenschaften, die ihre Parallelen in den negativen Darstellungen des Globalisierungsprozesses in der populärwissenschaftlichen Literatur sowie journalistischen Texten findet.

Analysiert man den weltwirtschaftlichen Wandlungsprozess, wie dies anschliessend geschehen soll, gelangt man alsbald zur Erkenntnis, dass diese Skepsis keineswegs unangebracht erscheint. Die wirtschaftliche Globalisierung sowohl auf Ebene des internationalen Handels als auch der Finanz- und Kapitalmärkte führt zu Verwerfungen und Brüchen im globalen sozio-ökonomischen Gefüge, die es weltpolitisch aufzufangen gilt.

Dabei, so konstatieren nicht nur die Vereinten Nationen in einer programmatischen Formulierung, kann es nicht Ziel sein, die Expansion der globalen Märkte zu stoppen bzw. ihre Dynamik zu reduzieren; die Herausforderung besteht vielmehr darin, »Regeln und Institutionen für eine kraftvollere politische Steuerung zu entwickeln – auf lokaler, nationaler, regionaler und globaler Ebene –, um die Vorteile des Wettbewerbs auf globalen Märkten zu erhalten, aber gleichzeitig genügend Raum für die Belange der Menschen, des Gemeinwesens und der Umwelt zu lassen« (UNDP 1999, 2).

2.2.1 Qualitative und quantitative Veränderungen weltwirtschaftlicher Prozesse

Als einer der wichtigsten Indikatoren für eine Verdichtung der globalen Wirtschaftsverflechtungen gilt die *Expansion der internationalen*

Handelsbeziehungen. Sie wurde – in einem langwierigen und teilweise mühsamen Verhandlungsprozess –erreicht durch eine konsequente Deregulierungspolitik und dabei insbesondere durch den Abbau von Handels- und Investitionsschranken im Allgemeinen Zoll- und Handelsabkommen GATT – General Agreement on Tarriffs and Trade (vgl. Hauser/Schanz 1995).

Hatten die regionalen Wirtschaftsblöcke, vor allem die Europäische Union (EU) und die Nordamerikanische Freihandelszone (NAFTA) bereits in den 1970er Jahren den Abbau von Handelshemmnissen vorangetrieben, so setzte das Übereinkommen von Marrakesch, mit dem im Jahre 1994 die sogenannte »Uruguay-Runde« des GATT endete, einen Meilenstein auf dem Wege der Deregulierung der Weltwirtschaft. Festgelegt wurden unter anderem weitreichende Zollsenkungen und Marktöffnungen sowie Liberalisierungen im Dienstleistungsbereich und bei Investitionen. Mit dem Inkrafttreten der Welthandelsorganisation (WTO) am 1. Januar 1995 schufen die Unterzeichnerstaaten, die etwa zwei Drittel der Weltbevölkerung repräsentieren und 1990 rund 80% des globalen Bruttoinlandsproduktes erwirtschafteten (Perraton u.a. 1998, 145), zudem eine Instanz, die das im Abkommen festgelegte normative System zur globalen Regulierung des Handels durchsetzen kann.

Export von Handelsgütern 1992-2002 (in Mrd. US-Dollar)

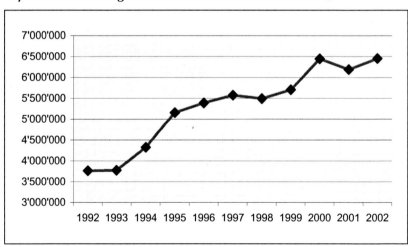

Quelle: WTO – International Trade Statistics 2003

Dass der Welthandel in den zurückliegenden Jahren deutlich zugenommen hat, zeigt sich vor allem in einem Anwachsen der weltweiten *Exporte*. Beliefen sich diese in den 1970er Jahren im Durchschnitt noch auf 17% des gesamten Bruttoinlandsprodukts, so steigerte sich dieser Wert in den 1990er Jahren auf rund 21%; real bedeutete dies eine Verdreifachung der Exporte von Gütern und Dienstleistungen (vgl. UNDP 1999, 30/31).

Das Volumen des Weltgüterhandels steigerte sich im Zeitraum von 1948 bis 2002 von 272 Milliarden US-Dollar auf 6455 Milliarden US-Dollar, wobei eine deutliche Beschleunigung des Wachstums erst seit den 1980er Jahren verzeichnet werden konnte (WTO 2003; vgl. Fokken 1999, 24). Alleine im Zeitraum zwischen den Jahren 1992 und 2002 erhöhte sich der Export von Handelsgütern um 71% (vgl. vorstehende Grafik). So beeindruckend diese Daten sein mögen, geben sie jedoch nur Auskunft über *quantitative* Veränderungen im Welthandel und zeigen zudem nicht, dass die internationale Ökonomie auch heute noch von den (wirtschaftlich) entwickelten Staaten dominiert wird (Hirst/Thompson 1998, 97). So vereinen derzeit gerade einmal 22 Länder rund 75% des Welthandels auf sich – darunter die USA (16%), Deutschland (8%), Japan (7%) sowie Grossbritannien und Frankreich (je 5%). Diese Dominanz zeigen auch die Anteile regionaler Handelsflüsse im Weltgüterhandel.

Anteile regionaler Handelsflüsse im Weltgüterhandel 2002 (in %)

Origin / Destination	North America	Latin America	Western Europe	Africa	Middle East	Asia
North America	6,1	2,4	2,7	0,2	0,3	3,2
Latin America	3,4	0,9	0,7	0,1	0,1	0,4
Western Europe	4,3	0,9	28,5	1,1	1,1	3,3
Africa	0,4	0,1	1,1	0,2	0,1	0,4
Middle East	0,6	0,1	0,6	0,1	0,3	1,8
Asia	6,3	0,6	4,1	0,4	0,8	12,6

Quelle: WTO – *International Trade Statistics 2003*

Schliesslich darf nicht übersehen werden, dass die Bedeutung des internationalen Handels für die grenzüberschreitende Produktion und die Verteilung von Produkten und Dienstleistungen trotz des zu verzeichnenden Wachstums relativ zurückging. Der Grund hierfür liegt in einem raschen Anwachsen der Verkäufe ausländischer Niederlassungen transnationaler Konzerne, die Mitte der 1990er Jahre mehr als das doppelte des grenzüberschreitenden Vertriebs ausmachten (vgl. Neyer/Seeleib-Kaiser 1996, 37).

Entwicklung der Transport- und Kommunikationskosten 1920-1990

Jahr	ø Seefracht- und Hafenkosten pro Tonne	ø Gewinn pro Flug-meile pro Passagier	Telefonat (3-Min. New York - London
1920	95	---	---
1930	60	0,68	245
1940	63	0,46	189
1950	34	0,30	53
1960	27	0,24	46
1970	27	0,16	32
1980	24	0,10	5
1990	29	0,11	3

Quelle: UNDP 1999, 34; Basis: IMF 1997

Nun wurde jedoch bereits darauf hingewiesen, dass quantitative Daten zur Stützung der These einer Globalisierung der Wirtschaft ohnehin nur bedingt aussagekräftig sind. Wichtiger erscheint die Beobachtung einer *qualitativen* Veränderung im Aussenhandel, die sich in einem teilweise rasant wachsenden *Export von industriellen Erzeugnissen* und dabei insbesondere Fertigwaren aus einer »standardisierten Massenproduktion« (Reich 1993, 82) *aus bestimmten unterentwickelten Staaten in die Länder der OECD* zeigt. Dieser stieg beispielsweise in Mexiko von 32% auf 81% und in Tunesien von 25% auf 78% (UNDP 1999, 36). Zurückzuführen ist diese Entwicklung vor allem auf gezielte Anstrengungen der Schwellenländer, den Aufbau exportorientierter Industrien voranzutreiben. Zugute kam ihnen dabei neben dem Abbau von Handelshemmnissen im GATT der deutliche Rückgang der Transport- und Kommunikationskosten in den zurückliegenden Jahren (vgl. die Tabelle auf der vorherigen Seite), der wachsende Grad an Automation, der eine kostengünstige Produktion von Fertiggütern ermöglichte sowie das niedrige Einkommens- und Lohnniveau (vgl. Reich 1993, 81 ff.).

Diese Entwicklung im internationalen Handel, die zugleich als ein Übergang vom klassischen zum *substitutiven Handel* beschrieben werden kann (Jenner 1997, 73) zeitigte zahlreiche Konsequenzen, sowohl für die Industrie- als auch für die Schwellenländer. Insbesondere der Umstand, dass die unterentwickelten Länder industrielle Fertigprodukte wesentlich kostengünstiger herstellen konnten, trug zu einem raschen Niedergang vieler Industriezweige in den hochentwickelten Nationen bei. Dies wird einerseits durch einen deutlichen Rückgang der *Entwicklungsdynamik* in den westeuropäischen Ländern seit Beginn der 1970er Jahre belegt, andererseits durch ein Anwachsen der *Arbeitslosigkeit* von 2% der Erwerbsbevölkerung dieser Länder in den 1960er Jahren auf über 10% im Durchschnitt der Jahre 1990 bis 1995 (Kneschaurek 1999, 105).

Die Industrieländer reagierten auf diese Veränderungen mit unterschiedlichen Strategien. Insbesondere die USA bemühten sich darum, die ausländischen Billigprodukte mit einer protektionistischen Strategie von ihren Märkten fernzuhalten; zudem steigerten amerikanische Unternehmen ihre Anstrengungen im Bereich der Rationalisierung (»lean management«) und versuchten, sich durch die Übernahme und den Verkauf von Firmen Steuererleichterungen zu verschaffen (Reich 1997, 82 ff.). Diese Strategien konnten jedoch auf längere Sicht nicht zum erwünschten Erfolg führen. So blieben als einzig gangbare Wege der Ausbau jener Industrien, die technologisch höher entwickelte Produkte herstellen und die Verbreiterung des Dienstleistungssektors.

Eine positive Konsequenz, die sich aus Sicht der Industrienationen aus diesem ökonomischen Umbau ergab, war der sukzessive Ausbau ihres technologischen Vorsprungs. Damit, so schien es, war der »alte Abstand« zwischen Industrie- und Entwicklungsländern wieder hergestellt, zumal diese ihren Arbeitsmarkt aufgrund der steigenden Nachfrage nach Fertigprodukten immer stärker auf die Produktion derselben einstellten. Zudem wuchs ihre Abhängigkeit vom Weltmarkt.

Gero Jenner sieht in diesen Strukturanpassungen, welche die nationalen Ökonomien in den Industrie- und Entwicklungsländern im Verlaufe der vergangenen dreissig Jahre durchliefen, einen wechselseitigen Prozess »von Zerstörung und Aufbau«, der in seinen Augen die Eigenart des substitutiven Handels einer globalisierten Wirtschaft im Gegensatz zum klassischen Handel beschreibt (Jenner 1997, 74).

Zweifelsohne weisen also die Entwicklungen auf Ebene des Welthandels Charakteristika auf, die eine Interpretation im Sinne von Globalisierung zulassen. Weitaus deutlicher kann dies jedoch mit Blick auf die Entwicklungen auf den internationalen Finanz- und Kapitalmärkten und dabei sowohl den Kreditmärkten als auch den Aktienmärkten (vgl. Baecker 1988, 294) behauptet werden. Entsprechend nährt insbesondere die Dynamik des Wandels in dieser Dimension sowie der bereits erreichte Verdichtungs- und Vernetzungsgrad die These der sogenannten »Hyper-Globalisierungsschule« (Perraton u.a. 1998, 149) dass der Prozess der wirtschaftlichen Globalisierung bereits weitgehend abgeschlossen ist. Gegen eine derart »forsche« Interpretation spricht allerdings – ähnlich wie in der Dimension des Welthandels – die Beobachtung, dass rund 80% der Weltkapitalströme innerhalb der sogenannten »Triade« USA, Westeuropa und Japan fliessen und die Bedeutung der weniger entwickelten Länder als Verursacher von Kapitalbewegungen gleichzeitig deutlich zurückgegangen ist (Die Gruppe von Lissabon 1998, 56).

Finanzmärkte galten bis zu Beginn der 1970er Jahre als klassisch nationale Märkte, da sie durch eine nationale Währung bestimmt wurden, die in ein System fixer Wechselkurse eingebunden und durch verschiedene Regulierungen geschützt war. Dieses System von Bretton Woods begann sich indes aufzulösen als Richard Nixon im Jahre 1971 die Nichtkonvertierbarkeit des US-Dollars erklärte und brach schliesslich 1973 mit der Einführung flexibler Wechselkurse vollständig zusammen. Die Märkte reagierten darauf gemäss ihrer eigenen Logik und setzten damit gleichsam ein Kettenreaktion in Gang, die zu ihrer Veränderung in bislang noch nicht gekannten Dimensionen führte. Wenngleich für diesen Wandel eine ganze Reihe von interdependenten Faktoren ausschlaggebend sind (vgl. Jochimsen 1997, 401 ff.), wollen wir uns an dieser Stelle auf die Beschreibung jener Konsequenzen aus dem Zusammenbruch des System von Bretton Woods beschränken, die besonders anschaulich die gewaltige Dynamik erklären können, mit der sich die Finanz- und Kapitalströme in den Jahren danach auszuweiten begannen: Das Risiko von Wechselkursschwankungen und Zinsdifferenzen musste zunächst von professionellen Marktteilnehmern – insbesondere Exporteuren und Importeuren – strategisch abgefedert werden. Dies geschah in erster Linie durch Kurs- und Zinssicherungsgeschäfte und seit den 1980er Jahren, nach weiteren Liberalisierungsschritten im internationalen Finanzsektor, durch den Kauf- und Verkauf von *Finanzderivaten*. Das rasche Wachstum dieser Risikogeschäfte ergab sich zum einen daraus, dass diese Geschäfte ihrerseits wiederum eine Reihe von Risiko-Absicherungsgeschäften nach sich zogen und dass sie alsbald auch von weiteren Marktteilnehmern und dabei sowohl von professionellen Vermögensverwaltern (Pensionskassen und Investmentfonds) als auch von Privatpersonen als interessantes Anlagefeld entdeckt wurden.

Die Tendenz zur »Aufblähung« des Finanzsektors aus dieser Quelle wurde verstärkt durch den Umstand, dass der Kauf von Finanzderivaten einen wesentlich geringeren Geldeinsatz fordert als jener der ihnen zugrundeliegenden Basisinstrumente (Aktien, Währungen etc.), was wiederum zahlreiche Spekulanten auf den Plan rief. Doch nicht nur der Handel mit Derivaten, auch der mit »klassischen« Anlageinstrumenten begann sich in den 1980er Jahren zu wandeln. So ist für diese Zeit eine zunehmend internationale Diversifizierung der Portfolios zu beobachten. Der quantitative Zuwachs an investiertem Kapital führte ausserdem zu einer Stärkung der Position multinationaler Banken und neuartiger Finanzinstitute, die darüber hinaus in besonderem Masse von den Liberalisierungsbemühungen sowie den kommunikationstechnologischen Innovationen profitierten. Ihr Bedeutungszuwachs zeigt sich am eindrücklichsten bei einem Blick auf die von Ihnen verwalteten Gelder; so verwaltete die derzeit grösste Fondsgesellschaft der Welt, Fidelity Investments, Mitte der 1990er Jahre ein Anlagevermögen von 320 Milliarden Euro (Nowotny 1997, 230).

Die globalen Finanzmärkte entwickelten mithin seit den 1970er Jahren nicht nur eine immer höhere Eigendynamik, sie lösten sich auch allmählich von ihren realwirtschaftlichen Grundlagen und bildeten eine eigene »Unlogik« aus, »indem sie zunehmend dem Einfluss extrem kurzfristiger, spekulativer Überlegungen und Entscheidungen ausgesetzt sind« (Kneschaurek 1999, 214). Ihre ungeheure Dynamik wird auch quantitativ erfassbar. So beträgt beispielsweise der tägliche Umsatz an den Devisenbörsen heute zwischen 1 und 1,5 Billiarden US-Dollar und liegt damit um das Fünfzigfache über dem Wert weltweiter Exporte; im Jahre 1979 betrug er im Vergleich dazu noch das Zwanzigfache; der Handel mit Derivaten wiederum übersteigt das weltweite Geldvolumen; im Jahre 1993 wurden auf den Derivatemärkten 16,2 Billionen US-Dollar bewegt (Perraton u.a. 1998, 149; vgl. auch Welzmüller 1997, 25; Kneschaurek 1999, 214). Die Dynamik zeigt sich aber auch in jenen Finanz- und Kapitalströmen, die im Zusammenhang mit dem Transfer von Finanzkapital für Direktinvestitionen stehen. So stieg die Summe der geleisteten und empfangen Direktinvestitionen zwischen den Ländern der »G5« (USA, Japan, Deutschland, Frankreich und Grossbritannien) von 136,7 Milliarden US-Dollar im Jahre 1982 auf 640,2 Milliarden im Jahre 1990; im Jahre 1997 erreichten die ausländischen Direktinvestitionen ein Volumen von 400 Milliarden US-Dollar – das Siebenfache ihres Umfangs in den 1970er Jahren (Welzmüller 1997, 23; UNDP 1999, 36).

Zusammenfassend lässt sich konstatieren, dass qualitative *und* quantitative Veränderungen der Weltwirtschaft einerseits auf der Ebene des internationalen Handels, andererseits auf Ebene der Finanz- und Kapitalmärkte sowohl die These einer Intensivierung der weltwirtschaftlichen Interaktionen als auch die einer wachsenden Reichweite ökonomischer Einzelhandlungen stützen. Zugleich wurde deutlich, dass die Handlungsspielräume nationaler Regierungen bei der Ausgestaltung ihrer Finanz- und Wirtschaftspolitik in diesem Prozess partiell eingeschränkt werden. Insbesondere die durch eine verstärkte Tendenz zur Spekulation ausgelöste Unberechenbarkeit internationaler Finanz- und Kapitalströme erweist sich dabei als ein gravierendes Problem. Es wäre allerdings falsch, von einem »Diktat« der Finanzmärkte zu sprechen; sie verfügen keineswegs bestimmte Regierungsmassnahmen, »sondern beeinflussen vielmehr, durch Risikozuschläge auf Zinsen oder Wechselkursänderungen, die mit nationalen Entscheidungen verbundenen Konsequenzen« (Perraton u.a. 1998, 158). Ein ähnliches Phänomen lässt sich im Zusammenspiel der multinationalen oder transnationalen Unternehmen mit der nationalstaatlichen Politik beobachten.

2.2.2 Die Bedeutung multinationaler Unternehmen für den Prozess der ökonomischen Globalisierung

Wenn von einem *multidimensionalen* Wandel der Weltwirtschaft als zentrales Kriterium für die Deutung des sozio-ökonomischen Wandels im Sinne eines Globalisierungsprozesses gesprochen wird, der die Prozesse der Internationalisierung und Multinationalisierung fortschreibt, muss auf die *Entwicklung transnationaler Konzerne* ein besonderes Augenmerk gerichtet werden. Definitorisch handelt es sich bei einem Konzern um einen Zusammenschluss mehrerer rechtlich selbständiger Unternehmen, die in wirtschaftlicher, finanzieller, technischer und organisatorischer Hinsicht der Konzernleitung einer Muttergesellschaft unterstellt sind. Letztere kann entweder selbst produktiv tätig sein oder aber im Sinne einer Dachgesellschaft (Holding) ihre Tochtergesellschaften nur verwalten. In horizontalen Konzernen sind Unternehmen der gleichen Produktionsstufe vereinigt, in vertikalen Konzernen solche Unternehmen, die aufeinander folgende Produktionsstufen realisieren; Mischkonzerne bestehen aus Unternehmen verschiedenster Art. Von einem *multinationalen* Konzern bzw. einer »transnational corporation«, wie derartige Unternehmen unter anderem in der Agenda 21, bezeichnet werden (United Nations 1992, 237) wird dann gesprochen, wenn die »Konzernmutter« in mehreren Staaten Produktionsstätten unterhält (vgl. auch Dicken 1992, 177). Multinationale Konzerne bilden gemäss der Definition der Weltwirtschaftskonferenz der Vereinten Nationen heute eine eigenständige Gruppe innerhalb der Wirtschaftsunternehmen: »TNCs, by definition, operate in multiple societies around the world, responding to each countrie`s legal requirements while adjusting to diverse social and economic conditions.« (UNCTAD 1999b, 2) Diese definitorischen Festschreibungen legen nahe, dass multinationale Konzerne ein noch recht *junges historisches Phänomen* darstellen.

Verwies bereits Robert Reich auf ihre herausragende Bedeutung als Protagonisten einer »neuen Weltwirtschaft« (Reich 1993, insb. 152 ff.), so gelten sie in der derzeitigen Diskussion als die wichtigsten *Akteure* bei der Führung und Gestaltung eines globalen Wirtschaftssystems (Dicken 1992; UNCTAD 1999b). Diese Beobachtung sollte allerdings nicht dahingehend interpretiert werden, dass multinationale Konzerne alleine den Prozess der Globalisierung vorantreiben. Vielmehr tragen auch kleine und mittlere Unternehmen (KMU) durch die zunehmend globale Ausrichtung ihrer Geschäftstätigkeit nicht unwesentlich dazu bei (Kneschaurek 1999, 218). Wie intensiv ein Unternehmen als Akteur vom Globalisierungsprozess betroffen und in ihn involviert ist, hängt dabei neben seiner Grösse stark von seiner Branchenzugehörigkeit ab. So sind Unternehmen der grundstoffgewinnenden und -verarbeitenden Wirtschaftszweige wie der Öl-, Gold- oder Stahlindustrie, die häufig Produktionsstätten in den ressourcenreichen Ländern unterhalten, zweifellos von Globalisierung stärker betroffen als beispielsweise Unternehmen aus dem Dienstleistungsbereich. Dies lässt sich auch an den Zahlen zum Welthandel festmachen. So entfallen 80% des Welthandels auf den Güterverkehr, 20% auf den Dienstleistungsverkehr – wobei letzterer in den zurückliegenden Jahren deutlich schneller gewachsen ist (vgl. WTO 2003, 103 ff.).

Entsprechend häufiger sind sie beispielsweise mit Vorwürfen der Verletzung von Menschenrechten an ihren Produktionsstandorten konfrontiert (vgl. Leisinger 2004). Wie bereits bei den vorgängigen Analysen der Veränderungen des Welthandels sowie der globalen Finanzmärkte, lassen sich auch zur Stützung der These einer wachsenden Bedeutung transnationaler Unternehmen sowohl *quantitative* als auch *qualitative Faktoren* benennen.

Konzernumsätze und Bruttoinlandsprodukte ausgewählter Unternehmen und Länder im Vergleich

Land / Unternehmen	BIP 2002 / Umsatz 2003 (Mrd. USD)
Wal-Mart Stores Inc.	258,7
Exxon Mobil Corp.	246,7
Schweden	240,3
BP Plc.	232,6
Norwegen	190,5
Polen	189,0
General Motors Corp.	185,5
Ford Motor Co.	164,2
Daimler Chrysler AG	136,4
Allianz AG	136,4
General Electric Co.	134,2
Griechenland	132,8
Thailand	126,9
Chevron Texaco Corp.	121,8
Portugal	121,6
Mitsubishi	110,0
Südafrika	104,0

Quelle: eigene Berechnungen auf Basis der Jahresberichte 2003 und World Bank, WDI 2004

In der quantitativen Dimension verweisen insbesondere die in Relation zum globalen Bruttoinlandsprodukt wachsenden *Umsätze* transnationaler Konzerne sowie ihr Anteil an der *Wertschöpfung* und an den weltweiten *Exporten* auf einen Anstieg ihrer ökonomischen Potenz. So stieg ihr Umsatz seit den 1970er Jahren rascher als die weltweiten Einkommen (Perraton u.a. 1998, 160); er betrug im Jahre 1997 schätzungsweise 9,5 Billiarden US-Dollar. Deutlicher noch als das Umsatzwachstum wird die ökonomische Strukturverschiebung zugunsten der global agierenden Konzerne in ihrer Wertschöpfung sichtbar, die sich von einem Anteil von 2% des Gesamt-BIP Mitte der 1980er Jahre auf 7% erhöhte, sowie in ihrem Anteil an den weltweiten Exporten, der von einem Viertel Ende der 1980er Jahre auf ein Drittel im Jahre 1995 anstieg (UNDP 1999, 37). Damit hatten sie zugleich einen wesentlich Anteil an der bereits erörterten Zunahme und Verdichtung des Welthandels, den sie gemäss aktuellen Schätzungen heute zu rund 70-80% erbringen. (Fokken 1999, 59; Bohnet/Schratzenstaller 2001, 18)

In der qualitativen Dimension sprechen für unsere These der Existenz eines Globalisierungsprozesses im Sinne eines multidimensionalen Wandels der Weltwirtschaft insbesondere *Veränderungen in der Ausrichtung der Unternehmenspolitik multinationaler Konzerne*. Hartmut Hirsch-Kreinsen sieht in global orientierten Unternehmensstrategien gar die »treibende Kraft« des Globalisierungsprozesses (Hirsch-Kreinsen 1999, 115). Dabei geht es nicht primär um internationale Handels- und Exportstrategien, die bereits seit längerem verfolgt werden. Vielmehr nutzen transnationale Unternehmen heute konsequent jene durch Innovationen im Bereich der Transport- und Kommunikationstechnologien ermöglichte raschere und einfachere Überwindung geographischer Distanzen zum Auf- und Ausbau ihrer ökonomischen Imperien. Soziologisch betrachtet werden mithin nirgendwo mehr als in den Handlungen der global ausgerichteten ökonomischen Akteure die Momente der »Entzeitlichung« und »Enträumlichung« sichtbar, die gerade als kennzeichnend für Globalisierung angesehen werden (Giddens 1996; Beck 1998).

Dies verweist noch einmal aus einer anderen Perspektive darauf, dass das ökonomische System im fortschreitenden Prozess der Globalisierung eine Führungsrolle übernommen hat und andere gesellschaftliche Teilsysteme zu Anpassungen zwingt. Die konsequente Eroberung und Nutzung des globalen Raumes – im Falle transnationaler Unternehmen insbesondere durch die *Verlagerung der Produktion* sowie durch die Integration singulärer nationaler Unternehmen zu internationalen *Zulieferer-Abnehmer-Beziehungen* – wird somit zum Sinnbild einer globalen Welt, in der einerseits temporale und geografische Grenzen aufgehoben sind und in der diejenigen Akteure dominieren, die ihre Vorteile zu nutzen verstehen.

Je höher dabei der von den Unternehmen respektive Konzernen erreichte *Vernetzungsgrad* ist und je mehr Alternativen sich ihnen hinsichtlich ihrer Standortwahl bieten, desto unabhängiger werden sie gegenüber den Strategien einzelner nationaler Regierungen: »Unter diesen Bedingungen können Standortmerkmale wie Infrastruktur, Arbeitskräftepotenzial, Steuergesetzgebung und andere staatliche Rahmenbedingungen verglichen und zum Gegenstand selektiver Entscheidungen gemacht werden«, konstatiert Ditmar Brock (1997, 17), der diese »Selektionsmacht« der globalen Akteure als der klassischen »Organisationsmacht« überlegen betrachtet und sie als einen wichtigen Faktor für den Beleg einer Umkehrung im Abhängigkeitsverhältnis zwischen Wirtschaft und Politik benennt. Diese im Zeitalter der Globalisierung zumindest einigen globalen Unternehmen neu erwachsenden Chancen einer freieren und ungehinderteren Selektion beziehen sich im Übrigen nicht alleine auf die *Produktionsstandorte*. Vielmehr ist es einigen transnationalen Konzernen auch möglich, ihre *Investitions- und Steuerstandorte* weitgehend frei auszuwählen, wobei ihnen auch in dieser Hinsicht Veränderungen des weltwirtschaftlichen Systems zugute kommen. So führte die beschriebene Liberalisierung der Finanz- und Kapitalmärkte vor allem in den 1980er Jahren zur Ausbildung sogenannter »Offshoremärkte« (z.B. Liechtenstein oder die Cayman Islands), was die Tendenz zur Kapitalflucht deutlich verstärkte.[10]

Der angesprochene Vernetzungsgrad multinationaler Unternehmen wiederum wird seit einigen Jahren vor allem durch Bildung von Joint Ventures sowie durch *Fusionen* erreicht. So versechsfachte sich nach Angaben der UNCTAD in ihrem speziell dem Thema Fusionen und Übernahmen gewidmeten World Investment Report 2000, im Zeitraum von 1992 bis 1998 das finanzielle Volumen von Fusionen und Übernahmen. Den Höhepunkt erreichte die Entwicklung im Jahr 2000, in dem der Wert internationaler Unternehmensfusionen und Übernahmen auf über 1,1 Billionen US-Dollar stieg (BIZ 2004, 144). Gleichzeitig weiteten sich die Grössenordnungen aus (vgl. folgende Tabelle).

---

[10] Dass von diesen neu geschaffenen Möglichkeiten nicht nur Unternehmen, sondern auch politische Parteien Gebrauch machen, belegte vor einigen Jahren der Finanzskandal der Christlich-Demokratischen Union (CDU) in Hessen, die über Jahre hinweg im Sinne des deutschen Parteienfinanzierungsgesetzes illegale Konten in der Schweiz unterhielt.

Die grössten Unternehmensfusionen und -übernahmen 1998/1999

Käufer	Zielunternehmen	Monat	Kaufpreis
Exxon	Mobil	12/1998	86,3
Travelers	Citicorp	4/1998	72,5
Ameritech	SBC Communications	5/1998	72,3
Bell Atlantic	GTE	7/1998	70,8
AT&T	Tele-Communications	6/1998	68,2
Vodafone	Air Touch	1/1999	65,9
Nationsbank	Bank America	4/1999	61,6
Comcast	Media One	3/1999	58,2
BP	Amoco	8/1998	54,3
Totalfina	Elf	7/1999	42,0
Daimler	Chrysler	5/1998	39,5
Nordwest	Wells Fargo	6/1998	43,3

Quelle: Wirtschaftswoche 29/1999

Dabei sind zwei Trends erkennbar, die auf eine Globalisierung der Geschäftsstrategien verweisen. Zum einen dienen Firmenübernahmen heute nicht mehr wie noch bis in die 1980er Jahre hinein zum Ausbau grosser Unternehmen zu diversifizierten Mischkonzernen, sondern vielmehr zur Stärkung der *Kernkompetenzen* des eigenen Konzerns durch die Übernahme von oder den Zusammenschluss mit direkt konkurrierenden Unternehmen; zum anderen werden Übernahmen und Fusionen internationaler (vgl. Fokken 1999, 47). Aus Sicht eines Konzerns ergibt sich ein Vorteil von Fusionen gegenüber dem Auf- und Ausbau eines internationalen Zweigstellennetzes aus dem Umstand, dass hierdurch die Schwierigkeiten einer Anpassung der Geschäftsstrategien an die Besonderheiten der regionalen Märkte verringert werden.

Schon seit Ende der 1980er Jahre wurde im Marketing erkannt, dass Güter und Dienstleistungen wie auch die Werbung für dieselben stärker auf lokale und partikulare Märkte zugeschnitten werden müssen, will man als ausländischer Konzern gegen die einheimische Konkurrenz bestehen (vgl. Meffert 1989; Meffert/Bolz 1997). Diese Anpassung kann allerdings nur gelingen, wenn neue Formen territorialer Bindung eingegangen werden; ja, diese gelten heute sogar als unabdingbare Voraussetzungen einer erfolgreichen Ausweitung der Geschäftstätigkeit (Hirsch-Kreinsen 1999, 118). [11]

Die angesprochene Verringerung der Anpassungsschwierigkeiten darf allerdings nicht dahingehend interpretiert werden, dass Fusionen einen leichten Marktzugang ermöglichen. Vielmehr findet eine Verlagerung der Bemühungen um eine Harmonisierung der unterschiedlichen Kulturen von einer externen auf eine interne Unternehmensebene statt (vgl. Daub 2003; Fokken 1999). Dies wiederum kann als ein weiterer Beleg für die These gelten, dass multinationale Konzerne mit ihren standardisierten Produkten nicht nur zu einer Veränderung regionaler Kulturen im Sinne von deren Homogenisierung respektive »McDonaldisierung« (Ritzer 1995) beitragen, sondern dass sie gleichzeitig selbst Anpassungsleistungen erbringen müssen und damit bisweilen sogar lokale Kulturen stärken. Wenngleich sie im Globalisierungsprozess eine bedeutende Rolle einnehmen, diktieren sie m.a.W. keineswegs seinen Verlauf, sondern sind selbst Akteure, die sich ihm anpassen müssen: »›Globale Kultur‹ kann *nicht statisch,* sondern nur als ein *kontingenter* und *dialektischer* (und gerade *nicht ökonomistisch* auf seine scheinbar einsinnige Kapitallogik reduzierbarer) *Prozess* verstanden werden – nach dem Muster ›Glokalisierung‹, in dem widersprüchliche Elemente *in ihrer Einheit* begriffen und entschlüsselt werden.« (Beck 1998, 91)

2.2.3 Die Entwicklung und Bedeutung globaler Informationssysteme, Kommunikations- und Transportnetze

Von Globalisierung zu sprechen, ohne nicht wenigstens kursorisch jene gewaltigen technologischen Umwälzungen zu skizzieren, welche die Welt in der Erfahrung einer wachsenden Zahl von Menschen zu jenem »global village« geraten lassen, das Marshall McLuhan bereits in den 1960er Jahren andachte (McLuhan 1995, 39), hiesse nicht nur zu übersehen, dass sich bereits die frühen Theoretiker einer »Weltge-

---

[11] Der von Roland Robertson als ein Grundbegriff kultureller Globalisierung eingeführte Begriff der »Glokalisierung«, der in den frühen 1990er Jahren als ein Modewort im Marketing galt, wurde bezeichnenderweise nach dem Vorbild eines japanischen Wortes gebildet, das ursprünglich das Prinzip bezeichnete, die eigenen landwirtschaftlichen Techniken an lokale Gegebenheiten anzupassen (Robertson 1998, 197; vgl. Beck 1998, 90).

sellschaft« in erster Linie durch Beobachtungen einer Verdichtung der kommunikativen Kontakte in der politischen, ökonomischen, wissenschaftlichen und kulturellen Dimension dazu veranlasst sahen, eine Substitution des nationalstaatlich orientierten Theoriekonstruktes zu fordern (vgl. z.B. Burton 1972). Es bedeutete – metaphorisch gesprochen – bei der Beschreibung eines Automobilmotors dessen Treibstoff zu vergessen. Denn obschon beispielsweise die Globalisierung der Wirtschaft zweifellos als prominenteste Dimension in der Globalisierungsdebatte behandelt wird, ist sie ohne die rasanten technologischen Entwicklungen vor allem in den Dimensionen der *Transporttechnologie*n auf der einen, der *Kommunikationstechnologien* auf der anderen Seite schlicht nicht vorstellbar (vgl. Korff 1996, 311). Ja, die exorbitant hohe *Dynamik* der weltwirtschaftlichen Veränderungen in den zurückliegenden Jahrzehnten ist sogar *vornehmlich* durch die Geschwindigkeit des technologischen Wandels erklärbar (vgl. Stückelberger 2004, 50; Schimany 1997, 139; European Communication Council 1999, 139 f.). Entsprechend verwundert es nicht, dass die Ausweitung des internationalen Handels, die in erster Linie auf den Ausbau der Transportinfrastruktur zurückzuführen ist, vergleichsweise langsamer vonstatten ging, als die Veränderungen auf den internationalen Finanz- und Kapitalmärkten, deren Transaktionen über Kommunikationsnetze stattfinden. Dass die Dynamik in naher Zukunft nicht abnehmen wird, belegen prognostische Daten zur Entwicklung der Ausgaben für Verkehr und Nachrichtenübermittlung.

Ausgaben für Verkehr und Nachrichtenübermittlung
(real zu Preisen von 1990; in Mrd. EUR; * Prognosen)

	1990	1993	1996	2002*	2010*
Frankreich	99	96	106	119	140
Deutschland	113	126	138	148	175
Italien	52	50	55	64	82
Spanien	87	85	96	114	143
Grossbritannien	30	29	31	36	45
EU	465	472	519	592	720
USA	312	311	346	402	475
Japan	211	222	234	260	306

Quelle: European Communication Council 1999, 285

Die hohe Bedeutung des technologischen Wandels für die Globalisierung zeigt sich indes nicht nur in einer ökonomischen Dimension. Vielmehr werden die vor allem von Anthony Giddens betonten Momente der weltweiten Intensivierung sozialer Kontakte sowie die Verbindung lokaler Kontexte mit globalen Ereignissen (Giddens 1995; 1996) für den Menschen vor allem durch das ambivalente Phänomen seiner *Nutzung* technologischer Errungenschaften bei gleichzeitiger Vergegenwärtigung ihrer *Konsequenzen* erfahrbar. Für unsere Untersuchung sind diese Überlegungen deshalb von Bedeutung, weil darin der bereits einleitend angesprochene Aspekt der »Selbsterzeugung gesellschaftlicher Lebensbedingungen« (Beck 1986, 300 ff.) besonders sicht- und greifbar wird, dem auch im Kontext des Diskurses um eine nachhaltige Entwicklung im Sinne einer Teil-Verantwortung jedes Einzelnen ein hoher Stellenwert beigemessen wird (Preuss 1991). Entsprechend soll er zunächst vertieft werden, bevor wir uns dem Wechselspiel zwischen technologischem und ökonomischem Wandel zuwenden.

Wenngleich sich die Wissenschaften heute weitgehend darüber einig sind, dass jener Prozess, der als Globalisierung bezeichnet wird, sinnvoll nur als ein noch relativ junges Phänomen betrachtet werden kann, das sich aus der Zusammenschau singulärer Aspekte ergibt, weisen diese, seine Existenz untermauernden Einzelaspekte eine je eigene Geschichte auf, die teilweise weit in die Vergangenheit zurückreicht. So lässt sich konstatieren, dass die individuelle *Mobilität* respektive der Verkehr bereits früh – das heisst vor allem seit den Reisen der Entdecker und Eroberer im 15. und 16. Jahrhundert – als ein Symbol des Fortschritts betrachtet wurde (Weizsäcker 1989, 83), der die Menschen über die bislang bekannten geographischen Grenzen und Begrenzungen hinaus gelangen liess.[12] Wenn die Rede von einer durch den Globalisierungsprozess verstärkten »Entgrenzung« erfahrbar werden soll, dann wird sie es m.a.W. durch kein Phänomen besser, als das der Mobilität und dabei auf Ebene des Alltagslebens insbesondere des *Ferntourismus* (vgl. Korff 1996, 313; Messerli/Meuli

---

[12] Die Reisen des Vasco da Gama oder des Kolumbus sind aus dieser Perspektive Vorläufer jenes noch heute viele Menschen in Staunen versetzenden ersten Schrittes eines Menschen auf den Mond am 20. Juli 1969, mit dem man in den Augen Ralf Dahrendorfs einmal im Rückblick die Geschichtsschreibung des Begriffes Globalisierung beginnen könnte (Dahrendorf 1998, 41).

1996).[13] Dies vor allem, weil die Menschen – insbesondere jene aus den Industrieländern – alltägliche Mobilität in erster Linie als eine Entgrenzung im Sinne einer Ausweitung ihrer Handlungsmöglichkeiten erfahren. Sie ist m.a.W. »ein wesentlicher Bestandteil des modernen Lebensgefühls, der Freiheit, der Freizeit, des Urlaubs« (Weizsäcker 1981, 82). Dabei ist Individuen, die moderne Fortbewegungsmittel nutzen, um in möglichst kurzer Zeit von einem Punkt der Welt zu einem anderen zu gelangen, in der Regel bewusst, dass sie sich ihre Zeitersparnis nicht nur mit persönlichen Kosten wie beispielsweise dem kaum zu umgehenden »Jetlag«, sondern auch mit ökologischen Kosten in Form eines erhöhten Ausstosses an umweltschädigenden Emissionen »erkaufen« müssen, die wiederum zu einer Erhöhung der Konzentration von Substanzen führen, welche die Ozonschicht schädigen und damit zur Veränderung des weltweiten Klimas beitragen.[14]

Allerdings ist unter Berufung auf umweltsoziologische Befunde sogleich einschränkend darauf hinzuweisen, dass die Tatsache einer häufig zeitlich verzögerten und nicht immer am Ort des Geschehens mess- und wahrnehmbaren Auswirkung umweltschädlicher Aktivitäten häufig zu einer sinnlichen Nicht-Wahrnehmbarkeit bzw. Nicht-Erfahrbarkeit führt (Preuss 1991). Hinzu kommt, dass sich »Faktoren wie die Schrecklichkeit, Bekanntheit, Kontrollierbarkeit einer Gefahr, die Freiwilligkeit, mit der ein Risiko eingegangen wird, oder das einer Gefahrenquelle zugeschriebene Katastrophenpotenzial als wichtige Determinanten der Einschätzung der Risikowahrscheinlichkeit [erweisen].« (Tanner/Foppa 1996, 249 f.) Sieht man von diesen Einschränkungen ab, wird gleichwohl sichtbar, dass dem Menschen insbesondere die *globalen ökologischen Konsequenzen* seiner Nutzung moderner Transporttechnologien im Prinzip bewusst sind – wenn er aus diesem Bewusstsein für sein individuelles Handelns auch nicht notwendig die angemessenen Konsequenzen ableitet.

Ähnlich verhält es sich, wenn man sich die Wahrnehmung der *sozialen Konsequenzen* aus der Nutzung moderner Transporttechnologien

---

[13] Neben dem Ferntourismus sind es ausserdem zunehmende Migrationsbewegungen von Arbeitskräften und Menschen aus wirtschaftlich unterentwickelten Weltregionen, welche die These einer Reduzierung geographischer Distanzen durch die neuen Transporttechnologien empirisch stützen (vgl. Korff 1996, 313)

[14] In Deutschland verursacht der Verkehr etwa 60% der Stickstoffbelastung und 70% der CO-Belastung; zudem werden für ihn rund ein Viertel der Energie aufgewendet (Weizsäcker 1989, 84).

in der Dimension des Ferntourismus betrachtet, der zwischen 1980 und 1996 einen Anstieg der Zahl Touristen von 260 auf 590 Millionen jährlich verzeichnete (UNDP 1999, 29). So wird insbesondere in der Volkskunde wiederholt darauf verwiesen, dass Menschen, die als Touristen fremde Regionen oder Länder bereisen, dort sehr häufig eine Welt anzutreffen hoffen, die sich im Gegensatz zu ihrer industriellen und zivilisierten Heimat noch ihre »Ursprünglichkeit« bewahrt hat. Dabei kommt es zu einem Phänomen, das Hermann Bausinger wie folgt beschreibt: »Die Fremden treten den Einheimischen mit einer normierten Rollenerwartung entgegen; sie suchen nicht ihresgleichen, sondern den starken Zauber des Urwüchsigen [...] Die Einheimischen akzeptieren diese Erwartung und suchen ihr gerecht zu werden; sie übernehmen die ihnen zugemutete Rolle [...] Soweit sie dadurch in Konflikt geraten mit ihren eigenen Normen, spielen sie eine Doppelrolle: untereinander und in ihrem Privatleben machen sie sich die wirtschaftlichen und kulturellen Fortschritte zu eigen; den Fremden gegenüber geben sie sich dagegen als lebende Relikte einer vergangenen Zeit.« (Bausinger 1971, 163/164)

Wenngleich er sich diesen Umstand nur selten bewusst machen mag, bleibt dem Touristen selten verborgen, dass die fremde Gemeinschaft ihn nur als einen *Gast*, nicht aber als einen *Angehörigen* betrachtet. Diesen Sachverhalt übersieht m.E. Ulrich Beck, wenn er davon spricht, dass Menschen heute vermehrt »ortspolygam« lebten (Beck 1998, 29). Die transnationale Ortspolygamie, die ihm zufolge das »Einfallstor der Globalität im eigenen Leben« darstellt und zur Globalisierung der Biographie führt, bedeutet keineswegs, dass der Mensch heute vermehrt in unterschiedliche Gemeinschaften integriert würde. Er nimmt zwar einerseits wahr, dass er fremde Gemeinschaften durch seine Anwesenheit verändert – beispielsweise indem diese sich zur Verständigung des Englischen als einer auch ihnen fremden Sprache bedienen oder sich zu seiner Unterhaltung folkloristisch kostümieren (vgl. Bausinger 1971, 177) – weiss jedoch zugleich, dass dies nicht seine Integration zur Folge hat. Die Illusion, zugleich in zwei verschiedenen Welten leben und die Distanzen vermittels der Nutzung moderner Transporttechnologien überbrücken zu können, bleibt auch in einer globalen Welt eine Illusion, wenngleich sie sehr langsam zu einer Verdichtung des globalen menschlichen Beziehungsnetzes führen mag.

Dabei dürfen aber im Übrigen die Gegentendenzen nicht übersehen werden. So hat Richard Sennett mit Blick auf die Veränderungen des modernen Kapitalismus, der die Menschen zu einer hohen Flexibilität und Mobilität zwingt – die wiederum nicht zuletzt durch die modernen Transporttechnologien überhaupt erst möglich geworden sind, mit Nachdruck darauf hingewiesen, dass diese Entwicklungen bei vielen Menschen nicht etwa zu einer freiwilligen und unwidersprochenen Akzeptanz des neuen Lebensmodells führten; die Konsequenz war in seinen Augen vielmehr eine »Stärkung des Ortes, die Sehnsucht der Menschen nach der Verwurzelung in einer Gemeinde« (Sennett 1998, 189). Darin kommt wiederum exemplarisch jene Beobachtung zum Ausdruck, die Robertson so treffend mit dem Begriff der »Glokalisierung« bezeichnet hat (Robertson 1998).

Festzuhalten bleibt, dass der Mensch die Nutzung moderner Fortbewegungsmittel nicht nur als eine Ausweitung seines Bewegungsspielraumes und damit seiner Handlungsmöglichkeiten wahrnimmt, sondern zugleich realisiert, dass er damit in bislang fremde *soziale Räume* eindringt und im selben Zuge *ökologische Kosten* verursacht.

Erscheint die Ambivalenz einer Ausweitung des individuellen Raumes einerseits, einer Stärkung des Ortes bzw. einer individuellen »Heimat« andererseits weitgehend nachvollziehbar, so mag es im ersten Moment verwundern, dass ein vergleichbares Phänomen auch in der Dimension der *Informations- und Kommunikationstechnologien* existiert. Dieses kommt darin zum Ausdruck, dass informations- und kommunikationstechnologische Innovationen zwar einerseits zu einer massiven Ausweitung des Wahrnehmungs- und Möglichkeitshorizonts vieler Menschen geführt haben – vielleicht signifikanter noch als in der Dimension der Mobilität –, dass dieser Prozess andererseits jedoch weder zu den von der Medien- und Kommunikationsindustrie erhofften raschen und fundamentalen Verhaltens- und Mediennutzungsänderungen führte noch einen Rückgang des individuellen Bedarfs an lokalen Informationen bewirkte. Wie ist dies zu erklären?

Zunächst ist unbestritten, dass die »Bilder der globalen Welt« (Die Gruppe von Lissabon 1998, 30), die den Menschen regelmässig über die Massenmedien erreichen, zur Konstruktion einer gemeinsam geteilten globalen Realität beitragen. Wenngleich die Informationen, die aus Perspektive des Mediensystems zumindest potenziell für alle erreichbaren Rezipienten von Interesse sind, nur einen unbedeutenden Teil aller Informationen ausmachen – zumeist sind es grosse Katastrophen oder weltpolitisch bedeutsame Ereignisse, über die berichtet wird, verstärken sie das Bewusstsein der Menschen, in dem bereits wiederholt zitierten »global village« zu leben. Angetrieben wird dieser Prozess zweifellos durch die rasch fortschreitende globale Vernetzung, die mit der Entwicklung des Internet bzw. des »WorldWide-Web« in eine neue Phase getreten ist. Betrachtet man sich aus rein technologischer Sicht die neuen Möglichkeiten, die dem Nutzer aus der Konvergenz der drei ursprünglich getrennten Kommunikationssektoren Medien, Telekommunikation und Informationstechnologie erwachsen, könnte man annehmen, dass die Substitution der klassischen Medien rasch vonstatten gehen müsste. Dies ist jedoch nicht der Fall, denn »der wichtigste Akteur auf den Märkten, der private Kunde, scheint der wachsenden Konvergenz-Rhetorik nach wie vor mit Unverständnis und Gleichmut zu begegnen« (European Communication Council 1999, 217). Offensichtlich behalten die »alten« Medien wie Bücher, Zeitungen oder Zeitschriften auch im Zeitalter des Internet ihre Funktion; sie werden nicht vollständig, sondern höchstens teilweise substituiert.

Dieses Phänomen ist im Übrigen keineswegs neu. Generell kann beim Aufkommen neuer Informations- und Kommunikationstechnologien ein Prozess der Teil-Substitution innerhalb des Mediensystems, eine *intermediale Verschiebung* also, beobachtet werden. Nur so ist es beispielsweise erklärbar, dass es trotz des Fernsehens und des Internets auch heute noch das Radio gibt. Es scheint Funktionen zu erfüllen, die ein TV-Gerät oder der Internet-Anschluss nicht bieten können, muss sich, um überleben zu können, allerdings der sich wandelnden Nachfrage anpassen. Bei der Analyse dieser *intramedialen Verschiebungen* wiederum fällt auf, dass das Radio als Vertreter der »älteren« Medien in der Befriedigung der Nachfrage nach lokalen Informationen neue Marktchancen wahrgenommen hat: Der Erfolg der Lokalradios, die es inzwischen in grosser Zahl in vielen Ländern gibt, verweist dabei auf den bereits angedeuteten Umstand, dass sich als eine der Gegenbewegungen zur Globalisierung eine Stärkung regionaler und lokaler Identitäten beobachten lässt (vgl. Minc 1998). Diese ist dabei offensichtlich derart mächtig, dass sich Online-Dienste, wie beispielsweise America Online (AOL), bereits in einer relativ frühen Phase der Ausbreitung des Internets in den Privathaushalten dazu entschlossen hatten, den Anteil an regionalen Informationen zu erhöhen, um neue Kundensegmente zu erschliessen (vgl. European Communication Council 1999, 205).

Obschon der technologische Wandel offensichtlich *auch* in alltagsweltlichen Kontexten beobachtbar ist und dort zu Veränderungen führt, wird er in der Globalisierungsliteratur wiederum in erster Linie als ein Prozess betrachtet, der zu fundamentalen Umwälzungen im *ökonomischen System* geführt hat. Dies ist insofern nicht weiter verwunderlich, als der rapide Ausbau der Informations- und Kommunikationsnetze nach dem Zweiten Weltkrieg, der seit dem Jahr 1971 – dem Gründungsjahr der Firmen »Apple« und »Microsoft« und zugleich dem »Geburtsjahr« des Personal Computers (PC) – zusätzlich einen grossen Schub erhielt, zu einem dramatischen Anwachsen der Bedeutung informationswirtschaftlicher Produkte und Dienstleistungen führte. So zählen diese heute mit einem weltweiten Umsatzvolumen von rund 1,7 Milliarden Euro zu den wichtigsten Wirtschaftszweigen und werden mit geschätzten Wachstumsraten von 7-15 % noch weiter an Bedeutung gewinnen (Lob/Oel 1998). Dies belegen auch die Produktionswerte der Branchen Informationstechnologie und Telekommunikation (vgl. nachfolgende Tabelle)

IT- und TK-Produktionswerte 1992-2010
(in Mio. EUR; * Prognosen)

IT-Produktionswerte	1990	1993	1996	2002*	2010*
Frankreich	8621	7432	7888	8940	9351
Deutschland	12915	12104	12308	13385	14004
Italien	5136	4920	7681	7011	6860
Grossbritannien	27296	27524	35455	36124	39578
USA	108459	121545	135976	145427	167678
Japan	10558	119799	121705	121654	132116
TK-Produktionswerte	1990	1993	1996	2002	2010
Frankreich	8406	7962	8369	9156	9998
Deutschland	10989	10246	10014	11488	12572
Italien	4495	3236	4007	3728	4665
Grossbritannien	6426	6639	7889	8046	9892
USA	39335	43537	48558	47674	55779
Japan	26560	32195	35359	37041	43708

Quelle: European Communication Council 1999, 297/298

Bereits sprechen beispielsweise die Experten des ifo-Institut für Wirtschaftsforschung davon, dass Information als zentraler Rohstoff neben

Boden, Rohstoffen, Kapital und Arbeit angesehen werden müsse (Stock 1995: 15).[15] Ja, die Faktoren, die für einen Übergang von der Industrie- in die »Informationsgesellschaft« sprechen – neben der wachsenden Bedeutung von Informationen vor allem die angesprochene Konvergenz der drei Industrien Medien, Telekommunikation und Informationstechnologie – haben sich in den zurückliegenden Jahren derart rasant verändert, dass bereits von einem »Paradigmenwechsel von Atomen zu Bits« respektive von der Ausbildung einer »Network-Economy« (Internet-Ökonomie) gesprochen wird (European Communication Council 1999, 136 ff.). Möglich wurde der rasche Ausbau der Informations- und Kommunikationsnetze vor allem durch die *Digitalisierung*, die eine Verarbeitung von Informationen durch Prozessoren sowie ihren Transport über Netzwerke ermöglichte, wobei die Entfernung prinzipiell irrelevant ist. Die Digitalisierung trug damit auch einen erheblichen Teil zur Ausbreitung der *Automation* bei, die heute von vielen als Verursacherin des teilweise dramatischen Rückgangs von Arbeitsplätzen betrachtet wird (vgl. Rifkin 1995; Jenner 1997). Zudem schuf sie die Grundlage für eine rasche Weiterentwicklung zahlreicher neuer Basistechnologien; zu nennen sind beispielsweise die Mikroelektronik, die Werkstofftechnologie, die Biochemie oder die Lasertechnik (vgl. Kneschaurek 1999, 37).

Die angesprochene Übertragung von Informationen in Echtzeit von jedem Ort der Welt an einen anderen setzt nun allerdings voraus, dass Sender und Empfänger über eine entsprechende Plattform zum Datenaustausch verfügen. Mit diesem Hinweis wird angedeutet, dass vor allem jene gesellschaftlichen Akteure schon früh einen Nutzen aus den neuen Technologien gewinnen konnten, die sich die anfangs teuren Geräte anschaffen und zudem die entsprechenden Experten zu ihrer Bedienung gewinnen konnten. Es waren m.a.W. wiederum die grossen Konzerne, die bereits in einer frühen Phase des Übergangs von der Industrie- zur Informationsgesellschaft innerhalb ihrer Organisation eine breite Versorgung mit Informations- und Kommunikationsplattformen sicherstellen konnten. Durch ihre Fähigkeiten, sich in dieser wie auch in anderen Dimensionen einen technologischen Vorsprung zu verschaffen (vgl. Perraton u.a. 1998, 162/163) profitierten sie in besonderem Masse von der Weiterentwicklung der informati-

---

[15] Die Kulturkritik reagierte auf diesen Umstand mit dem Einwurf, dass Wissen so selbst zur Ware werde (vgl. Lyotard 1986).

onstechnologischen Infrastruktur, die heute insbesondere die folgenden Vorteile mit sich bringt:

1. Durch die weltweite informationstechnische Vernetzung der Finanz- und Kapitalmärkte können Geld- und Warenströme sowohl innerhalb eines Unternehmens als auch zwischen Unternehmen und Einzelpersonen beliebig gesteuert werden.
2. Zahlreiche Tätigkeiten, die bislang an einen bestimmten Ort gebunden waren, können heute an nahezu jeden beliebigen Ort transferiert und dort erledigt werden – vom Artikel des Reporters, der ihn von seinem Feriendomizil per E-Mail an die heimische Redaktion weiterleitet bis hin zur Auftragsbearbeitung einer deutschen Fluglinie, die ihr Call Center in Dublin einrichtet, um Lohnkosten einzusparen. Zugleich können Leistungen und Service von jedem Ort der Welt eingekauft werden, was viele Unternehmen im Zuge des Outsourcings auch systematisch nutzen.
3. Neben den angesprochenen Lohnkosten können durch den Einsatz der neuen Technologien vermehrt auch viele der hohen Lager- und Transportkosten gespart werden. Sie entfallen beispielsweise, wenn die Inhalte von Informations- und Datenträgern (Zeitungen und Zeitschriften, CD-ROMs, Musik-CDs, Disketten etc.) über Informationsnetze versandt werden. Schon heute kann jeder Besitzer eines Internet-Anschlusses neben Computer-Software auch Audio- und Videosequenzen aus dem World Wide Web (WWW) herunterladen. Diese neuen Möglichkeiten schaffen zugleich einen Ausgleich dafür, dass die Transportkosten, die seit 1920 systematisch gesunken sind, seit den 1980er Jahren wieder steigen und in diesem Bereich folglich kaum mehr Synergiepotenziale gegeben sind (vgl. Perraton u.a. 1998b: 143).

Diese Vorteile für wirtschaftliche Akteure trugen einen erheblichen Teil zur Intensivierung des internationalen Austauschs von Waren und Dienstleistungen und den Wandel zunächst der westlichen Industrienationen von Industrie- zu Informationsgesellschaften nach dem Zweiten Weltkrieg bei. Zwar haben alleine die westlichen Industrienationen einen Status erreicht, der sie in weiten Zügen dem Modell einer Informationsgesellschaft entsprechen lässt (vgl. Bundesministerium für Wirtschaft 1998), doch insbesondere die Schwellenländer holen in der Dimension der Informationstechnologie rasch auf.

2.3 Konsequenzen der Globalisierung? Eine kritische Reflexion

Aus unseren vorstehenden Erörterungen lässt sich als Resümee festhalten, dass es sich bei Globalisierung um einen Prozess handelt, der – dynamisiert durch Innovationen im Felde der Technologie und am konsequentesten vorangetrieben im Wirtschaftssystem – zu einer *Entgrenzung* menschlicher Handlungsoptionen sowie zu einer *Beschleunigung* der weltwirtschaftlichen und weltgesellschaftlichen Veränderungen führt. Diese werden durch ein drastisches Anwachsen der massenmedialen Berichterstattung zumindest in den industrialisierten Ländern von breiten Bevölkerungsteilen wahrgenommen und nicht selten als Bedrohung wahrgenommen (ILO 2004). Daraus ergibt sich erstens die theoriestrategische Schlussfolgerung, dass es in Anbetracht der zunehmend globalen Ausmasse des menschlichen Zusammenlebens (vgl. Richter 1997, 190/191) Sinn macht, Globalisierung zu einem wichtigen Gegenstand einer soziologischen Wirklichkeitsanalyse zu machen und entsprechend nach dem »Ist-Zustand« der globalen Gesellschaft zu fragen sowie sich Gedanken über ihre künftige Entwicklung zu machen. Dies vor allem, weil sich Globalisierung zweitens als eine Entwicklung erweist, die zu fundamentalen Umwälzungen im nationalen und internationalen politischen, sozialen, ökonomischen und kulturellen Ordnungsgefüge führt und dabei einen »neuen Kapitalismus« (Sennett 1998) hervorbringt, in dem sich die Kräfteverhältnisse zwischen den Nationalstaaten sowie transnationalen Konzernen als den dominierenden Akteuren bei der Lenkung und Gestaltung dieses sozio-ökonomischen Wandels sukzessive verschieben (Beck 1998; Münch 1998; Jenner 1997).

Die hier kurz zusammengefassten Schlussfolgerungen aus unseren Analysen mögen im ersten Moment etwas »mager« wirken. Was zu fehlen scheint ist eine ausführliche Darlegung der (negativen) Auswirkungen des Globalisierungsprozesses gepaart mit einer »Abrechnung« mit ihren Verursachern, wie sie von zahlreichen der bereits mehrfach zitierten Autoren vorgenommen wurde.

Unsere Skepsis gegenüber einer derartigen Pauschalverurteilung von Globalisierung basiert erstens auf der Erkenntnis, die zu den »ältesten Weisheiten« sozialwissenschaftlicher Forschung zählt: Wir können nur diejenigen Prozesse und ihre Folgen beobachten, die real stattfinden, nicht aber diejenigen, die alternativ dazu hätten stattfinden können. Übertragen auf unsere Situation bedeutet dies: Wir können nichts darüber aussagen, ob Konsequenzen, die heute von verschiedenen Autoren dem Globalisierungsprozess und seinen treibenden Akteuren zugeschrieben werden, nicht auch zu beobachten gewesen wären, wenn sich die Entwicklungen grundlegend anders vollzogen hätten. Hinzu kommt, dass Zahlen, die zum Beleg vermeintlich negativer Folgewirkungen insbesondere der wirtschaftlichen Globalisierung angeführt werden, bisweilen in eine falsche Richtung interpretiert werden, wie gleich anschliessend am Beispiel des Themenkomplexes »Arbeitslosigkeit« zu zeigen sein wird.

Schon alleine, wenn über (positive oder negative) externen Effekte eines *nationalen* Wirtschaftssystems auf ausserwirtschaftliche Bereiche spekuliert wird, stellt sich das Problem eines einheitlichen Bewertungsmassstabs, der vorhanden sein muss, »wenn man sich nicht dem Vorwurf des Missbrauchs der Wissenschaft zugunsten einer vermeintlich wissenschaftlichen Rechtfertigung persönlich-subjektiver Wertorientierungen aussetzen will« (Hillmann 1988, 63). Die Frage, was einer Gesellschaft als positiv oder negativ gilt, kann m.a.W. nicht eindeutig beantwortet werden. Sind aber bereits mit Blick auf nationale Verhältnisse am Vorhandensein eines solchen Masstabes Zweifel höchst angebracht, so verstärken sich diese mit Blick auf die Weltgesellschaft: über externe Effekte eines globalen Wirtschaftssystems respektive eines Wirtschaftssystems auf dem Wege der Globalisierung zu spekulieren und diese in wünschenswerte und weniger wünschenswerte einzuteilen, grenzt letztlich an Wahrsagerei.

Wer vor diesem Hintergrund dann noch der Logik des Mediensystems folgt, das in seiner Beobachtung der Realität *Konflikte* und *Normverstösse* präferiert, um eine gemeinsame Betroffenheit der Rezipienten zu provozieren und damit zu moralischen Bewertungen zu gelangen (vgl. Luhmann 1996b, 62), macht sich letztlich unglaubwürdig. Gleichwohl geschieht dies wiederholt sowohl in der populärwissenschaftlichen, als auch in wissenschaftlicher Literatur zum Thema (z.B. bei Martin/Schumann 1997 oder Beck 1998). In seiner Konsequenz führt es zu einer öffentlichen Haltung, die wenig geeignet erscheint, die anstehenden Probleme zu lösen. Im Gegenteil verstärkt der Vorwurf, den beispielsweise Ulrich Beck gegenüber ökonomischen Akteuren erhebt, wenn er ihnen vorwirft, die Grundlagen der Nationalökonomie und der Nationalstaaten zu »untergraben« (Beck 1998, 14), die öffentliche Wahrnehmung der Entscheidungsträger im Wirtschaftssystem als parasitäre Profiteuren der Globalisierung zur Optimierung ihrer Gewinne. Damit soll nicht etwa behauptet werden, dass dieses von Beck beschriebene Verhalten nicht *auch* anzutreffen ist; die Pauschalität der Aussagen weist indes nicht unbedingt auf eine neutrale Analyse hin.

Diese kritischen Einwände sollen im Folgenden am Beispiel der Themenkomplexe »Arbeitslosigkeit« und »globale Einkommensdisparitäten« reflektiert werden. Die (vorgeblich) wachsenden Disparitäten zwischen Kapital und Arbeit und dabei zusätzlich zwischen gering und hochqualifizierten Arbeitskräften gehören neben der Thematik gegenläufiger ökonomischer Entwicklungen zwischen und innerhalb von Einzelstaaten und/oder Weltregionen zu den meist diskutierten Themen in globalisierungskritischen Texten, in denen die sozio-ökonomischen Wirkungen des Globalisierungsprozesses in aller Regel als Verteilungsprobleme behandelt werden (vgl. Mishra 1999).

Zunächst kann konstatiert werden, dass sich die wachsende Arbeitslosigkeit zweifellos als eines der zentralen *sozialen Probleme* der Industrieländer darstellt, dem sich die Politik seit Mitte der 1970er Jahre in zunehmendem Masse stellen muss.[16] Zumal von der Zahl der Erwerbstätigen beziehungsweise ihrem Anteil an der erwerbsfähigen Bevölkerung die Zukunft der *Systeme der sozialen Sicherung* abhängt und die Struktur des Arbeitsmarktes einen wesentlichen Einfluss auf die Verteilung von *Armut und Reichtum* innerhalb eines Landes oder einer Region hat (Mishra 1999). Die Frage ist nur, wem dieses Problem zuzurechnen ist. Folgt man den globalisierungskritischen und darunter insbesondere den deutschsprachigen Texten, sind die Verursacher dieser Situation rasch ausgemacht: Schuld sind demnach die Unternehmensführer; sie »untergraben« die nationale Ökonomie (Beck 1998, 14), indem sie regelmässig auf eine Reduktion der Arbeits- und Lohnnebenkosten drängen[17], die ihnen einen Wettbewerbsnachteil gegenüber ihrer ausländischen Konkurrenz verschaffen. Sie setzten damit die Politik unter Druck, die beim Versuch, die Wettbewerbsfähigkeit der heimischen Industrien auf dem Weltmarkt zu verteidigen, in ein »Nullsummenspiel [gerät], in dem die unausweichlichen ökonomischen Zielgrössen nur *auf Kosten* sozialer und politischer Ziele erreicht werden können« (Habermas 1998, 69).

---

[16] Aus Vereinfachungsgründen unterscheiden wir hier nicht zwischen den verschiedenen Formen von Arbeitslosigkeit; vgl. hierzu Hillmann 1988, 259.

[17] Die Lohnnebenkosten zählen in Deutschland neben anderen Steuern und Abgaben zu den wichtigsten Finanzierungsquellen des Wohlfahrtsstaates, worauf u.a. Ralf Dahrendorf wiederholt hingewiesen hat (Dahrendorf 1998, 47).

So nachvollziehbar dieser Gedankengang klingen mag und so sehr aktuelle Entwicklungen z.b. in Deutschland dafür zu sprechen scheinen[18], so sehr muss er als ein »Mythos« des Diskurses um die Folgewirkungen des Globalisierungsprozesses angesehen werden. Faktisch ist das Phänomen der wachsenden Arbeitslosigkeit vielmehr das Ergebnis jener »Selbsterzeugung gesellschaftlicher Lebensbedingungen«, die laut Ulrich Beck im Verlauf des 20. Jahrhundert verstärkt erkannt und thematisiert wird. Der Mensch, so Beck, wird dabei dem Umstand gewahr, dass er in ein »System der Entscheidungen und Sachzwänge« eingebettet ist, das im Zuge der Industrialisierung etabliert wurde (Beck 1986, 300).[19] Dabei geraten nicht selten Aspekte zu Problemen, die noch in der Frühzeit der Industrialisierung nachgerade euphorisch begrüsst wurden. Die maschinengestützte Industrieproduktion als Vorläuferin der Automation gehört zweifellos dazu, verhiess sie doch eine »Zukunft ohne Routinearbeit« (Jenner 1997, 28), die dem Industriearbeiter der Vergangenheit in Anbetracht seiner Lage auch aus heutiger Sicht als erstrebenswert gelten musste.[20] Zwar kritisierte u.a. Karl Marx den Einsatz von Maschinen bereits früh mit dem Argument, auf diese Weise würden grössere Teile der Arbeiterschaft freigesetzt (vgl. Marx [1867] 1957); die Kritiker übersahen dabei allerdings, dass die dadurch gleichzeitig steigende Produktivität wiederum zur Schaffung neuer Arbeitsplätze führte.

Mit demselben Argument konnte bis vor wenigen Jahren in den Industrieländern der Befürchtung begegnet werden, die Automatisie-

---

[18] Gemeint sind hier die jüngsten Auseinandersetzungen zwischen den Konzernen Siemens, Daimler-Chrysler und VW um eine Flexibilisierung der Arbeitszeit sowie eine Senkung der Löhne.
[19] Dies bedeutet zugleich, dass in Diskussionen über die Verantwortlichkeit des Wirtschaftssystems für die Hervorbringung gesellschaftlicher Risiken dessen Grad an »Mitschuld« hinterfragt werden muss. Letztlich ist die »Veränderungshektik« (Beck 1996, 303) im technisch-ökonomischen System auf den Wunsch einer breiten Bevölkerung in den Industrieländern vor allem nach dem Zweiten Weltkrieg zurückzuführen, die Fortschritt und Wohlstand anstrebten. So konstatiert Beck: »›Wirtschaftliches Wachstum‹, ›Produktivitätssteigerungen‹, ›technische Neuerungen‹ waren nicht nur wirtschaftliche Zielsetzungen, die den Interessen der Unternehmer an Kapitalvermehrung entsprachen, sondern führten, für jedermann sichtbar, zum Wiederaufbau der Gesellschaft und zu wachsenden individuellen Konsumchancen und zu einer ›Demokratisierung‹ ehemals exklusiver Lebensstandards« (Beck 1996, 326).
[20] Bereits Adam Smith hatte diesen Zusammenhang nicht negativ, sondern positiv gesehen, als er von Arbeitserleichterungen und Arbeitszeitverkürzungen durch den Einsatz von Maschinen sprach (vgl. Smith [1776] 1978, 12).

rungswelle der 1970er Jahre führe zu einer endgültigen Verdrängung des Menschen aus dem Produktionsprozess. So, wie das rasche Anwachsen der Industriearbeit zu Beginn des 20. Jahrhunderts die Verluste von Arbeitsplätzen im primären Sektor ausgleichen konnte, vermochte in der Zeit nach dem Zweiten Weltkrieg das Wachstum des Dienstleistungssektors in einer »nachindustriellen Gesellschaft« das allmähliche Schwinden der Industriearbeitsplätze auszugleichen (vgl. Bell 1975). Insbesondere vor dem Hintergrund der Liberalisierung des Welthandels, der wachsenden weltwirtschaftlichen Verflechtungen, der zunehmenden internationalen Konkurrenz und nicht zuletzt auch der Verlangsamung des wirtschaftlichen Wachstums ab Mitte der 1970er Jahre gerät diese These indes ins Wanken. Zumal technologische Innovationen heute in allen Bereichen der Wirtschaft zu Strukturveränderungen führen, so dass der Arbeitsplatzrückgang in einzelnen Sektoren nicht mehr durch den Zuwachs in anderen ausgeglichen werden kann. Selbst im Dienstleistungsbereich ist ein zunehmender Einsatz computergestützter Prozesse zu beobachten, so dass dessen Korrektivpotenzial hinsichtlich der Aufrechterhaltung einer zumindest annähernden Vollbeschäftigung selbst wiederum durch technische Innovationen begrenzt wird (vgl. Die Gruppe von Lissabon 1998, 72). Francesco Kneschaurek hat dieses Phänomen für die Schweiz beschrieben. Danach bauten in der Zeit von 1960 bis 1970 nur drei von 23 statistisch erfassten Branchen Arbeitsplätze ab (15000 im Jahresdurchschnitt), während die anderen Branchen die Zahl ihrer Arbeitsplätze im gleichen Zeitraum um insgesamt 45000 erhöhten; in der ersten Hälfte der 1990er Jahre bauten dagegen nur noch fünf der 23 Branchen Arbeitsplätze auf (insgesamt 7000 pro Jahr), während die übrigen Branchen jährlich insgesamt 23000 Arbeitsplätze abbauten (vgl. Kneschaurek 1999, 43/44). Die Unternehmen reagierten dabei m.a.W. auf Rahmenbedingungen und Sachzwänge. Strukturelle Verschiebungen in der Wirtschaft der Industrieländer führten darüber hinaus dazu, dass die Kluft zwischen den Gehältern hochqualifizierter und niedrig qualifizierter Arbeitskräfte anwuchs. In Folge des Zuwachses an hochqualifizierter Arbeit, die nur von vergleichsweise wenigen Menschen ausgeführt werden kann, bildet sich eine neue Elite heraus, die Robert Reich als »Symbol-Analytiker« bezeichnet hat. (Reich 1993, 1999) Von routinemässigen Produktionsdiensten unterscheiden sich die »symbolanalytischen Dienste« dadurch, dass sie erstens weltweit gehandelt werden und zweitens nicht als standardisierte Produkte, sondern als »manipulierte Symbole« gehandelt werden.

Doch nicht nur technische Innovationen begrenzen die Schaffung neuer Arbeitsplätze. Hinzu kommt, dass das dynamische Exportwachstum von industriellen Fertigerzeugnissen durch bestimmte Entwicklungsländer infolge der Liberalisierung des Welthandels in den Industrieländern zu einer allmählichen Verdrängung der Produktion führte, für die niedrig-qualifizierte Arbeit ausreicht; dagegen wuchs der Anteil hochqualifizierter Arbeit. Dieser Zuwachs glich den Verlust allerdings bei weitem nicht aus. So misslang es den Ländern der OECD, die Zahl der Arbeitsplätze entsprechend dem Wachstum des Bruttoinlandsproduktes (BIP), der Ausweitung des Handels und der Investitionen zu steigern (vgl. nachfolgende Tabelle und Jenner 1997, 142). Parallel dazu gleichen sich die Löhne für vergleichbare Tätigkeiten im internationalen Massstab allmählich immer stärker an (vgl. Perraton u.a. 1998, 147/148).

Arbeitslosenquoten in ausgewählten Ländern der OECD 1993-2003
(in Prozent der Erwerbstätigen)

	1993	1994	1995	1996	1997	1998	1999	2000	2001	2002	2003
Frankreich	11,3	11,9	11,4	11,9	11,8	11,4	10,7	9,3	8,5	8,8	9,4
Deutschland	7,7	8,2	8,0	8,7	9,7	9,1	8,4	7,8	7,8	8,6	9,3
Italien	10,1	11,0	11,5	11,5	11,6	11,7	11,3	10,4	9,5	9,0	8,6
Japan	2,5	2,9	3,2	3,4	3,4	4,1	4,7	4,7	5,0	5,4	5,3
Schweiz	3,9	3,9	3,5	3,9	4,2	3,6	3,0	2,7	2,6	3,2	4,1
GB	10,0	9,2	8,5	8,0	6,9	6,2	5,9	5,4	5,0	5,1	5,0
USA	6,9	6,1	5,6	5,4	4,9	4,5	4,2	4,0	4,7	5,8	6,0
EU-15	10,1	10,5	10,1	10,2	10,0	9,4	8,7	7,8	7,4	7,7	8,0
OECD	7,8	7,7	7,3	7,2	7,0	6,9	6,7	6,3	6,5	7,0	7,1

Quelle: OECD 2004: Main Economic Indicators

Mit letzterer Diagnose kommt ein weiterer Mythos des Globalisierungsdiskurses ins Wanken. Er besagt, dass die meisten unterentwickelten und Schwellenländer durch den Prozess der Globalisierung ökonomisch *marginalisiert* worden seien. Dabei wird wiederholt auf eine Statistik des Human Development Reports (UNDP 1999) verwiesen, laut dem die Disparitäten in der weltweiten *Einkommensverteilung* in der jüngeren Geschichte kontinuierlich anstiegen seien; habe der

Abstand zwischen dem ärmsten und dem reichsten Land im Jahre 1820 noch etwa 3:1 betragen, so habe sich diese Differenz auf 11:1 (1913), 35:1 (1950), 44:1 (1973) und schliesslich im Jahre 1992 auf 72:1 vergrössert (UNDP 1999, 44). Gegen diese Statistik lässt sich einwenden, dass in ihr die Länder erstens nicht nach der Bevölkerungsgrösse gewichtet wurden und zweitens auf der Basis amtlicher Wechselkurse gerechnet wurde. Bezöge man die Bevölkerungsgrösse hingegen ein und berechnete die Einkommensdisparitäten auf Basis von Kaufkraftparitäten – was weitaus sinnvoller erscheint – verlören die Zahlen an Dramatik, wobei hierfür natürlich vor allem die bevölkerungsstarken und zugleich rasch wachsenden Länder China und Indien verantwortlich zeichnen (vgl. World Bank 2001).

Doch nicht nur mit einer Korrektur derart aufsehenerregender Statistiken lässt sich die Marginalisierungsthese entkräftigen. Auch die Entwicklungen im *internationalen Handel*, an dem die Entwicklungsländer in den 1990er Jahren einen stetig wachsenden Anteil hatten, sowie bei den *privaten internationalen Direktinvestitionen* spricht eine deutliche Sprache: so betrug der auf die Länder der Dritten Welt entfallende Anteil letzterer im Jahre 1990 gerade einmal 15% und stieg bis zum Jahr 1997 auf 40% an; erst in Folge der Asienkrise ging er auf 20% zurück, um gleich anschliessend allerdings wieder stetig anzusteigen (World Bank 2001). Der Bericht zur menschlichen Entwicklung von 1999, der dem Thema Globalisierung gewidmet ist, behandelt diese Thematik allerdings höchst selektiv. Laut ihm hatte die Liberalisierung der Finanzmärkte nahezu ausschliesslich negative Konsequenzen für die Finanz- und Wirtschaftspolitik der unterentwickelten sowie der Schwellenländer, die in besonderem Masse abhängig seien von Krediten einerseits, ausländischen Direktinvestitionen andererseits und die im Sinne von »emerging markets« zudem stärker den Spekulationstendenzen an den internationalen Börsen ausgesetzt seien. Die bedrohliche Dimension des Wandels habe sich in den Jahren 1997 bis 1999 in den ostasiatischen Ländern Indonesien, der Republik Korea, Malaysia, den Philippinen und Thailand gezeigt, in denen die Netto-Kapitalzuflüsse im Jahre 1996 einen Wert von 93 Milliarden US-Dollar erreicht hätten, wovon alleine 1997 nach beginnenden finanziellen Unruhen 12 Milliarden US-Dollar abgeflossen seien. Die Folgen seien gravierend gewesen: Die Zahl der Firmenzusammenbrüche habe dramatische Ausmasse angenommen, die Zahl der Arbeitsplätze um 13 Millionen abgenommen und die Reallöhne seien deutlich gesunken – beispielsweise in Indonesien um 40 bis 60 Prozent; gleichzeitig hätten die sozialen Unruhen deutlich zugenommen (UNDP 1999, 4/5). So richtig diese Diagnose für den hier beobachteten engen Zeitraum von gerade einmal zwei Jahren sein mag, so einseitig ist sie bei der Betrachtung längerer Zyklen.

In ihrem jüngsten Bericht zu »Globalisierung, Wachstum und Armut« kommt die Weltbank denn auch zum Schluss, dass innerhalb der Entwicklungsländer diejenigen mit einer marktfreundlichen, exportorientierten Politik sowie einer vorsichtigen Kapitalmarktliberalisierung positive Wachstums- und Armutseffekte erzielt hätten; so hätten Entwicklungsländer, die einer Politik der starken Integration in die Weltwirtschaft gefolgt seien, ein deutlich rascheres Wirtschaftswachstum von 5% im Jahr erzielt als Entwicklungsländer mit einer geringen Integration (-1%) oder Industrieländer (2%). Im Ergebnis dieser Entwicklungen habe sich die Qualität der Arbeitsplätze verbessert und die volkswirtschaftliche Produktivität erhöht (World Bank 2001). Die Weltbank und im Übrigen auch der Internationale Währungsfonds schliessen aus diesen Entwicklungen, dass eine Weltmarktöffnung prinzipiell zu Lohnsteigerungen bei qualifizierten Arbeitskräften, aber auch zu markant verbesserter Rechtsdurchsetzung und Investitionsklima führte; das Wachstum werde über höhere Investitionen und Kapitalmarktvertiefung in Folge einer Liberalisierung der Kapitalmärkte stimuliert (World Bank 2001, Masson 2001).

Betrachtet man sich die aktuellen Analysen von Weltbank und Internationalem Währungsfonds, relativiert sich die häufig kolportierte These der negativen sozio-ökonomischen Konsequenzen von Globalisierung mit einem Male deutlich in Richtung eines »sowohl-als-auch«. Denn nach wie vor gibt es zahlreiche Staaten, die von weltwirtschaftlichen Entwicklungen weitgehend abgeschnitten sind, namentlich die Staaten südlich der Sahara, dessen Bruttoinlandsprodukt nur unwesentlich über dem von Belgien liegt und dessen Anteil an den weltweiten Exporten nur einen Wert unter 2% (112 Mrd. Dollar, wovon alleine 30 Mrd. Dollar auf Südafrika entfallen) erreicht (Le Monde diplomatique 2003, 186). Die Marginalisierung dieser Staaten kann allerdings weder direkt noch indirekt Globalisierungseffekten zugerechnet werden. Vielmehr ist sie auf die politische Instabilität und beständig auftretende kriegerische Konflikte zurückzuführen – ein Problem, auf das im weiteren Verlauf der Untersuchung noch ausführlicher eingegangen wird.

Führt man sich vor Augen, auf welch tönernen Füssen die Behauptungen vornehmlich negativer Auswirkungen der ökonomischen Globalsierung stehen, liegt es nahe, sich auf eine Diskussion über potenzielle Auswirkungen von Globalisierung auf die natürliche Umwelt an dieser Stelle gar nicht mehr einzulassen. Das soll nicht heissen, dass wirtschaftliche Entwicklungen an Veränderungen im Ökosystem der Erde wie beispielsweise die Erwärmung des Erdklimas oder die wachsenden Schadstoffemissionen nicht ihren Anteil hätten. Anstatt dies und die damit verbundene Forderung nach einer stärkeren Verantwortlichkeit wirtschaftlicher Akteure indes als *Folgen* von Globalisierung zu thematisieren, werden wir uns dieser Thematik im folgenden Kapitel im Kontext der Leitidee einer nachhaltigen Entwicklung zuwenden und dabei sowohl potenziell negative als auch positive Beiträge der Wirtschaft für eine »menschengerechte Zukunft« in ökologischer und sozialer Hinsicht erörtern.

3. Das globale Projekt der Gestaltung einer menschengerechten Zukunft

Wenn im Folgenden der Diskurs um eine nachhaltige Entwicklung erörtert wird, kann es vor dem aufgezeigten Hintergrund *nicht* darum gehen, ihn als einen Diskurs zur Lösung von Problemstellungen darzustellen, die sich aus einem ökonomischen Globalisierungsprozess ergeben haben, wenngleich er natürlich nicht zuletzt auf internationaler politischer Ebene geführt wird, weil die an ihm Beteiligten die negativen Effekte einer Globalisierung ohne flankierende ordnungspolitische Massnahmen befürchten (vgl. Kneschaurek 1999, 14; Die Gruppe von Lissabon 1998, 20 f.). Er soll vielmehr »wertneutral« als ein Diskurs beleuchtet werden, der ohne einen Globalisierungsprozess nicht denkbar ist: die durch letzteren verursachte Öffnung des menschlichen Wahrnehmungshorizonts hat vielmehr geradezu zwangsläufig dazu geführt, dass grundlegenden Problematiken einer künftigen menschlichen Entwicklung sowie des Umgangs des Menschen mit sich und seiner natürlichen Umwelt näher ins Zentrum der menschlichen Weltwahrnehmung rückten (vgl. UNDP 1996). Insofern verstehen wir ihn wie einleitend gezeigt als globalen Metadiskurs, was wiederum das in ihm thematisierte und reflektierte Prinzip der Nachhaltigkeit zum globalen Leitprinzip erhebt.

Entsprechend werden wir gemäss unserer forschungsleitenden Aufgabenstellung zunächst den Begriff der »Nachhaltigkeit« sowie seine Diskussion auf internationalen Konferenzen und der wissenschaftlichen Literatur einer näheren Analyse unterziehen. In diesem Kontext sollen Brüche und Schwachstellen sichtbar gemacht werden, die eine politische Umsetzung des Konzepts einer nachhaltigen Entwicklung, wie es im Bericht der Brundtland-Kommission (Hauff 1987) sowie in der Agenda 21 (United Nations 1992) niedergelegt wurde, erschweren. Im weiteren Verlauf wird die Rolle der Unternehmen bei der Gestaltung des globalen sozio-ökonomischen Strukturwandels beleuchtet. Die Schlussfolgerungen daraus betreffen einerseits die prinzipielle Verantwortlichkeit der Wirtschaftsunternehmen und andererseits deren prinzipielle Handlungsmöglichkeiten, die in einem gesonderten Abschnitt der Untersuchung (Kapitel 4) behandelt werden.

3.1 Nachhaltigkeit – von einer forstwirtschaftlichen zu einer integralen Leitidee

Wenngleich die These zunächst seltsam anmuten dürfte, steht mit einem Blick auf die historische Entwicklung des Prinzips der Nachhaltigkeit fest, dass es in seinen Ursprüngen als eine *primär ökonomische Idee* gedacht wurde: Nachhaltigkeit war historisch die *Funktion einer ökonomischen Notwendigkeit* gemäss der Erkenntnis, dass die *wirtschaftliche* Übernutzung natürlicher Ressourcen wiederum *wirtschaftliche* Konsequenzen nach sich zieht.

Diese These findet sich bereits beim Studium der ersten Bannbriefe aus dem späten Mittelalter bestätigt, wenngleich in ihnen der Begriff der Nachhaltigkeit noch nicht explizit genannt wurde. Diese nämlich zielten entweder auf eine dauerhafte Sicherung der Schutzwälder in Gebirgsregionen oder auf eine Regelung der unterschiedlichen *ökonomischen Nutzungsinteressen* im Rahmen der ländlichen Wirtschaft ab (vgl. Schuler 1992, zit. in Minsch u.a. 1996, 20). Interessanterweise waren sie ausschliesslich auf jene Waldgebiete gerichtet, die den Menschen einen *unmittelbaren Nutzen* versprachen, entweder als Rohstoffquelle oder aber als Schutzwälder gegen Lawinenabgänge und Steinschlag. *Nicht* unter Bann standen hingegen all jene Waldgebiete, die zunächst ohne sichtbare Langfristschäden ausgebeutet werden konnten. Auch der sächsische Oberberghauptmann Hanns Carl von Carlowitz, der in seiner Abhandlung »Sylvicultura oeconomica« aus dem Jahre 1713 als erster den Begriff der Nachhaltigkeit verwendete und somit als geistiger Ahnherr des Prinzips gilt, verfolgte weniger die Idee der *Naturerhaltung*, als vielmehr diejenige einer *langfristigen Bewirtschaftung von Naturressourcen*, als er den wohl wichtigsten forstwirtschaftlichen Grundsatz formulierte, laut dem nur so viel Holz eingeschlagen werden dürfe, wie durch eine systematische Neupflanzung von Bäumen natürlich nachwüchse (vgl. Renn/Knaus/Kastenholz 1999, 17).

Diese Überlegung resultierte aus Beobachtungen, die Carlowitz bei verschiedenen Reisen innerhalb Europas, insbesondere in Frankreich gemacht hatte. Dort hatte Jean Baptiste Colbert, Minister unter Ludwig XIV., als Reaktion auf die gewaltige Mengen an Holz verschlingende Flottenpolitik des »Sonnenkönigs« eine »grande réformation des forêts« verkündet und diese Ankündigung nach einer umfassenden Inventur des Waldbestandes sowie einer Reorganisation des Forstwesens in Form einer »grande ordonnance« im Jahre 1669 auch wahr gemacht. Der Grundsatz einer nachhaltigen Forstwirtschaft war m.a.W. ein »Kind der Krise« (Grober 1999, 98).

Da seine Einhaltung vor allem von (macht-)politischen und ökonomischen Rahmenbedingungen abhängig war, verwundert es kaum, dass er im Zeitalter der industriellen Revolution alsbald – zum wiederholten Male – ausser Kraft gesetzt wurde. Insbesondere zum Auf- und Ausbau von Bergwerken und industrieller Anlagen wurde in jener Zeit deutlich mehr Holz eingeschlagen, als es im Sinne einer langfristigen Sicherung des Waldbestandes verträglich gewesen wäre. In der Folge stellte sich nicht nur – ebenfalls wiederholt – ein Holzmangel ein; es nahm im Verlauf des 19. Jahrhunderts aufgrund wachsender Erosionsprobleme auch die Zahl der Überschwemmungskatastrophen und Lawinenabgänge zu. Als Reaktion darauf wurden die gesetzlichen Regelungen zur Waldnutzung in verschiedenen Ländern Europas sukzessive ausgeweitet.[21]

Es mag einerseits den politischen und militärischen Entwicklungen, andererseits dem Aufkommen von Wohlstand im Gefolge der Industrialisierung und dem damit verbundenen *quantitativen Wirtschaftswachstum* zuzuschreiben sein, dass die Leitidee der Nachhaltigkeit für rund einhundert Jahre weder in einem gesellschaftspolitischen noch einem wissenschaftlichen Kontext weiterverfolgt wurde. Insbesondere in Folge der Mangelwirtschaft zur Mitte des 20. Jahrhunderts standen Themen auf den Agenden der Politik, die um den Fragenkomplex kreisten, wie durch eine Forcierung des ökonomischen Wachstums eine Verbesserung der gesellschaftlichen Versorgungslage mit Gütern und Dienstleistungen sowie Beschäftigung erreicht werden könne (vgl. Minsch u. a. 1996, 15 f.).

Ihre Rückkehr auf die gesellschaftspolitische Bühne bereitete zu Beginn der 1970er Jahre die sogenannte »Ökologiebewegung« vor, die sich aus verschiedenen Bürgerinitiativbewegungen heraus entwickelt hatte.[22] Richtete sich deren Protest anfänglich noch in erster Linie

---

[21] Diese Entwicklung lässt sich am Beispiel der Schweiz gut verfolgen. So zwang die zunehmende Zahl der Naturkatastrophen die Schweizer Politik bereits im Jahre 1874 zu einer gesetzlichen Verankerung des Prinzips einer nachhaltigen Nutzung, zunächst nur bezogen auf Gebirgswälder, nur wenige Jahre darauf aber auf die gesamten Wälder des Landes (Art. 24 Bundesverfassung, 1874; Änderung 1897; Forstpolizeigesetz 1876; Änderung 1902 – vgl. Minsch u.a. 1996).

[22] Zur Entwicklung der Bürgerinitiativbewegung siehe die lesenswerte Einführung von Mayer-Tasch 1976.

gegen die Atomkraft, differenzierten sie sich alsbald aus. In der Bundesrepublik Deutschland beispielsweise seit dem Jahr 1977 in Gruppen und Netzwerke, die sich ökologischen Problemen im engeren Sinne zuwandten (Opp 1996, 351/352). Parallel zu diesen Entwicklungen nahm die Zahl der wissenschaftlichen Publikationen zu, die sich mit den Folgen des menschlichen Eingriffes in die Natur befassten, so z.b. der Bericht des »Club of Rome« (Meadows u.a. 1972). Als Ausgangspunkt für die heute stattfindende neuerliche Diskussion um Nachhaltigkeit gilt eine Studie der International Union for the Conservation of Nature (IUCN), in der das Prinzip der nachhaltigen Entwicklung auf den Gesamtbestand der natürlichen Ressourcen erweitert wurde (vgl. Minsch u. a. 1996). Zu diesem Zeitpunkt verharrte der Diskurs indes noch in einem rein umweltpolitischen Kontext.

Ihren Durchbruch als *sowohl umwelt-, wie auch sozial- und entwicklungspolitische Debatte* erzielte die Nachhaltigkeitsdiskussion erst mit Vorlage des Berichts der *World Commission on Environment and Development* (»Brundtland-Kommission«)[23] im Jahre 1987, in dem »nachhaltige Entwicklung« wegweisend definiert wurde als eine Entwicklung, »die die Bedürfnisse der Gegenwart befriedigt, ohne zu riskieren, dass künftige Generationen ihre eigenen Bedürfnisse nicht befriedigen können« (Hauff 1987, 46). Wenngleich dieses Konzept – wie auch der Brundtland-Bericht selbst – zahlreiche Kritik und Fragen auf sich zog (vgl. Missbach 1997) vermochte es sich nach seiner Veröffentlichung als ein *Frame of reference* zu etablieren, an dem sich alle weiteren Konkretisierungsanstrengungen orientierten. So stand es auch der Agenda 21 (United Nations 1992) Pate, die auf dem sogenannten »Erdgipfel« (United Nations Conference on Environment and Development – UNCED) in Rio de Janeiro 1992 von 178 Staaten unterzeichnet wurde. In dieser Form fand es Eingang in nationale und regionale politischen Gremien, die seit einigen Jahren damit befasst sind, die Leitideen einer nachhaltigen Entwicklung in konkrete politische und rechtliche Massnahmen (lokale Agenden) umzusetzen. Erst zu diesem Zeitpunkt vermochte sich Nachhaltigkeit endgültig von ih-

---

[23] Die World Commission on Environment and Development (WCED) wurde 1983 durch die UNO-Vollversammlung als unabhängige Sachverständigenkommission im Rahmen der UNO gegründet mit dem Auftrag, einen Perspektivbericht zu einer langfristig tragfähigen Entwicklung der Welt bis zum Jahr 2000 und darüber hinaus zu erstellen. Die Kommission wurde nach ihrer Vorsitzenden, der späteren norwegischen Ministerpräsidentin Gro Harlem Brundtland, benannt.

rer vormaligen Rolle als Prinzip zur Vermeidung rein *wirtschaftlicher* Nachteile durch eine zu starke Nutzung natürlicher Ressourcen zu emanzipieren und als integrale Leitidee zu etablieren.

3.2 Das moderne Konzept einer nachhaltigen Entwicklung und Probleme seiner Umsetzung

Die originäre Leistung des Brundtland-Berichtes »Unsere gemeinsame Zukunft« (Hauff 1987), liegt zweifellos in der Verbindung eines normativen Prinzips (»Nachhaltigkeit«) und einer gesellschafts-, wirtschafts- und umweltpolitischen Zielsetzung (»nachhaltige Entwicklung«) mit eindeutigem Aufforderungscharakter an die Adresse *aller* Menschen: Sie sind aufgerufen, die Befriedigung ihrer eigenen Bedürfnisse in einem umfassenden Sinne zu bewerkstelligen und *gleichzeitig* sicherzustellen, dass auch zukünftigen Generationen diese Möglichkeit offengehalten bleibt (vgl. Hauff 1987, 46). Hierfür wird erstens als notwendig angesehen, »die Produktivität und den immateriellen Wert von Natur und Umwelt dauerhaft zu erhalten« (Renn/Knaus/Kastenholz 1999, 23; vgl. auch United Nations 1992) und zweitens eine sozio-ökonomische Entwicklung in Gang zu setzen bzw. zu befördern, die allen Menschen heute und in Zukunft ein menschenwürdiges Leben in einem zumindest bescheidenen Wohlstand ermöglicht.

Die Aussagen des Berichtes berücksichtigen dabei sowohl eine *sachliche*, als auch eine *temporale* sowie eine *soziale Dimension*. In *sachlicher Hinsicht* machen sie unmissverständlich deutlich, dass eine Steigerung des menschlichen Wohlergehens durch quantitatives Wirtschaftswachstum nicht alleinige Zielgrösse sein darf, sondern um den Aspekt einer *langfristigen Erhaltung der natürlichen Umwelt* erweitert werden muss. Damit wird an die Erkenntnis appelliert, dass Naturgüter irreversibel verloren gehen und somit nachfolgenden Generationen nicht mehr zur Verfügung stehen können, was letztlich deren Rechte auf ein vergleichbares Mass an Wohlstand beeinträchtigt (vgl. Jacobs 1991, 83).

In dieser Beobachtung wird zugleich eine *temporale Dimension* sichtbar: Der Zeithorizont für die Verantwortung der heute lebenden Generation erstreckt sich im Minimum auf die direkt nachfolgende Generation, deren Handlungen wiederum – ihre Bereitschaft zur Befolgung der normativen Idee der Nachhaltigkeit vorausgesetzt – die Lebenschancen ihrer Folgegeneration bestimmen. Einzig dann, wenn Handlungsweisen der heute lebenden Generation in ihren Auswirkungen erst oder auch noch später folgende Generationen betreffen (beispielsweise die Zwischen- oder Endlagerung radioaktiver Stoffe mit einer hohen Halbwertszeit), trägt sie auch für diese Verantwortung (Renn/Knaus/Kastenholz 1999, 25).

In *sozialer Hinsicht* schliesslich verdeutlicht der Bericht, dass die Anstrengungen der heute lebenden Menschen sowohl im Sinne einer *intergenerationalen* als auch einer *intragenerationalen sozialen Gerechtigkeit* verstärkt werden müssen (vgl. Hauff 1987, 46). Hierzu müssen u.a. zentrale Problemstellungen wie Überbevölkerung, kriegerische Auseinandersetzung und menschliche Armut gelöst und die Einhaltung der Menschenrechte sichergestellt werden. Dies nicht zuletzt, weil menschliche Armut zu den grössten Gefährdungsquellen der natürlichen Umwelt gehört[24] und eine »*menschengerechte* Entwicklung [...] dort nicht stattfinden [kann], wo blutige Bürgerkriege wüten, weil Despoten ihre jeweiligen Anhänger aufrüsten und für ihre Eigeninteressen aufhetzen« (Leisinger 1995, 117). Im Kern geht es mithin um ein *neues Gleichgewicht* zwischen ökonomischer Entwicklung, sozialer Gerechtigkeit und ökologischer Verträglichkeit menschlichen Handelns, das ein globales Umdenken impliziert und insbesondere die Zielsetzung »Wohlstand durch Wachstum« uminterpretiert in »Wohlstand durch das Vermeiden ökologischer Schäden und durch mehr Gerechtigkeit in der Verteilung der begrenzten Ressourcen« (Müller/Hennicke 1995, 45/46).

Über diese Festlegungen hinaus ist als eine originäre Leistung des Brundtland-Berichts hervorzuheben, dass er das Konzept Nachhaltigkeit als einen »globalen Anspruch« (Leist 1996, 432) formuliert. Er überwindet mithin nicht nur vormalige ökologisch-biologische Interpretationen von Nachhaltigkeit, sondern macht zugleich deutlich, dass durch Menschen ausgelöste Veränderungen natürlicher Vorgänge sinnvoll nur in einem globalen Kontext diskutiert werden können.

Trotz der unbestrittenen Fortschrittlichkeit des Berichts der Brundtland-Kommission zog dieser zahlreiche Kritik auf sich. Ein erster

---

[24] Auch auf diesen Umstand weist der Brundtland-Bericht nachdrücklich hin (vgl. Hauff 1987, 50-52 und 108 ff.) An diesem Punkt setzt auch eine *Aufgabe der Soziologie*, genauer: der Umweltsoziologie an. Sie kann einerseits klären, welche Auswirkungen die Veränderungen der natürlichen Umwelt auf soziale Prozesse und Handlungen haben (z.B. in Form von Verhaltensänderungen beim Konsum oder einem Umdenken in Fragen des Umweltschutzes – vgl. Redclift/ Skea 1996, 382), andererseits feststellen, wie soziale Veränderungen herbeigeführt werden können, die einem Schutz der natürlichen Umwelt zuträglich sind oder – weiter gefasst – eine nachhaltige Entwicklung befördern.

grundlegender Einwand richtet sich gegen die prinzipielle Möglichkeit einer *gleichzeitigen* Verwirklichung von Nachhaltigkeitszielen und intragenerationaler Gerechtigkeit. So erscheint es aus Sicht des Wirtschaftsethikers Anton Leist nicht ausgeschlossen, »dass Umverteilung (zugunsten von Gerechtigkeit) nur in Verbindung mit ökonomischem Wachstum möglich ist, das seinerseits biologische Nachhaltigkeit verhindert; Nachhaltigkeit wäre dann überhaupt unmöglich und eine ökologische Orientierung nicht mehr verfügbar« (Leist 1996, 439). Solange den Entwicklungs- und Schwellenländern aus Gründen der gerechten Lastenverteilung ein Nachholbedarf hinsichtlich des Verbrauchs erneuerbarer und nicht-erneuerbarer Ressourcen zugestanden würde, ohne den eine Steigerung ihres Wohlstandes bei wachsenden Bevölkerungen nicht möglich wäre, würde das von den Vereinten Nationen proklamierte Ziel, die Förderung der menschlichen Entwicklung, die Verringerung der Armut, den Schutz der Umwelt und die Sicherung der Nachhaltigkeit *gleichzeitig* zu erreichen (vgl. UNDP 1996, 1) m.a.W. in der Tat in Frage gestellt werden.

Gegen eine derartige pessimistische Überlegung können indes einige Argumente ins Feld geführt werden. Das wichtigste lautet, dass die Industrieländer erkannt und zugestanden haben, dass sie und nicht die Entwicklungs- und Schwellenländer historisch und gegenwärtig den weitaus grössten Teil der Umweltprobleme verursacht haben und zudem über einen langen Zeitraum Wohlstand nur auf Kosten der ärmeren Länder erzielen konnten.[25] Insofern wird auf Basis sowohl der Idee der intragenerationalen als auch der intergenerationalen Gerechtigkeit widerholt gefordert, dass die Industrieländer einen grösseren Teil der Verantwortung zur Verwirklichung des gemeinsamen Zieles einer nachhaltigen Entwicklung übernehmen müssten. Konkret bedeutet dies, dass sie nicht nur innerhalb der eigenen Staatsgrenzen Verantwortung für eine Umstellung von quantitativem auf qualitatives Wachstum tragen, das zu einem sukzessiven Rückgang des Ressourceneinsatzes pro Kopf der Bevölkerung führen würde (vgl. Renn/Knaus/Kastenholz 1999, 38 ff.); sie müssen zugleich dafür Sorge tragen, dass sich der Umweltverbrauch global verringert, und dies bei gleichzeitiger Wohlstandssteigerung einer wachsenden Bevölkerung in den Entwicklungsländern. Dass dies möglich ist, bele-

---

[25] Dies ist zugleich eines der wichtigsten Argumente der radikalen Entwicklungskritik (vgl. Missbach 1997, 89).

gen zahlreiche Beispiele und Konzepte, die zu einer »Effizienzrevolution« beitragen (Weizsäcker 1989, 221 ff.; vgl. Weizsäcker/Lovins/Lovins 1997). Dabei muss allerdings klar sein, dass ein »neues Wohlstandsmodell« nicht alleine durch technologischen Fortschritt zu erreichen ist, sondern der Effizienzrevolution auch eine »Suffizienzrevolution« folgen muss, d.h. vor allem die Konsumgewohnheiten der Menschen in den Industrieländern hin zu einem nachhaltigen Konsum (»sustainable consumption«) verändert werden müssen (imug 1997, 43; WBCSD 1995), wie dies schon in der Agenda 21 formuliert wurde (»Developed countries should take the lead in achieving sustainable consumption patterns« – United Nations 1992, 32).

Die drei Dimensionen einer nachhaltigen Entwicklung

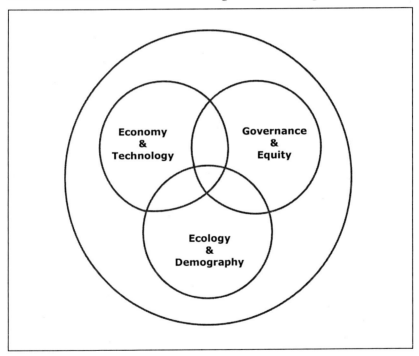

Neben der kritischen Frage nach den prinzipiellen Möglichkeiten der gleichzeitigen Verwirklichung aller Ziele einer nachhaltigen Entwicklung (vgl. vorstehende Grafik) wird am Brundtland-Bericht insbesondere von Seiten vieler Nichtregierungsorganisationen beanstandet, dass er als ein wissenschaftliches und politisches »Konsensdokument« kein widerspruchsfreies Programm beinhalte: »Der Bericht besitzt den Charme eines Poesie-Albums: es finden sich unzählige gute Ratschläge jedwelcher Provenienz«. (Missbach 1997, 86) Diese polemische Kritik mag bis zu einem gewissen Grade verständlich und nachvollziehbar sein. Sie übersieht jedoch, dass die Autoren des Berichts nicht beauftragt waren, ein politisches Programm zu formulieren, sondern vielmehr die *Problemdimensionen aufzuzeigen*, denen sich die globale Gesellschaft zuwenden muss, will sie eine langfristig tragfähige Sicherung ihrer Lebensgrundlage und derjenigen nachfolgender Generationen erreichen.

Betrachtet man sich vor diesem Hintergrund die Ausführungen der »Agenda 21« (United Nations 1992), jener völkerrechtlich nicht bindenden Absichtserklärung, die im Anschluss an den »Erdgipfel« in Rio de Janeiro durch Vertreter aus 178 Staaten formuliert und unterzeichnet wurde, wird rasch deutlich, dass die Forderung nach einem global verbindlichen Programm alleine schon deshalb illusorisch erscheinen muss, weil sie mit der Leitidee staatlicher Souveränität in Konflikt gerät: Normen, die in einem globalen Kontext Geltung beanspruchen sollen, können demnach nicht gegen den Willen und die Handlungsfreiheit einzelner Staaten oder Staatengemeinschaften eingefordert werden, zumal dann nicht, wenn sie im Widerspruch zu anderen wirtschafts- und gesellschaftspolitischen Zielen stehen (Schmitt 1998, 83). Würde man also die Zielsetzung eines langfristigen Erhalts der Natur im Sinne eines globalen Gemeinguts als eine globale Verpflichtung definieren und gleichzeitig entsprechende Umsetzungsrichtlinien in Form eines Programms verbindlich fixieren, an das sich alle Staaten in gleicher Weise zu halten hätten, ergäben sich erstens besondere Härten für diejenigen Länder, in denen Umweltprobleme verglichen mit anderen Herausforderungen wie beispielsweise die Ernährung der Bevölkerung weniger bedeutend erscheinen. Zweitens könnte ein solches Vorgehen zur Legitimation der politischen Einflussnahme einzelner Staaten in die Politik anderer Länder führen.[26]

---

[26] Die radikale Entwicklungskritik bringt dies besonders deutlich zum Ausdruck, indem sie vor einer »neuen Welle der Kolonialisierung« (Hildyard 1994, 60) warnt, die aus ihrer Perspektive durch das Konzept der nachhaltigen Entwicklung forciert werde.

Entsprechend wurde die Umsetzung der »Rio Declaration on Environment and Development« weitgehend in die *Verantwortung der einzelnen Länder* übergeben, worüber bereits das zweite Prinzip eindeutig Auskunft gibt: »States have, in accordance with the Charter of the United Nations and the principles of international law, the sovereign right to exploit their own resources pursuant to their own environmental and developmental policies, and the responsibility to ensure that activities within their jurisdiction or control do not cause damage to the environment of other States or of areas beyond the limits of national jurisdiction« (United Nations 1992, 9)

Dieses Vermeiden einer eindeutigen Bekenntnis zu einem Transfer von Rechtsnormen und Regulierungen zum Schutze des gemeinsamen Eigentums von einer nationalen auf eine supranationale Ebene und das Zögern vor deren Durchsetzung bzw. zumindest dem Versuch ihrer Durchsetzung auch gegen den Widerstand einzelner Länder, muss heute im Rückblick als zentrale Schwäche der Agenda 21 angesehen werden. Denn so wichtig die Handlungsfreiheit einzelner Länder erachtet wird, kann eine nachhaltige Entwicklung ohne diesen Transfer nicht gewährleistet werden (vgl. Nowotny 1997, 232), was nachfolgend exemplarisch erörtert werden soll. In der ökologischen Dimension können die Konsequenzen einer Überbewertung nationaler Souveränität dabei als ein *Problem der Allmende* betrachtet werden, in der sozialen Dimension wiederum als das *Problem einer »good governance«*.

3.2.1 Nationale Egoismen bei Umweltverschmutzung und Nutzung natürlicher Ressourcen

Der Umstand, dass zahlreiche der erneuerbaren Ressourcen wie auch die für ihr Wachstum notwendigen Medien eine globale Bedeutung haben – z.B. die Regenwälder für das globale Klima – muss im Zeitalter der Globalisierung beinahe zwangsläufig zur Forderung führen, dass einzelnen Ländern im Interesse einer gemeinsamen Zukunft nicht völlig freie Hand in der Nutzung »ihrer« Ressourcen gegeben werden kann. Dasselbe gilt für den Verbrauch fossiler Energieträger und den damit verbundenen Ausstoss von Schadstoffen: auch diesbezüglich müssen gemäss der Leitidee einer nachhaltigen Entwicklung, *gerechte Verteilungsstrukturen* respektive *Kompensationsvereinbarungen* festgelegt werden.

Wie schwierig dies ist, zeigt sich exemplarisch bei dem Versuch der Sicherung des weltweiten Fischbestandes vor Überfischung. So warnt die für die Kontrolle der Meeresfischerei zuständige UN-Ernährungs- und Landwirtschaftsorganisation FAO in Anbetracht des Ertragswachstums der Meeresfischerei von 18 Millionen Tonnen im Jahre 1950 auf 90 Millionen Tonnen im Jahre 1990 seit Jahren vor den gefährlichen Folgen der Überfischung für den Bestand der Arten einerseits, die Ernährung der auf den Fischfang angewiesenen Teile der Weltbevölkerung andererseits (vgl. Brown 1998, 16). Sie verfügt allerdings nicht über die Möglichkeit, entsprechende Regulierungsnormen durchzusetzen; zum einen, weil diese nur in unzureichendem Masse existieren und zum anderen, weil bestehende Gesetze häufig umgangen werden und die Aufdeckung von Verstössen schwierig ist. Gesetzliche Vorgaben einzelner Staaten wiederum, haben nicht nur eine nationale und damit äusserst begrenzte Reichweite, sie führten – so die Kritik der je heimischen Fischereiwirtschaft – darüber hinaus zu einer Benachteiligung der lokalen Fischereiindustrie gegenüber ihrer internationalen Konkurrenz, die sich nicht mit vergleichbar strengen Richtlinien konfrontiert sieht. Ein wichtiger Schritt war daher die Einigung der Staaten der EU, die sich im Jahre 1990 nach langen Verhandlungen auf eine Senkung der Fangquoten für einige bedrohte Arten in der Nord- und Ostsee sowie vor der iberischen Halbinsel verständigen konnten – allerdings weniger aus ökologischen, denn aus ökonomischen Erwägungen. Wenngleich dieses Abkommen von Umweltschutzorganisationen dahingehend kritisiert wird, dass es nicht ausreichend sei, um die Fischbestände der europäischen Küstengewässer langfristig zu sichern, verdeutlicht es doch die Einsicht, dass nur internationale Abkommen und Vereinbarungen geeignet sind, den anstehenden Problemen Herr zu werden (Brown 1998, 17).

Bereits am Beispiel der Überfischung der Weltmeere wird deutlich, welche Schwierigkeiten sich beim Versuch ergeben, den vor allem aufgrund des Wachstums der Weltwirtschaft und der Weltbevölkerung steigenden Verbrauch natürlicher Ressourcen zu begrenzen. Noch weitaus dramatischer erweist sich dies mit Blick auf den *Wasserverbrauch* (vgl. Töpfer 1998, 96), der sich im weltweiten Massstab seit Mitte des 20. Jahrhunderts verdreifachte (Brown 1998, 17). Diese Entwicklung führte dazu, dass in vielen Ländern der Erde Trinkwasser knapp geworden ist bzw. knapp zu werden droht. Während im Jahre 1995 bei einer Weltbevölkerung von 5,7 Milliarden Menschen noch

92% relativ ausreichend mit Wasser versorgt waren, nur 5% an Wasserknappheit und 3% an Wassermangel litten, dürften im Jahre 2050 nur noch 52% der Menschheit ausreichend mit Wasser versorgt sein, während 18% an Wassermangel und 24% an Wasserknappheit leiden (Pearson 1998, 46/47; World Bank 1998, 137 - vgl. auch nachfolgende Tabelle). Dies wiederum hat zur Folge, dass in Zukunft mit einer verstärkten *Nahrungsmittelknappheit* zu rechnen ist.

Wasserdefizite in ausgewählten Ländern und Regionen
(geschätzt; in Mrd. m3/Jahr)

Land / Region	Wasserdefizit
Indien	104,0
China	30,0
Vereinigte Staaten	13,6
Nordafrika	10,0
Saudi-Arabien	6,0
Minimum weltweit	163,6

Quelle: Postel 2000, 103

So zeigte das Worldwatch Institute am Beispiel Saudi Arabiens, dass die massive Subventionierung der Getreideproduktion in den 1980er und frühen 1990er Jahren dort beinahe zu einer Erschöpfung der grundwasserführenden Schicht geführt hatte, was wiederum grosse Bewässerungseinbussen nach sich zog und die Getreideproduktion drastisch verringerte (Brown 1998, 18/19). Gemäss Angaben der Weltbank gehört Saudi Arabien mit Frischwasserressourcen von 124 m^3 pro Kopf der Bevölkerung (Stand: 1996) zu den Ländern mit den geringsten Wasserreserven weltweit (World Bank 1998, 136) und dürfte somit auch weiterhin kaum in der Lage sein, gross angelegte Bewässerungsprojekte zur Ankurbelung der Getreideproduktion zu verwirklichen. Wenngleich die Produktion von Nahrungsmitteln pro Kopf der Weltbevölkerung im Zeitraum von 1990 bis 1997 um beinahe 25% anstieg (UNDP 1999, 26), macht das Beispiel Saudi Arabiens deutlich, dass es in naher Zukunft zu einer Stagnation oder gar einem Rückgang der Nahrungsmittelproduktion kommen kann, weil die Wasserreserven nicht ausreichen. Zumal in Entwicklungsländern der

Anteil der Landwirtschaft am Wasserbrauch (in Relation zur Industrie und den Privathaushalten) deutlich grösser ist (World Bank 1998, 137).

Als ein letztes Exempel für das Problem der Allmende, das vor dem Hintergrund der fortschreitenden Globalisierung eine Herausforderung für die internationale Politik darstellt, soll hier der langfristige *Erhalt der weltweiten Wälder* genannt werden. Ihre Gefährdung ergibt sich primär aus der wachsenden Nachfrage nach Holz, die sich von 1950 bis heute verdoppelt hat, sowie aus dem vor allem in den Entwicklungsländern zu beobachtenden steigenden Papierverbrauch, der sich im selben Zeitraum verfünffachte (Abramovitz 1998, 43).[27] Die besonderen Schwierigkeiten im Vergleich zur Sicherung der weltweiten Fischbestände ergeben sich im Falle des Waldes vor allem daraus, dass Wälder Eigentum entweder von Privatpersonen oder von Staaten sind, die wirtschaftlich auf den Export des Rohstoffes Holz angewiesen sind. Dies führt zu einer folgenreichen Anschauung der Wälder als rein ökonomische Ressource: »Ähnlich wie ein kleiner Landbesitzer, der einige Bäume verkauft, um sich in schweren Zeiten bares Geld zu beschaffen, betrachten Staaten ihre Wälder oft als ›stehendes Vermögen‹, das sie liquidieren können, um sich aus finanziellen Engpässen zu helfen.« (Abramovitz 1998, 54) Diese Anschauung erweist sich dann als besonders gefährlich, wenn die natürlichen Ressourcen nicht nur durch ihre ökonomische Nutzung, sondern zusätzlich durch Umweltgifte dezimiert werden.

Wenngleich die an den hier gewählten Beispielen deutlich sichtbar gewordenen nationale »Egoismen« nahezu unüberwindbar erscheinen, werden auf internationaler politischer Ebene immer wieder Anläufe genommen, die bereits angesprochenen *gerechten Verteilungsstrukturen* respektive *Kompensationsvereinbarungen* zustande zu bringen. Der zweifellos wichtigste global angelegte Versuch, dies im Konsens aller Länder zu bewerkstelligen, war der sogenannte »Klimagipfel«, der im Jahre 1997 in Kyoto stattfand und zu einer Grundsatzvereinbarung zwischen Industrie- und Entwicklungsländern führte. Dieser gemäss verpflichten sich die Industrieländer, deren relativer Anteil an den weltweiten CO_2-Emissionen die Anteile der Entwicklungsländer teilweise um ein Mehrfaches übersteigt (vgl. folgende

---

[27] Weitere Bedrohungsquellen sind Rodungen zur Erweiterung landwirtschaftlich nutzbarer Flächen und Bauvorhaben für den Strassen-, Schienen- oder Luftverkehr sowie zum Abbau von Primärenergieträgern (insb. Braunkohle).

Grafik), zur Reduktion ihres Ausstosses an Treibhausgasen gegenüber 1990 um 5,2% bis zum Jahr 2012 (vgl. Keating 1993, 64/65).[28] Allerdings drohen auch diese die Verhandlungen immer wieder an egoistischen Positionen einiger Industrieländer – vor allem den USA, Japan, Kanada und Australien – zu scheitern (vgl. Vorholz 2000; WWF 2001, 6). Die Weigerung des US-amerikanischen Präsidenten George W. Bush, das Kyoto-Protokoll zu ratifizieren, weil seine Festschreibungen der amerikanischen Wirtschaft schadeten, stellt vor diesem Hintergrund nur den Höhepunkt einer prinzipiellen Skepsis vieler führender Industrienationen gegenüber globaler Verpflichtungserklärungen dar.

Energiebedingte CO_2-Emissionen
(Vergleichsjahr: 1994)

	Emissionen (in Mio. t.)	Anteil (in %)	Emissionen pro Einwohner (in t)
OECD	10800	50,77	11,1
ehem. Sowjetunion	2489	11,70	8,5
Europa (nicht OECD)	819	3,85	6,6
Mittlerer Osten	823	3,87	4,5
VR China	2835	13,33	2,4
Lateinamerika	771	3,62	2,0
Asien	2051	9,64	1,2
Afrika	684	3,22	1,0
Welt	21271	100	3,8

Quelle: Umweltbundesamt 1997, 18

Diese Skepsis ist um so kritischer zu betrachten, als die Lösung der Aufgabe, zu einer kooperativen Lösung des für eine nachhaltige Entwicklung unverzichtbaren Schutzes der Erdatmosphäre zu gelangen, *gleichzeitig* eine zumindest partielle Überwindung ebenso drängender sozio-ökonomischer Probleme der Entwicklungs- und Schwellenlän-

---

[28] Im Kyoto-Protokoll ist detailliert festgehalten, wie viele klimawirksame Gase einzelne Länder respektive Ländergruppen emittieren dürfen und zu welchen Minderungsschritten sie sich innerhalb eines bestimmten Zeitraumes verpflichten.

der bedeuten könnte. Der Grund hierfür ist eine Vereinbarung, die bereits in Rio 1992 unter dem Begriff »Joint Implementation (JI)« diskutiert und mit dem Kyoto-Protokoll beschlossen wurde. Danach dürfen Staaten und Unternehmen Emissionsrechte international handeln, wobei sie ihrer Pflicht zur Reduktion von GHG-Emissionen (Green House Gas-Emissionen) auch nachkommen können, indem sie Projekte im Ausland finanzieren, die gegebenenfalls kostengünstiger zu entsprechenden Reduktionen führen (Kägi 1998, 37). Damit würde sowohl der Transfer von Kapital, vor allem aber von (umwelt-)technischem und betriebswirtschaftlichem Know-how in Länder der Dritten Welt sowie des ehemaligen Ostblocks gefördert, der bereits in Kapitel 34 der Agenda 21 gefordert wurde (vgl. United Nations 1992, 252 ff.). Die Europäische Union hat im Jahr 2003 eine Richtlinie erlassen[29], auf Basis derer ein System für der Handel mit Treibhausgasemissionszertifikaten entwickelt werden soll und die vorsah, dass jeder Mitgliedsstaat bis Ende 2003 einen nationalen Zuteilungsplan erarbeit haben solle.[30] Da derzeit noch keine längerfristigen Erkenntnisse über Vor- und Nachteile des Emissionsrechtehandels vorliegen, ist noch nicht abschliessend einschätzbar, ob er sich als derart erfolgreich erweisen wird, wie seine Befürworter hoffen. Seine Einführung zeigt indes, dass es prinzipiell möglich und sinnvoll ist, internationale Vereinbarungen zu treffen, die eine nachhaltige Entwicklung zumindest potenziell fördern können – zur Not auch unter Verzicht auf globale Einigkeit.

3.2.2 Das Problem der Durchsetzung von Prinzipien einer »good governance«

Was sich vor dem Hintergrund einer »Überbetonung« staatlicher Souveränität im Prozess einer nachhaltigen Entwicklung in der ökologischen Dimension als ein Problem der Allmende darstellt, findet sein

---

[29] Richtlinie 2003/87/EG des Europäischen Parlaments und des Rates vom 13. Oktober 2003 über ein System mit dem Handel von Treibhausgasemissionszertifikaten in der Gemeinschaft.
[30] In Deutschland einigten sich das Wirtschafts- und das Umweltministerium im April 2004 nach einer heftigen und öffentlich geführten Diskussion darauf, die CO_2-Emissionen für Energiewirtschaft und Industrie bis 2007 auf 503 Mio. Tonnen, bis 2012 auf 495 Mio. Tonnen zu begrenzen.

Pendant in der sozio-ökonomischen Dimension[31] im Problem der Durchsetzung von Prinzipien einer »good governance«.

Der Begriff »Governance« bezeichnet allgemein »die Art und Weise der Macht- und Sorgfaltsausübung von Regierungen und den ihnen unterstellten Behörden bei der Führung der Staatsgeschäfte sowie beim Umgang mit den ihnen anvertrauten wirtschaftlichen, sozialen und ökologischen Ressourcen« (Leisinger 1995, 115).[32] Seine Entwicklung kann als direkte Folge von negativen Ergebnissen bei der Finanzierung von Anpassungsmaßnahmen durch die internationalen Finanz- und Entwicklungsinstitutionen betrachtet werden. Wurden (innen-)politische Faktoren bei der Deutung des Scheiterns von Reformversuchen in vielen afrikanischen und lateinamerikanischen Ländern in den 1980er Jahren noch weitestgehend ausgeblendet (Frischtak 1994), rückten Governance-Defizite als Hindernisse einer entwicklungsförderlichen Politik in den 1990er Jahren zunehmend ins Zentrum der Diskussion um Reformen und Strukturanpassungsprogramme in Entwicklungsländern.

Dabei ist es wohl kein Zufall, dass sich diese Entwicklung parallel zur anschwellenden Diskussion um eine nachhaltige globale Entwicklung vollzog. Denn wenn Defizite im Bereich Governance und damit nicht im Bereich politischer Inhalte, sondern bei den *Umfeldbedingungen* – von der Bildung und Ausgestaltung von Instituitonen über die Verantwortlichkeit der politischen Führung bis hin zur Transparenz von Entscheidungsverfahren – entwicklungspolitische Massnahmen ver- oder behindern, müssen diese zugleich als negative Rahmenbedingungen für den Versuch einer Realisierung von Strategien einer nachhaltigen Entwicklung in der sozialen und ökonomischen Dimension gelten. Diese kann m.a.W. nur realisiert werden, wenn Steuerungs- und Umsetzungsdefizite erkannt und über Strukturanpassungen behoben werden (vgl. Williams/Young 1994). Insofern kommt dieser Thematik im Kontext unserer Analysen ein hoher Stellenwert zu.

---

[31] Das »magische Dreick« der Nachhaltigkeit sieht eigentlich drei Dimensionen (eine ökologische, eine soziale und eine ökonomische) vor. Aufgrund der Tatsache, dass sich die beiden letzteren weitestgehend durchdringen und die im Folgenden zu beschreibenden Probleme sowohl sozialer als auch ökonomischer Art sind, findet hier für einmal eine Fusion der Dimensionen statt.

[32] Die erste, noch etwas sehr allgemein gehaltene Definition des Begriffs leistete die Weltbank in ihrer Afrikastudie, in welcher sie in als »the exercise of political power to manage a nation`s affairs« beschrieb (World Bank 1989, 60).

Angestossen wurde die Debatte um den Terminus Governance durch die Weltbank, die sich in einer 1989 veröffentlichten Studie (World Bank 1989) mit der ökonomischen Entwicklungskrise der afrikanischen Staaten südlich der Sahara auseinandersetzte und sich dabei schwerpunktmässig mit dem Problem einer »crisis of governance« auseinandersetzte, welche den Regierungen der Entwicklungsländer zugeschrieben wurde und, der Weltbank gemäss, die ökonomische Entwicklung der Länder behinderte. Dabei wurden zahlreiche negative Faktoren genannt, namentlich die selten anzutreffende Trennung von privatem und öffentlichem Sektor, ein mangelndes öffentliches Management, Willkür in politischen Entscheidungen und Korruption der staatlichen Eliten (vgl. Leisinger 1995, 121 f.). Im Zentrum der kritischen Reflexionen der Weltbank stand die Bedeutung einer stabilen und verlässlichen Rechtsordnung (rule of law). Erreicht werde müsse u.a. ein unabhängiges Gerichtswesen, eine Bindung des Regierungshandelns an die Gesetze und eine Transparenz bei der Verwaltung der öffentlichen Gelder, wozu es einer unabhängigen öffentlichen Rechnungsprüfung bedürfe. Darüber hinaus gaben die Autoren Hinweise zur Transparenz aller Regierungsprozesse, der Verantwortlichkeit der Regierenden gegenüber den Regierten, der Ausgestaltung des Rechtswesens, der Organisation staatlicher Institutionen sowie der Respektierung von Menschenrechten. Im Kern ging es der Weltbank mithin um die Darlegung einer positiven Strategie: »good governance«. Diese umfasst die folgenden Bereiche (vgl. Adam 2000):

– ein »Public Sector Management«, das zu einer verbesserten Steuerung und damit verbundenen Leistungssteigerung im öffentlichen Sektor führen soll; hierzu zählen u.a. die Reduktion öffentlicher Aufgaben und die Privatisierung öffentlicher Unternehmen, Public-Private-Partnerships oder die Optimierung des öffentlichen Finanzwesens
– eine Verantwortlichkeit im Sinne einer Festlegung von Zuständigkeiten sowie Rechenschaftspflichten, aber auch bei der Kontrolle der öffentlichen Verwaltung
– eine Verbesserung der rechtlichen Rahmenbedingungen, um Entwicklung zu ermöglichen und schliesslich
– eine Transparenz des öffentlichen Sektors, worunter insbesondere die Sicherung des Zugangs zu Informationen über politische Strukturen und Entscheidungsprozesse aber auch Märkte sowie deren Verlässlichkeit subsumiert werden kann.

Im Jahre 1992 erweiterte die Weltbank die Definition des Governance-Begriffs, der nun auch informellere Formen der Regierungsführung sowie von Entscheidungsprozessen ausserhalb staatlicher Institutionen und dabei insbesondere im zivilgesellschaftlichen Bereich umfasste; er wurde nun verstanden als »the manner in which power is exercised in the management of a country`s economic and social recources for development« (World Bank 1992, 1). Er umfasst nun erstens die Form des politischen Systems, zweitens das Verfahren, durch das staatliche Autorität für das Management ökonomischer und sozialer Ressourcen zugunsten der Entwicklung eines Landes wahrgenommen wird und drittens die Fähigkeiten der Regierungen zur Gestaltung, Formulierung und Implementierung von Politiken sowie die Erfüllung von Aufgaben. In dieser weitergehenden Festlegung werden seitens der Weltbank nun auch informellere Formen der Regierungsführung sowie Entscheidungsprozesse einbezogen, die außerhalb staatlicher Institutionen und dabei vor allem im zivilgesellschaftlichen Bereich stattfinden.

Nachdem die Weltbank die »good-governance-Kugel« gleichsam ins Rollen gebracht hatte, ergänzten und erweiterten alsbald zahlreiche weitere internationale Organisationen den Begriff. Namentlich das Entwicklungsprogramm der Vereinten Nationen (UNDP) entwickelte auf Basis der Weltbank-Definition ein alternatives Konzept (UNDP 1997) und versteht darin Governance als Ausübung politischer, wirtschaftlicher und administrativer Autorität für die Steuerung aller nationalen Angelegenheiten. Der Begriff umfasst dabei *sämtliche* Methoden, die Gesellschaften nutzen, um Macht zu verteilen und öffentliche Ressourcen und Probleme zu steuern. Mit seiner Einteilung in die vier Typen »economic governance«, »political governance«, »administrative governance« und »systemic governance« hebt das UNDP dabei auf die Tatsache ab, dass Interaktionen und Entscheidungsprozesse von Staat, Markt und Zivilgesellschaft letztlich untrennbar miteinander verwoben sind. Entsprechend abstrahiert dieser Governance-Begriff in Abgrenzung zum sinnverwandten »Government« von einer einseitigen Wahrnehmung staatlich autorisierter Institutionen und Zuständigkeiten, was u.a. den Vorteil mit sich bringt, dass die Analyse traditioneller Gesellschaftsformen in Entwicklungsländern nicht einseitig nach dem westlichen Modell politischer Entscheidungsprozesse stattfinden (Hyden 1992, 6). Wie bedeutsam das UNDP die Problematik der good-governance insbesondere im politischen Bereich einschätzt, belegte es jüngst, indem es den Human Development

Report des Jahres 2002 dezidiert der Thematik der politischen Macht widmete (UNDP 2002). Inwiefern das Konzept einer good governance mit der Nachhaltigkeitsthematik verbunden ist, zeigt sich insbesondere im Kontext der Menschenrechtsdiskussion (vgl. Leisinger 1995 und 2004). Gemäss Leisinger macht es dabei Sinn, in der Governance-Debatte drei Menschenrechts-Dimensionen zu unterscheiden:

- die Dimension der klassischen Menschenrechte, die Einzelne vor Übergriffen des Staates bewahren
- die Dimension sozialer und wirtschaftlicher Anspruchsrechte wie den Schutz vor Hunger sowie die Rechte auf Bildung, einen angemessenen Lebensstandard oder kulturelle Teilhabe und schliesslich
- eine dritte Dimension, die das Recht auf Frieden, Entwicklung, internationale Solidarität sowie den Schutz der Umwelt und des gemeinsamen Menschheitserbes subsumiert (vgl. Leisinger 1995, 147)

Die Rechte der ersten und zweiten Dimension, so Leisinger, seien ohne jegliche Folgekosten für den Staat sofort umsetzbar; die Rechte der dritten Dimension »sind lediglich ein Stein im komplizierten ›Entwicklungs-Mosaik‹ und für sich alleine noch lange keine Garantie für eine Erhöhung der Lebensqualität der Massen« (Leisinger 1995, 147). Die hier getroffene Einteilung macht deutlich, dass die Einhaltung der Menschenrechte im Sinne jener unveräusserlichen bürgerlichen und politischen Rechte jedes Menschen gleich welcher Nationalität, welchen Geschlechts oder welcher Hautfarbe als die wesentlichste Grundlagen jedweden Diskurses über eine nachhaltige Entwicklung angesehen werden müssen; ohne die Verwirklichung der in den beiden ersten Dimensionen genannten Rechte ist weder eine ökonomische oder soziale geschweige denn eine nachhaltige Entwicklung möglich. Die Forderung nach einer good governance, die eine Einhaltung dieser Rechte wenn nicht automatisch ermöglicht so doch befördert, erscheint vor diesem Hintergrund als eine absolute Notwendigkeit und muss durch die internationale Gemeinschaft zur Not auch gegen Widerstände durchgesetzt werden.

Genau an diesem Punkt allerdings gerät die weltpolitisch legitime Forderung in Konflikt mit dem Prinzip staatlicher Souveränität. Dabei tun sich nicht zuletzt jene teilweise despotischen Staatsführer mit ihrer Kritik an einer Verletzung der Souveränität »ihres« Landes durch eine Einmischung der Weltgemeinschaft in ihre »inneren Angelegenheiten« hervor, die sich selbst ansonsten wenig um die Geltung und Durchsetzung internationaler Abkommen und Verträge kümmern. Insofern muss hinsichtlich der Legitimität einer Durchsetzung von Governance-Prinzipien als Grundlage der Verwirklichung von Menschenrechten das gelten, was Leisinger in klaren Worten formuliert: »Wo sich ein einzelner oder eine Klasse despotischer ›Fürsten‹ des Staates bemächtigt hat und verhindert, dass sich die Volkssouveränität minifestieren kann, ist nach heutigem Konsens der internationalen Gemeinschaft (diplomatischer, wirtschaftlicher oder anderer) Druck zugunsten dessen, was nach breitester empirischer Erkenntnis dem Wunsch der grossen Mehrheit der Menschen entsprechen würde, legitim« (Leisinger 1995, 153). Was bereits im Kontext unserer Reflexion der Problematik einer Durchsetzung internationaler Vereinbarungen im Bereich des Umweltschutzes ausgesagt wurde, bestätigt sich mithin auch in der sozio-ökonomischen Dimension: ohne eine konsequente Überwindung national-egoistischer Positionen rückt die Verwirklichung der Leitidee einer nachhaltigen Entwicklung in weite Ferne.

Allerdings darf in diesem Kontext nicht übersehen werden, dass Staaten nicht die einzigen treibenden Kräfte in diesem Prozess sind. Die Rolle anderer Gruppen und Organisationen wird bereits in der Agenda 21 angedeutet: »Critical to the effective implementation of the objectives, policies and mechanisms agreed to by Governments in all programme areas of Agenda 21 will be the commitment and genuine involvement of all social groups« (United Nations 1992, 219). Genannt werden u.a. regierungsunabhängige Organisationen (Kap. 27), Lokalbehörden (Kap. 28), Arbeiter und Gewerkschaften (Kap. 29) und schliesslich auch Handel und Industrie (Kap. 30). Mit letzterer Gruppe bzw. genauer mit multinationalen Unternehmen wollen wir uns im Folgenden näher auseinandersetzen und dabei reflektieren, welche Funktionen ihnen von der Agenda 21 und anderen Dokumenten im Prozess einer nachhaltigen Entwicklung zugeschrieben werden und in welchen Bereichen sie Beiträge zur Verwirklichung von Nachhaltigkeit leisten können und auch tatsächlich leisten. Es geht an dieser Stelle mithin nicht um die Frage, welches unternehmerische Handeln als ethisch richtig anzusehen wäre – dies wird Gegenstand eines eigenständigen Kapitels sein – sondern um die Klärung möglicher und notwendiger Beiträge seitens multinationaler Konzerne zur Verwirklichung einer nachhaltigen Entwicklung.

3.4 Die Funktion von Wirtschaftsunternehmen im Prozess der nachhaltigen Entwicklung

Beschränkt sich der Bericht der Brundtland-Kommission bei der Erörterung der Frage nach der Funktion und Bedeutung, die Handel und Industrie im Prozess der nachhaltigen Entwicklung zukommen sollten, noch auf wenige Sätze, in denen vor allem die Fortschritte der Weltindustrie hinsichtlich der Berücksichtigung von Fragen des Umweltschutzes gelobt werden (vgl. Hauff 1987, 323 f.), geht die Agenda 21 einen wesentlichen Schritt weiter, indem sie der Frage eine neue Gewichtung verleiht: Handel und Industrie wird die Funktion eines wichtigen *Partners* zugesprochen, dessen Kapazitäten bei der Bewältigung anstehender ökonomischer, sozialer und ökologischer Probleme ausgeschöpft werden sollen, indem man seine Rolle politisch stärkt (vgl. United Nations 1992, 237 ff.). Entsprechend ergeht an die mit der Umsetzung beauftragten Regierungen die Aufforderung, *in Zusammenarbeit mit Unternehmen* wirtschaftliche Anreize, Gesetze und Standards zu formulieren, die zu einem umweltbewussteren Management und einer ökologieorientierteren Produktion führen (United Nations 1992, 238). Handel und Industrie sollen ihrerseits:

- »eine Geschäftspolitik entwickeln, die zu Betrieben und Produkten mit geringeren Auswirkungen auf die Umwelt führt
- ein Management von Produkten und Prozessen gewährleisten, das in bezug auf Gesundheit, Sicherheit und Umwelt verantwortungsbewusst und ethisch ist
- Tochterfirmen in Entwicklungsländern umweltgerechte Technologien zu erschwinglichen Preisen zur Verfügung stellen
- ausländische Tochtergesellschaften dazu ermutigen, ihre Praktiken so zu ändern, dass sie den lokalen ökologischen Bedingungen entsprechen, und mit den Regierungen einen Informationsaustausch pflegen
- Partnerschaften eingehen, damit die Leute in kleineren Unternehmen von ihren Erfahrungen profitieren können
- nationale Beratungsstellen für eine nachhaltige Entwicklung einrichten, und zwar innerhalb der formellen Geschäftsgemeinschaft ebenso wie im informellen Bereich, wozu auch Kleinunternehmen wie Handwerksbetriebe gehören
- Forschung und Entwicklung von umweltverträglichen Technologien und Systemen zur Bewirtschaftung der Umwelt unterstützen« (Keating 1993, 49).

Bereits in diesem Entwicklungsschritt zwischen den beiden genannten Dokumenten wird mithin das Reifen der Erkenntnis sichtbar, dass eine nachhaltige Entwicklung einer *Kooperation mit Wirtschaftsunternehmen* bedarf. Allerdings fällt auf, dass sie sich im wesentlichen darauf beschränkt, die Bedeutung von Handel und Industrie für die Erhaltung und Verbesserung der *natürlichen Umwelt* herauszuarbeiten, während die Funktion multi- bzw. transnationaler Unternehmen zur Verbesserung der *ökonomischen und sozialen Lage* vor allem in Entwicklungsländern weitestgehend ausgeblendet wird.

Einen Schritt weiter gehen in diesem Zusammenhang die »Guidelines for Multinational Enterprises« der OECD, die erstmals im Jahre 1976 innerhalb der Declaration on International Investment and Multinational Enterprises veröffentlicht und zuletzt 2000 in revidierter Fassung vorgelegt wurden (OECD 2000a). Ihre Zielsetzung wird wie folgt formuliert: »The Guidelines aim to ensure that the operations of these enterprises are in harmony with government policies, to strengthen the basis of mutual confidence between enterprises and the societies in which they operate, to help improve the foreign investment climate and to enhance the contribution to sustainable development made by multinational enterprises« (OECD 2000a, 10). Damit spricht die OECD explizit die *Einbettung eines Unternehmens in seine soziale Umwelt* an. Konkret formuliert die OECD internationale Standards insbesondere zu den Dimensionen der Kooperation von Unternehmen mit nationalen politischen Behörden, der Informationspolitik, Grundfragen der Beschäftigungspolitik sowie der industriellen Beziehungen, des betrieblichen Umweltschutzes, dem Wettbewerbsverhalten, Verbraucherinteressen sowie Wissenschaft und Technologie und verpflichtet die multinationalen Unternehmen dabei zu einer Geschäftspolitik, die in den Gastländern *sowohl* zu einem ökonomischen *als auch* einem sozialen und einem ökologischen Fortschritt gemäss der Leitideen einer nachhaltigen Entwicklung beiträgt (OECD 2000a, 14 ff.).

Auch in der Weiterentwicklung der OECD-Guidelines wird mit anderen Worten sichtbar, dass »sustainable development« sukzessive zu einer globalen Leitidee avanciert ist, der sich auch die Akteure im Felde der Ökonomie anzuschliessen haben.[33]

---

[33] Allerdings wird ebenso sichtbar, dass in ihnen die Governance-Problematik ausgeblendet bleibt.

Neben internationalen Organisationen weisen schliesslich auch Unternehmensverbände sowie Unternehmen selbst in den vergangenen Jahren zunehmend auf ihre Verantwortung und Rolle(n) bei der Gestaltung einer menschengerechten Zukunft hin. Die Gründe hierfür sind vielfältig und werden später ausführlich erörtert. An dieser Stelle soll der Fokus auf die Tatsache gerichtet werden, dass sich Unternehmer bereits zu einem relativ frühen Zeitpunkt in die Diskussion um ihre Rolle im Prozess einer nachhaltigen Entwicklung einschalteten und diese auch in der Folge aktiv zu definieren suchten. Dies zeigt sich exemplarisch in dem Umstand, dass sich führende Unternehmer bereits in Rio de Janeiro aktiv an der Entwicklung des Leitbildes Agenda 21 beteiligten, ihre Perspektiven in einem gemeinsamen Schlussbericht veröffentlichten (vgl. Schmidheiny/BCSD 1992) und seither verschiedene weitere Studien zum Zusammenhang zwischen Wirtschaft und nachhaltiger Entwicklung publiziert haben.

Stellvertretend für zahlreiche Untersuchungen kann hierbei ein Report betrachtet werden, der im Jahre 1999 vom »World Business Council for Sustainable Development« (WBCSD) vorgelegt wurde und sich als dessen Beitrag zum Diskurs um die »Corporate Social Responsibility« (CSR) versteht, der in der Wirtschaftsethik inzwischen breiten Raum einnimmt (Carroll 1999; Leisinger/Schmitt 2003; Boatright 2003; Crane/Matten 2004). Der WBCSD ist eine Vereinigung von rund 150 international tätigen Wirtschaftsunternehmen, der im Jahre 1995 aus der Vereinigung des »Business Council for Sustainable Development« (BCSD) in Genf und des »World Industry Council for the Environment« (WICE) in Paris entstand und sich als »Weltunternehmrat für nachhaltige Entwicklung« versteht (Schmidheiny/Zorraquin/WBCSD 1996, 15). Der Bericht kann insofern als exemplarisch eingestuft werden, weil er eine Brücke schlägt zwischen den normativen politischen Forderungen und Zielvorgaben, wie sie beispielsweise in den »Guidelines for Multinational Enterprises« der OECD oder verschiedenen Texten der United Nations Conference on Trade and Development sichtbar werden (vgl. UNCTAD 1999a), sowie der Erkenntnis *und* Anerkenntnis von Vertretern führender internationaler Konzerne, dass ihnen bei der Bewältigung der globalen sozialen, ökonomischen und ökologischen Problemstellungen eine verantwortliche Position zugeschrieben werden muss. CSR wird dabei vom WBCSD verstanden als »ethical behavior of a company towards society. In particular, this means management acting responsibly in its relationship with other stakeholders who have a legitimate interest in the business – not just the shareholders« (WBCSD 1999, 3). Diese Verantwortung der Unternehmen wird hierbei noch einmal explizit unterteilt in eine finanzielle, eine ökologische sowie eine soziale. Die Themenfelder der CSR umfassen dabei Fragen nach Menschenrechten und Arbeitnehmerrechten, dem Umweltschutz, der Einbindung lokaler Autoritäten (»communities«), den Zulieferer-Beziehungen, dem Monitoring (inkl. einer gesellschaftsbezogenen Berichterstattung) sowie der Einbindung von Anspruchsgruppen (»Stakeholders«) – vgl. die folgende Übersicht.

Themenfelder der Corporate Social Responsibility

Themenfelder	Erläuterungen / Ausführungen
Menschenrechte	Rechte der Frau; Intergenerationen-Gerechtigkeit; Rechte indigener Völker; Abschaffung von Gewaltregimen; Rechte Homosexueller; Rechte Behinderter; Meinungsfreiheit
Arbeitnehmerrechte	Vereinigungsfreiheit; Abschaffung von Zwangsarbeit und Kinderarbeit; Beseitigung von Diskriminierungen
Umweltschutz	Schutz der Umwelt über den gesamten Produktlebenszyklus (über die international differierenden gesetzlichen Bestimmungen hinaus)
Einbindung lokaler Autoriäten	Bildungsprogramme; Gesundheitsschutz; Sponsoring; Mäzenatentum; ehrenamtliches Engagement (am Standort des Unternehmens)
Zulieferer-Beziehungen	Übernahme der Verantwortung entlang des Produktlebenszyklus
Monitoring	Überwachung und Messung der Massnahmen; Berichterstattung
Anspruchsgruppen (Stakeholder)	Berücksichtigung der Anliegen und Einbindung von Anspruchsgruppen (u.a. Angestellte, Kunden, Zulieferer, Nachbarn, Gesetzgeber)

Quelle: eigene Zusammenstellung, basierend auf WBCSD 1999, 5 f.

Wenngleich in diesem Text wie auch in anderen Arbeiten des WBCSD und weiterer Verbände sowie Einzelunternehmen dezidiert auf die soziale Verantwortung von Unternehmen hingewiesen und diese zugleich in den Kontext des Konzepts einer nachhaltigen Entwicklung gestellt wird, bleibt die »soziale Dimension« unternehmerischer Verantwortung letztlich reichlich vage und wird zudem nicht mit den beiden anderen Dimensionen der Nachhaltigkeit in Zusammenhang gebracht. Eine Ursache hierfür mag in der Tatsache begründet liegen, dass die Orientierung von Unternehmen an Stakeholders nicht zuletzt auch aus Gründen der Profitmaximierung zugenommen hat (Jones 1995). Dies ist jedoch nicht der wichtigste Grund. Schwerer wiegen dürfte, dass hier offensichtlich ein schlüssiges Konzept fehlt, das sich nicht im Aufzählen und beispielhaften Belegen von ökonomischen, sozialen und ökologischen Leistungen von Unternehmen verliert, sondern deutlich zu machen versteht, in welchen Abstufungen diese sinnvoll erbracht werden können und sollen. Unter Bezugnahme auf eine solche grundlegende Einteilung, die Leisinger (2004, 77 f.; vgl. auch Leisinger/Schmitt 2003, 16 ff. und Ruh 1998, 192 ff.) jüngst vorlegte und dabei auf ein »klassisches« soziologische Konzept der Abstufung sozialer Normen rekurriert, könnte diese Einteilung in drei Dimensionen – eine »Muss-Dimension«, eine »Soll-Dimension« sowie eine »Kann-Dimension« erfolgen.[34]

Die »Muss-Dimension« unternehmerischer Verantwortung umfasst die Bereitstellung von am Markt nachgefragten Gütern und Dienstleistungen im Rahmen der jeweils in einem Land geltenden gesetzlichen Vorgaben.[35] Gleichsam als »Nebenprodukt« ihrer Wirtschaftstätigkeit erbringen Unternehmen Leistungen wie beispielsweise die Schaffung von Arbeitsplätzen, Angebote zur Fort- und Weiterbildung oder die Zahlung von Steuern. Sie tragen also m.a.W. erstens zur Wahrung der Menschen- und Bürgerrechte bei, indem sie »business under ›normal‹ cicumstances« (Leisinger 2004, 78) betreiben.[36] Zweitens tragen sie zu einer Verbesserung des Umweltschutzes bei, indem sie beispielsweise Technologien zur Verringerung der Umweltver-

---

[34] Gegen derartige Einteilungen unternehmerischer Verantwortung ist innerhalb des wirtschaftsethischen Diskurses Kritik laut geworden, auf die später (Kapitel 4.1.3) noch ausführlicher eingegangen wird.

[35] Für zahlreiche Ökonomen endet an dieser Stelle bereits die Funktion von Unternehmen; für alle anderen Aufgaben – und dabei vor allem die Sicherstellung des freien Handels und der globalen ökonomischen Entwicklung – sehen sie den Staat bzw. internationale Organisationen als zuständig an: »Still, the best and most direct way to raise wages and labor standards is to enhance the productivity of the workers through economic development. Trade and investment are important components of that development, and therefore efforts to limit international trade or to shut down the sweatshops are counterproductive« (Irwin 2002, 214).

[36] Als »normal« wird hierbei eine Situation verstanden, in der innerhalb eines Landes Prinzipien einer good governance gelten.

schmutzung in der Produktion entwickeln und einführen, eine Effizienzsteigerung hinsichtlich ihres Rohstoff- und Energieverbrauchs erreichen oder durch eine systematische Ausweitung des Wissens über potenzielle Auswirkungen von Produkten, Produktionsverfahren und Abfällen in ihrem Unternehmen respektive ihrer Branche auf die natürliche Umwelt die Erarbeitung praxisnaher und wirkungsvoller Standards, Gesetze und Verordnungen unterstützen, die einen besseren Schutz von Mensch und Umwelt gewährleisten können. Hierzu werden sie im Übrigen nicht alleine durch bestehende oder künftig zu erwartende Gesetze im Bereich des Umweltschutzes angeregt. Eine kontinuierliche Verbesserung des Umweltmanagementsystems wird von Unternehmen verstärkt auch als Grundlage für ökologieorientiertere Leistungsangeboten am Markt wahrgenommen, womit es sich frühzeitig im Wettbewerb um Produkte und Dienstleistungen positionieren kann, bei denen Kunden Wert auf ökologieverträgliche Eigenschaften legen (Meffert/Kirchgeorg 1995).

Dieser Gedankengang leitet über zur »Soll-Dimension«, welche die systematische Integration sozialer und ökologischer Aspekte in die Unternehmensstrategie beinhaltet. Dies kann für Unternehmen einerseits aus den eben genannten marketingstrategischen Gründen sinnvoll sein. Es kann darüber hinaus von ihnen gefordert werden, wenn sie in Ländern tätig sind, in welchen die politisch-rechtliche Situation Handlungsweisen nicht verhindert, mit denen gegen die Menschenrechte oder den Schutz der Umwelt verstossen wird: Unternehmen, welche eine derartige Situation zu ihren Gunsten ausnutzten, verhielten sich nicht nur unethisch im Sinne von »Mittätern«, die nur aufgrund der Tatsache nicht verurteilt werden können, dass das Recht in einem Land von dessen Regierung gebeugt wird; sie entsprächen auch exakt jenem Bild, das die Globalisierungskritik (eindimensional) von ihnen zeichnet (vgl. z.B. Afheldt 1995; Forrester 1997). Alleine schon im eigenen Interesse ist Unternehmen mithin anzuraten, sich mit ihrer (freiwilligen) Rolle im Prozess einer nachhaltigen Entwicklung auseinander zu setzen. Die prinzipielle Freiwilligkeit der Erfüllung von »Soll-Vorschriften« bedingt im Übrigen, dass die von Unternehmen de facto beschrittenen Wege zur Wahrnehmung ihrer Verantwortung sehr vielfältig sind. Mit Blick auf Konsumenten in den Industrieländern nimmt beispielsweise eine wachsende Zahl von Unternehmen die Herausforderungen eines sich wandelnden Konsumleitbildes (sustainable consumption) wahr und orientieren ihre Marketinganstrengungen daran (vgl. dazu die Case Studies in Charter/Polonsky 1999, 276 ff.). Darüber hinaus publizieren Unternehmen heute vermehrt Sozial-, Umwelt- oder Nachhaltigkeitsberichte, die im Sinne einer »aktiven Kommunikation« eines Unternehmens mit seiner sozialen Umwelt zu verstehen sind und seine Einsicht in veränderte gesellschaftliche Ansprüche und Bedürfnisse spiegeln (Daub et al. 2003, 2004; Fichter 1998, 17). Die Problemstellungen, mit denen sich vor allem multinationale Konzerne in jenen Ländern konfrontiert sehen, in denen Menschenrechtsverletzungen und die »legale« Verschmutzung der Umwelt bzw. Ausbeutung der Ressourcen an der Tagesordnung sind, führt wiederum dazu, dass sich Unternehmen zunehmend an allen Standorten »guiding principles« im Sinne einer konsistenten Unternehmensverfassung unterwerfen und/oder sich Initiativen wie beispielsweise dem Globalpakt der Vereinten Nationen anschliessen. Damit werden sie nicht nur den Ansprüchen ihrer Stakeholders gerecht, sie tragen darüber hinaus auch zur *Wahrnehmungsbildung* in der Gesellschaft bei (United Nations 1992; WBCSD 1999).[37]

Die »Kann-Dimension« schliesslich umfasst alle freiwilligen Aktivitäten von Unternehmen, mit denen sie zur ökonomischen und sozialen Wohlfahrt eines Gemeinwesens oder einem Schutz der Umwelt über die rechtlichen Vorgaben hinaus beitragen wollen. Dabei spielt die Kultur und das Selbstverständnis des jeweiligen Unternehmens eine Rolle, ob es sich beispielsweise in besonderem Masse für die Förderung der Berufstätigkeit von Frauen durch die Einrichtung eines betrieblichen Kindergartens, junger Menschen durch das Angebot von Praktikaplätzen oder ausländischer Mitbürger durch das Angebot von Sprachkursen oder Integrationsangeboten einsetzen möchte.

Führt man sich die hier skizzierten manigfaltigen Möglichkeiten von Unternehmen zur Beeinflussung und Mitgestaltung des Prozesses einer nachhaltigen Entwicklung vor Augen, verwundert es kaum, dass insbesondere seitens supranationaler Organisationen wiederholt auf die Bedeutung ihrer Einbindung als Partner verwiesen wird (United Nations 1992, 237 u. Kapitel 3.3; OECD 2001, 232). Als Zwischenresümee unserer vorstehenden Analysen lässt sich mithin folgendes festhalten: Soll das Projekt der Realisierung einer nachhaltigen Entwicklung nicht scheitern, muss die Einbindung von Wirtschaftsunternehmen als Partner in den gemeinsamen Prozess der

---

[37] Wir werden uns in Kapitel 5 dieser Arbeit noch ausführlich mit diesen Fragestellungen befassen.

weltpolitischen Um- und Neugestaltung gelingen – auf diesen kurzen Nenner könnte man die Situation bringen, mit der sich die internationale politische Gemeinschaft derzeit konfrontiert sieht. Dabei scheinen erste Schritte zur Anerkennung dieses Umstandes durch die Wirtschaftsunternehmen bereits getan, wie die exemplarisch erwähnten Arbeiten des World Business Council for Sustainable Development belegen. Gleichwohl nutzen Unternehmen ihre Möglichkeiten der verantwortlichen Mitgestaltung des globalen gesellschaftlichen und ökologischen Wandels in den Augen vieler Kritiker, insbesondere aus Reihen der Nichtregierungsorganisationen, nach wie vor nur ungenügend (vgl. UNDP 1998, 122).

Ausgehend von der Beobachtung werden wir uns im vierten Teil unserer Untersuchung der Beantwortung der Frage zuwenden, auf welche Gründe diese Tatsache zurückzuführen ist. Im Mittelpunkt wird dabei die ausführliche Reflexion eines Problems stehen, das als ein Spannungsverhältnis zwischen den aus ethischer Reflexion gewonnenen Erkenntnissen über die prinzipielle Legitimität der Wirtschaftsordnung und konkreten Einzelhandlungen von Wirtschaftssubjekten bzw. Unternehmen beschrieben werden kann. Erst wenn verdeutlicht werden kann, in welcher grundsätzlichen Problemlage sich eine Gesellschaft bei dem Versuch befindet, Werte und Normen auszuhandeln und in ihren Teilsystemen – hier: im Wirtschaftssystem – umzusetzen, kann die zentrale Frage unserer Arbeit beantwortet werden, unter welchen konkreten Voraussetzungen die Kapazitäten von Unternehmen im Rahmen des Prozesses einer nachhaltigen Entwicklung effektiv genutzt werden können.

4. Die Verantwortung von Unternehmen im Spannungsfeld von Markt und Gesellschaft

»There is one and only one social responsibility of business – to use its resources and engage in activities designed to increase its profits so long as it stays within the rules of the game, which is to say, engages in open and free competition without deception or fraud« (Friedman 1970, 26). Mit dieser unzweideutig neoliberalistischen Formulierung bezog Milton Friedman 1970 eine Stellung, die im wissenschaftlichen und öffentlichen Diskurs noch lange nachwirkte. Eine ihrer Wirkungen betrifft die Wahrnehmung der Art und Weise, wie Unternehmen mit ihrer Verantwortung bei der Realisierung nachhaltiger wirtschaftlicher, sozialer und ökologischer Strukturen umgehen. Folgt man nämlich dieser Logik müssten Unternehmen eine solche Entwicklung dann aktiv behindern oder blockieren, wenn diese ihren Profitinteressen entgegenstünde. Entsprechend lauten auch die konkreten Vorwürfe kritischer Autoren: Unternehmen lehnten jegliche Verantwortung für die sozialen und ökologischen Folgen ihrer Handlungen ab und sähen politische Regulierungsbemühungen einzig als Eingriffe in den freien Wirtschaftsverkehr (Schumann 2003, 19 ff.).

So nachvollziehbar eine solche Kritik in Anbetracht radikal formulierter neoliberalistischer Positionen sein mag, greift sie jedoch aus mindestens drei Gründen wesentlich zu kurz, die wir an dieser Stelle zunächst kurz skizzieren und anschliessend ausführlich erörtern wollen: Erstens verschleiert sie, dass die »Verantwortungszumutung«, der sich Wirtschaftsunternehmen in diesem Zusammenhang ausgesetzt sehen, nicht per se als legitim angesehen werden kann, sondern ihrerseits einer ethischen Begründung bedarf (vgl. imug 1997, 21 ff.). Zweitens geht sie davon aus, dass Unternehmen im Sinne von Korporationen weitgehend frei darüber entscheiden können, ob und inwieweit sie sich den aus der Gesellschaft an sie herangetragenen moralischen Forderungen stellen *wollen,* und ignoriert damit, dass wirtschaftliches Handeln – wie jedes andere Handeln auch – von Sachzwängen zumindest mitbestimmt wird. Drittens schliesslich behauptet sie regelmässig, dass Unternehmen sich gegenüber dem Versuch ihrer Integration in den gesellschaftspolitischen Gestaltungsprozess als besonders resistent erweisen und die Übernahme einer (moralischen) Verantwortung in der Ausgestaltung des Prozesses einer nachhaltigen Entwicklung prinzipiell als »geschäftsschädigend« ansehen.

Nun ist es zunächst unbestreitbar, dass Unternehmen aufgrund ihrer öffentlichen Exponiertheit und zugleich der zumindest potenziell weitreichenden Effekte ihrer Handlungen in Gesellschaft und Umwelt geradezu prädestiniert erscheinen, ein hohes Mass an Kritik auf sich zu ziehen. Dabei gerät gerne aus dem Blick, dass das Wirtschaftssystem keineswegs das einzige gesellschaftliche Teilsystem ist, in welchem das Problem der Durchsetzbarkeit gesellschaftlicher Moralvorstellungen gegeben ist. Dies belegen exemplarisch Fälle des Amtsmissbrauchs im politischen System oder Versuche von Wissenschaftlern, sich ihren Ruf sowie staatliche Forschungsgelder auf illegale und illegitime Weise durch Manipulationen von Versuchsanordnungen und Ergebnissen wissenschaftlicher Forschungsarbeiten zu sichern.

Zugleich muss zur Kenntnis genommen werden, dass Moral nicht in teilsystemspezifischen Sonderausprägungen vorkommt. Es existiert m.a.W. keine reine, von allgemeinen gesellschaftlichen Moralvorstellungen abzukoppelnde »Wirtschaftsmoral« (vgl. Leisinger/Schmitt 2003, 10; Homann/Blome-Drees 1992). Vielmehr sind Moralnormen und das mit ihnen beständig gegebene Problem ihrer Durchsetzbarkeit in den verschiedenen gesellschaftlichen Teilsystemen *immer* gesamtgesellschaftliche Phänomene: Moral im Sinne eines Bestandes an faktisch herrschenden Normen, Maximen und Prinzipien innerhalb einer Gesellschaft und zugleich »Produkt einer Verinnerlichung« derselben (Geiger 1964, 57) ist in einer pluralistischen Gesellschaft mithin Ergebnis eines gesellschaftspolitischen Diskurses, in welchen heterogene soziale Gruppierungen hineinwirken. *Welche* Moralnormen in einer Gesellschaft oder auch nur in einzelnen Teilsystemen in einer bestimmten Epoche oder zu einem bestimmten Zeitpunkt gelten respektive als geltend anerkannt werden, ist somit wesentlich davon abhängig, welche sozialen Akteure sich im Diskurs durchsetzen.

Nun gehören Wirtschaftsunternehmen gewiss zu jenen Akteuren, deren Chancen auf Durchsetzung ihrer Vorstellungen von Moral als besonders gross zu erachten sind (Leisinger/Schmitt 2003, 10), die somit also im Sinne der Max Weber'schen Definition von Macht als »jede Chance, innerhalb einer sozialen Beziehung den eigenen Willen auch gegen Widerstreben durchzusetzen, gleichviel worauf diese Chance beruht« (Weber [1921] 1984, 89) mit einer grosser Machtfülle ausgestattet sind. Gleichzeitig aber entbehren sie in einer modernen pluralistischen Gesellschaft, in der Normen einem beständigen Wandel unterzogen sind und im Diskurs einer »bürgerlichen Öffentlichkeit« im Sinne Jürgen Habermas` (Habermas 1969) kontinuierlich neu ausgehandelt werden müssen, in weitaus grösserem Masse einer Erwartungssicherheit als in der industriegesellschaftlichen Zeit.[38] Schliesslich setzten sie ihre Produkte und Dienstleistungen in dieselbe Gesellschaft ab, welche die moralischen Forderungen erhebt und deren Nichterfüllung zumindest potenziell negativ sanktionieren könnte. Insofern ist ihnen zweifellos daran gelegen, ihre Geschäftsstrategien mit gesellschaftlichen Anliegen zu harmonisieren, was sich in verschiedenen Konzepten des »Managements der sozialen und ökologischen Verantwortung« (imug 1997, 4) zeigt, auf die später noch ausführlich eingegangen wird. Schon aus diesen Gründen wäre es mithin verfehlt, Wirtschaftsunternehmen ein Interesse an der Behandlung moralischer Ansprüche prinzipiell abzusprechen. Einzig die Beantwortung der Frage, *wie* sie mit diesen umgehen und *warum* sie mit ihnen auf eine bestimmte Art und Weise verfahren, ermöglicht es uns, das Problem der Verantwortung von Unternehmen im Prozess einer nachhaltigen Entwicklung weiterzuverfolgen.

Vor dem Hintergrund dieser Beobachtungen wird es uns im ersten Teil dieses Kapitels (4.1) zunächst darum gehen, unter Bezugnahme auf den aktuellen wirtschaftsethischen Diskurs darzulegen, welche Konsequenzen sich für die *prinzipielle Handlungsfähigkeit* von Unternehmen aus dem Umstand ergeben, dass sie als Teilsysteme des Wirtschaftssystems dem Prinzip der *ökonomischen Rationalität* unterliegen und damit durch den Markt als ihren Orientierungshorizont zu einem Handeln gemäss ihrer Systemlogik gleichsam gezwungen sind. Wir werden hierzu aus der einschlägigen Literatur die Grundaussagen der beiden dominierenden wirtschaftsethischen Paradigmen – dem individual- bzw. tugendethischen sowie dem institutionenethischen – herausarbeiten und kritisch reflektieren.[39]

Um die komplexen Zusammenhänge in der gebotenen Tiefe beleuchten und zugleich einen Brückenschlag zwischen dem wirtschaftsethischen Diskurs und der soziologischen Wirklichkeitsanalyse bewerkstelligen zu können, erscheint es dabei zweckmässig, die Herausbildung des modernen, kapitalistischen Wirtschaftssystems im

---

[38] Vgl. zur Bedeutung der Erwartungssicherheit Max Weber [1921] 1956, 562 ff.
[39] Vgl. ausführlich Kapitel 4.1.3.

Sinne seiner Ausdifferenzierung als ein Teilsystem der Gesellschaft mit einer eigenen (ökonomischen) Rationalität respektive eigenen »Spielregeln« (Zimmerli/Assländer 1996, 297) unter Konsultation einschlägiger soziologischer Literatur zum sozialen Wandel in einem gesonderten Kapitel zu rekapitulieren (4.2). Aus dieser Analyse sollen zwei Aspekte deutlich werden: Erstens werden wir darin verdeutlichen können, welche historischen bzw. sozialevolutionären Prozesse zu der insbesondere von Niklas Luhmann diagnostizierten Situation geführt haben, in der sich die moderne Gesellschaft befindet: sie zerfällt in relativ autonome, funktional spezialisierte Teilsysteme mit spezifischen Codes, was ihre Verständigung prinzipiell ausschliesst und letzten Endes nach sich zieht, dass moralische Forderungen an einzelne Unternehmen oder Manager aus *systemimmanenten* Gründen ungehört verhallen müssen und zugleich politische Lenkungsversuche zum Scheitern verurteilt sind (Luhmann 1996a, 324 ff.). Zweitens werden wir auf Basis dieser Analyse zeigen können, dass sich aus einer jeweils isolierten Betrachtung der beiden Paradigmen keine befriedigenden Antworten auf die Frage finden lassen, wie Wirtschaftsunternehmen in den Prozess einer nachhaltigen Entwicklung eingebunden werden und damit ihrer globalen Verantwortung gerecht werden können. Entsprechend wird es uns darum gehen, die Schwachstellen beider Positionen zu identifizieren und daraus eine anschlussfähige Synthese zu entwickeln.

4.1 Ökonomie, Moral und die Diskrepanz zwischen Geltung und Gültigkeit sozialer Normen

In ihrem viel beachteten Grundlagenwerk zur Wirtschaftsethik konstatieren Karl Homann und Franz Blome-Drees mit Blick auf die rasche Expansion ihrer Disziplin seit Mitte der 1980er Jahre: »Die neuerliche Diskussion um Wirtschafts- und Unternehmensethik verdankt ihre Entstehung dem – vermeintlichen oder tatsächlichen – Gegensatz von Moral und Wirtschaft, von Ethik und Ökonomik: In relevanten, das Zusammenleben der Menschen fundamental bestimmenden Feldern geraten nach dieser verbreiteten Auffassung zwei eigenständige Anforderungen an das Handeln, nämlich Moral und Rentabilität, in Konflikt miteinander« (Homann/Blome-Drees 1992, 10; vgl. Pfriem 1996, 191). Dieser Konflikt zeigt sich in einer fundamentalen Divergenz der *Geltung* moralischer Prinzipien und der *Anerkennung* durch ihre Adressaten im Wirtschaftssystem, also zwischen den aus ethischer Reflexion gewonnenen *Erkenntnissen* über die prinzipielle Legitimität der Wirtschaftsordnung sowie konkreter *Einzelhandlungen* von Wirtschaftssubjekten bzw. den in der Realität vorherrschenden Handlungsmustern. Wirtschaftssubjekte nämlich orientieren sich gemäss spieltheoretischer Modelle einzig am Prinzip der *Nutzenmaximierung* und geraten so zwangsläufig in Dilemmasituationen (vgl. Rapoport/Chammah 1965, was wiederum die Durchsetzung moralischer Standards erschwert respektive verunmöglicht (Zimmerli/Assländer 1996, 297).

Um diesen Zusammenhang näher erläutern zu können, soll zunächst geklärt werden, wie sich eine typische Dilemmasituation für den einzelnen ökonomischen Entscheidungsträger präsentiert. Dies vor allem, weil die These, dass Handeln auf wettbewerblich organisierten Märkten mit dem Gefangenendilemma der Spieltheorie interpretiert werden kann »weitreichende Folgen für die Konzeption von Wirtschaftsethik und für das Paradigma einer modernen Ethik allgemein hat« (Homann/Blome-Drees 1992, 29).

4.1.1 Die Grundproblematik: Ökonomisches Handeln und die Spielregeln des Leistungswettbewerbs

Zunächst lässt sich postulieren, dass sich der einzelne Akteur am Markt, gleichgültig, ob er als Anbieter oder Nachfrager auftritt, grundsätzlich – und in der heutigen, pluralistischen Gesellschaft zunehmend – mit Fragen der moralischen Rechtfertigung seiner Handlungen konfrontiert sieht (vgl. Ulrich/Fluri 1995, 56 ff.).[40] Nicht zuletzt die zahlreich vorliegenden Konzepte der strategischen Umfeldanalyse beziehungsweise Frühaufklärung (vgl. Steger/Winter 1996) belegen, dass sich Manager als Funktionsträger der Wirtschaft *prinzipiell* darüber im Klaren sind, dass ihre täglichen Entscheidungen sowohl eine ökonomische als auch eine moralische Dimension aufweisen. Dies bedeutet allerdings keineswegs, dass sie sich einer Diskrepanz zwischen Ökonomie und Ethik tatsächlich auch immer *kritisch bewusst* wären.

So belegt eine empirische Studie zum Moralbewusstsein von Managern, die von Peter Ulrich und Ulrich Thielemann 1992 vorgelegt wurde (vgl. Ulrich/Thielemann 1992), dass 88% aller befragten Manager eine Vereinbarkeit von Ökonomie und Ethik annehmen. Ein grösserer Teil derselben (55%) geht davon aus, dass Moral auf tradierten moralischen Normen beruht, während ein kleinerer Teil (33%) auf die Systemlogik der Marktwirtschaft beziehungsweise die Wirksamkeit der »unsichtbaren Hand« vertraut. Nur 12% der in der Studie befragten Manager weisen gemäss Ulrich und Thielemann eine *Konfliktorientierung* als Grundhaltung auf, die darin zum Ausdruck kommt, dass sie Markt und Moral als *systematische Gegensätze* begreifen. Diese Ergebnisse deuten darauf hin, dass die fundamentale Divergenz der Geltung moralischer Prinzipien und der Anerkennung durch ihre Adressaten im Wirtschaftssystem zumindest partiell durch ein mangelhaftes Bewusstsein der Manager über die prinzipielle Problematik ökonomischen Handelns mitverursacht wird.

Allerdings dürfen sie nicht dahingehend überinterpretiert werden, dass alleine dieses fehlende Konfliktbewusstsein des Managements ausschlaggebend ist für ein Auseinanderfallen von Ökonomie und Moral, zumal es durchaus einen Unterschied zu machen gilt zwischen der *grundsätzlichen Anerkenntnis eines Zielkonfliktes* und der *persönlichen Beobachtung* durch einen Manager, dass in der Alltagspraxis zahlreiche seiner Entscheidungen *de facto* von Einzelnen oder Gruppierungen in der internen und externen Umwelt des Unternehmens »moralisch«, d.h. im Sinne Niklas Luhmanns entlang der Unterscheidung »Achtung/Missachtung« (vgl. Luhmann 1993c, 361) beobachtet und

---

[40] Aus dieser Beobachtung leitet sich auch die Behauptung einer steigenden Bedeutung eines normativen Managements ab (vgl. Pfriem 1996, 157).

bewertet werden können, was wiederum in die Planung künftiger Handlungsweisen eingeht. Gerade an diesem Punkt setzt ja auch jene wirtschaftsethische Kritik an, die Managern respektive Unternehmen vorwirft, öffentliche Legitimationsansprüche zwar verstärkt zu berücksichtigen, sie aber nicht als normativ-ethisches Legitimationsproblem, sondern als erfolgsrelevantes gesellschaftliches Akzeptanzproblem zu begreifen (vgl. Zajitschek 1997, 167). Wir werden noch ausführlicher darauf zurückkommen.

Bezogen auf den einzelnen Manager gilt mithin, dass er sich regelmässig in *riskanten Entscheidungssituationen* wiederfindet, wobei sich das Risiko aus der Tatsache seines beschränkten Beobachtungshorizontes ergibt, der ihn daran hindert, alle relevanten Fakten berücksichtigen zu können. Entsprechend ist er gezwungen, seine Entscheidungen auf Basis seines individuellen Informations-, Beurteilungs- und Bewertungsstandes unter Berücksichtigung der individuellen Kosten seines Handelns zu fällen (vgl. Höffe 1985, 42 ff.). Als weitaus grössten »Kostenfaktor« muss er dabei als Akteur in einem ökonomischen Kontext jene Konsequenzen seines Handelns berücksichtigen, die der Gewinnmaximierung entgegenstehen. Er ist m.a.W. in seinem Handeln den »Spielregeln des Leistungswettbewerbs« (Zimmerli/Assländer 1996, 297) unterworfen.[41]

Nun weisen Vertreter eines individualethischen Paradigmas der Wirtschafts- und Unternehmensethik immer wieder darauf hin, dass dem einzelnen Akteur im Wirtschaftssystem *trotz* seiner unbestrittenen Einschränkung durch Strukturen ausreichend Freiheitsgrade blieben, die ihm eine Berücksichtigung persönlicher moralischer Präferenzen ermöglichten (Löhr 1996, 60; Lenk/Maring 1996, 5). Allerdings

---

[41] Über den in diesen Spielregeln zum Ausdruck kommenden Selbstzweckcharakter des ökonomischen Handelns und die damit verbundenen Erwartungen und Risikoabwägungen auf einer häufig genug ungenügenden Faktenbasis hatte Max Weber bereits in seiner Studie über die »Börse« (Weber [1894] 1988) berichtet; auf dem Börsenparkett nämlich werde regelmässig »ein Geschäft abgeschlossen über eine gegenwärtige, oft noch unterwegs befindliche, oft erst künftig zu produzierende Ware, zwischen einem Käufer, der sie regelmässig nicht selbst behalten, sondern (womöglich noch, ehe er sie abnimmt und bezahlt) mit Gewinn weitergeben will und einem Verkäufer, die sie regelmässig noch nicht hat, meist nicht selbst hervorbringt, sondern mit Gewinn erst beschaffen will« (Weber [1894] 1988, 260 f.). So betrachtet kommt es im Übrigen nicht von ungefähr, dass die globale Vernetzung der Finanzmärkte heute als eines der Sinnbilder und zugleich Schreckbilder einer globalisierten Welt gilt.

wird bei derartigen Argumentationen zu wenig berücksichtigt, dass er sich dabei einem erhöhten wirtschaftlichen und zugleich persönlichen *Risiko* aussetzt: Nutzt er nämlich seine Freiheitsgrade und verhält sich gegen die Spielregeln des Marktes, nimmt er negative ökonomische Konsequenzen in Kauf, was letzten Endes nicht nur seinen Geschäftserfolg, sondern auch seinen eigenen Arbeitsplatz gefährden kann.

Das Dilemma der Marktwirtschaft scheint sich aus Perspektive des einzelnen Managers also aus dem Umstand zu ergeben, dass er aufgrund ökonomischer Sachzwänge daran gehindert wird, moralisch zu handeln. Dies gilt allerdings nur so lange, wie ihm nicht »Spielregeln« vorgegeben sind, welche die Kosten eines nicht-moralischen Verhaltens derart erhöhen würden, dass sich die Berücksichtigung ethischer Normen im Sinne der ökonomischen Logik rechnen würde. Auf diesen Umstand heben wiederum ordnungsethische Konzeptionen ab, die dafür plädieren, die *Rahmen-* bzw. die *Rechtsordnung* als systematischen Ort der Moral auszuweisen (Homann/Blome-Drees 1992).

Bevor wir uns näher auf die Divergenzen individualethischer und institutionenethischer Konzeptionen der Wirtschafts- und Unternehmensethik einlassen wollen, erscheint es mit Blick auf die Dilemmasituation, in der sich das Management eines Unternehmens prinzipiell befindet, zweckdienlich, bereits an dieser Stelle darauf hinzuweisen, dass keineswegs nur juristische Vorgaben als Korrektiv einer alleine an der Funktionslogik des wettbewerblich organisierten Wirtschaftssystems gelten können. Ebenso vermögen Gruppierungen in der internen oder externen Umwelt von Unternehmen (Stakeholders) eine gewisse Kontroll- und Korrektivfunktion wahrzunehmen (vgl. Freeman 1984; 2001) Gerade die wachsende Aufmerksamkeit der Unternehmensführung für konkrete gesellschaftliche Ansprüche, die an Unternehmen herangetragen werden, beweist ja, dass die durch ihre *Nichtberücksichtigung* zumindest potenziell ausgelösten »Kosten« heute ebenso zunehmend erkannt werden, wie die »Gewinne« – insbesondere in Form eines Zuwachses an Glaubwürdigkeit – die durch ein Eingehen auf veränderte Kundenwünsche erzielt werden können (Thommen 1996).

Der Lernprozess, den das Unternehmen Shell im Verlaufe der Auseinandersetzung mit der Umweltschutzorganisation Greenpeace um die Versenkung der Ölboje »Brent Spar« im Jahre 1995 durchlief, legt hiervon eindrücklich Zeugnis ab (vgl. Daub 2003, 131). Es existiert also keineswegs nur die »unsichtbare Hand«, die das Marktgeschehen alleine steuert, sondern auch eine kritische Öffentlichkeit, die Druck auf Unternehmen respektive das sie führende Management ausüben kann, um ihre Ansprüche durchzusetzen (Zajitschek 1997). Diesen Umstand gilt es im Bewusstsein zu behalten, wenn wir uns nachfolgend mit der Evolution sowie analytisch mit verschiedenen Konzepten der Wirtschafts- und Unternehmensethik befassen werden.

4.1.2 Zur Entwicklung und Ausdifferenzierung des wirtschaftsethischen Paradigmas

Die Auseinandersetzung um das – tatsächliche oder vermeintliche – Spannungsverhältnis zwischen Ökonomie und Moral hat die Diskussion um Wirtschafts- und Unternehmensethik im Verlaufe ihrer Herausbildung und Weiterentwicklung als eigenständige Teildisziplin der Ökonomie über Jahre geprägt. Sie führte, wie bereits angesprochen, in ihrer Konsequenz zur Etablierung zweier wirtschaftsethischer Paradigmen, einem *individualethischen* sowie einem *institutionenethischen* (vgl. Zimmerli/Assländer 1996, 311 ff.). Da die Formulierung eines wirtschaftsethischen Programms immer auch eine intensive Beschäftigung mit der gelebten Wirklichkeit in der Gesellschaft voraussetzt, wurde die Entwicklung der Disziplin darüber hinaus vom gesellschaftlichen Wandel der zurückliegenden dreissig Jahre nachhaltig beeinflusst. Die wohl am tiefsten greifenden Einschnitte, die sogenannte »1968er-Revolution« einerseits, die Umwälzungen nach der Auflösung des Ostblocks gegen Ende der 1980er Jahre andererseits, markieren zugleich zwei Phasen in der Entwicklung der Wirtschaftsethik. In diesem Umstand wird nun eine interessante Parallele dieser Disziplin zur Soziologie erkennbar, die uns einen wichtigen Brückenschlag ermöglicht.

Sowohl die Soziologie als »Disziplin für die Entstehung und Entwicklung der modernen Gesellschaft« (Habermas 1988a, 210) als auch die Wirtschaftsethik als Teildisziplin der Ökonomie gewannen ihren Gegenstand aus der Beobachtung einer gesellschaftlichen Problemstellung heraus, die nach der Entwicklung eines theoretischen Modells zur dessen Beschreibung verlangte. Im Falle der Soziologie war es in erster Linie die Frage nach der Möglichkeit sozialer Ordnung und Integration vor dem Hintergrund der Herausbildung einer modernen Massengesellschaft – und damit im Spannungsfeld von *Individuum und Gesellschaft* (Luhmann 1993c, 149); im Falle der Wirtschaftsethik die Erkenntnis des Fehlens ethischer Richtlinien zur Legitimation kapitalistischen Wirtschaftens (Ulrich 1999, 60) – und damit im Spannungsfeld von *Individuum und Wirtschaft*. Darüber hinaus waren es in beiden Fällen reale gesellschaftliche Entwicklungen, die eine rasche Weiterentwicklung der Disziplinen forcierten: hier die »soziale Frage« des ausgehenden 19. Jahrhunderts, dort die gesellschaftlichen Umwälzungen nach den Studentenprotesten Ende der 1960er Jahre, die Ölkrise zu Beginn der 1970er Jahre und nicht zuletzt die Beobachtung einer wachsenden Schädigung der natürlichen Umwelt durch ein exzessives Konsumverhalten der Menschen vornehmlich in den Industrieländern (Meadows u.a. 1972; vgl. Dahrendorf 1998, 41).

Von diesen Umwälzungen ging auch die Ausbildung neuer sozialer Bewegungen bzw. sozialer Bewegungsorganisationen (»social movement organizations«) aus, die sowohl bezüglich ihres Lebensalters als auch ihrer Schichtzugehörigkeit zunächst sehr heterogen zusammengesetzt waren, die indes in ihrer Kritik an einer »Ökonomie ohne Moral« eine sie einende Gemeinsamkeit fanden (Hengsbach 1991, 72 f.). Die zunehmende gesellschaftliche Beobachtung negativer externer Effekte des Wirtschaftens – oder im Sinne Ulrich Becks: wachsender »Risiken« (Beck 1986, 300) – rief m.a.W. im Laufe der 70er Jahre eine stetig breiter werdende *Öffentlichkeit* auf den Plan, die nach einer stärker an gesellschaftlichen Normen und Wertvorstellungen orientierten wirtschaftlichen Ordnung verlangte und Unternehmen dazu aufrief, Abschied zu nehmen von einer Handlungslogik, die sich alleine an der Befriedigung steigender Konsumbedürfnisse ausrichtete. Parallel zu diesen Strömungen begann sich einerseits im Wissenschaftssystem, andererseits in der Unternehmensführung ein Diskurs über die ethische Verantwortlichkeit der Wirtschaft gegenüber der Gesellschaft zu etablieren.

Diese erste Phase der Entwicklung einer Wirtschafts- und Unternehmensethik – beginnend um das Jahr 1970 – war noch von dem Bemühen geprägt, mit wissenschaftlichen Konzepten auf die Kritik alternativer sozialer Protestbewegungen an einer Marktwirtschaft zu reagieren, die neben dem Wohlstandswachstum auch zunehmend soziale, gesundheitliche und ökologische Folgekosten verursachte. Die damals beginnende Debatte um »business ethics« beschränkte sich indes längere Zeit nur auf den angelsächsischen Raum (Löhr 1996, 48). Erst in einer zweiten Phase erfuhren die Fragen nach der Begründungsbasis des kapitalistischen Wettbewerbssystems eine nachhaltige Verdichtung. Auslöser hierfür waren in erster Linie die Veränderungen in der geopolitischen Lage. So wurden, wie Albert Löhr treffend darlegte, konzeptionelle Schwächen in der Begründung der marktwirtschaftlichen Rahmenordnung als ökonomisch *und* ethisch »richtige« Alternative lange Zeit von empirischen Verweisen auf deren Vorteile gegenüber der sozialistischen Planwirtschaft überdeckt (Löhr 1996, 50). Spätestens aber nach dem Scheitern des planwirtschaftlichen Modells habe sich in den westlichen Industrienationen zu individuellen »Sinnkrisen« einzelner Protagonisten in kapitalistischen Betrieben die »Gefahr einer kollektiven Sinnkrise des gesamten Wettbewerbssystems« eingestellt (Löhr 1996, 50; vgl. Ulrich 1999, 60). Löhr nennt hierfür einerseits *praktische*, andererseits *systematische* Gründe. Praktisch galt es, auf die in der Öffentlichkeit zunehmend wahrgenommenen Skandale und Affären zu reagieren, die dem Wirtschaftssystem zugerechnet wurden; systematisch wurde in den Wissenschaften ein wachsendes Defizit sowohl des Marktes als auch des Rechtssystems bei der Steuerung negativer externer Effekte unternehmerischer Entscheidungen wahrgenommen.

Die zentrale »Sinnfrage« lautet somit, was das marktwirtschaftliche, auf Wettbewerb basierende und auf quantitatives Wachstum abzielende Konzept anderen überlegen macht, wenn Massenwohlstand nur gegen hohe soziale, gesundheitliche und ökologische Kosten erreicht werden kann. Damit ist eine Brücke geschlagen zur Thematik der »nachhaltigen Entwicklung«, die exakt jene wirtschafts- und sozialpolitische Zielsetzung eines quantitativen Wachstums in Frage stellt und die Figur des »qualitativen Wachstums« ins Spiel bringt (Minsch u.a. 1996, 17). Zugleich verweist die Frage inhaltlich auf eine zentrale Problematik, die in der Globalisierungsdiskussion wiederholt aufgebracht wurde: Vor dem Hintergrund des Globalisierungsprozesses nehmen die wirtschaftspolitischen Steuerungsmöglichkeiten der Nationalstaaten dramatisch ab; ökonomische Entscheidungsträger vermögen sich dem rechtlichen Zugriff zu entziehen (Beck 1998b, 18; Jenner 1997).

Bevor wir auf diese Zusammenhänge näher eingehen wollen, bleibt zunächst festzuhalten, dass bereits in der ersten Phase der Entwicklung eines wirtschaftsethischen Paradigmas die Leitidee einer *Harmonisierung* des Verhältnisses zwischen Ökonomie und Moral nicht nur die wissenschaftliche Beschäftigung mit der prinzipiellen Problematik negativer externer Effekte des kapitalistischen Wirtschaftens prägte, sondern auch die Auseinandersetzung in Unternehmen. Die Tatsache, dass sich neben den Wissenschaften auch das Management von Unternehmen frühzeitig der Thematik annahm, sollte sich aus Perspektive der Wirtschaftsethik jedoch alsbald als problematisch erweisen. So hat Friedhelm Hengsbach insbesondere die Unternehmensführung im Blick, wenn er polemisch von einem »Etikettenschwindel« spricht (Hengsbach 1991, 9), der spätestens nach den Enthüllungen über Rüstungsexporte deutscher Firmen in den Irak im Zusammenhang mit dem ersten Golfkrieg im Jahre 1991 sichtbar geworden sei.

Damit steht er in der Tradition jener wirtschaftsethischen Kritik, die Unternehmen vorwirft, die *scheinbare* Berücksichtigung ethischer Normen im Rahmen unternehmerischen Handelns nur zu Zwecken der betrieblichen Effizienzsteigerung zu *missbrauchen* und bestehende Strukturen gleichwohl beizubehalten: »Das normativ-ethische Legitimationsproblem unternehmerischen Handelns wird in ein vorrangig strategisch zu bewältigendes und insofern erfolgsrelevantes gesellschaftliches *Akzeptanzproblem* gewendet. In dieser Gestaltungsperspektive erfolgt die Berücksichtigung öffentlicher Legitimationsansprüche zwar mit einer veränderten Akzentuierung, aber immer noch auf der Basis der gewohnten erfolgsrationalen Vorgehensweise« (Zajitschek 1997, 167).

Der in diesem Zitat in aller Deutlichkeit sichtbar werdende Missbrauchsvorwurf offenbart zweierlei. Zum einen erscheint das bereits angesprochene Spannungsverhältnis zwischen Ökonomie und Moral als *Ergebnis einer Beobachtung* des konkreten Umgangs von Unternehmen mit an sie herangetragenen Forderungen und Ansprüchen nach sozialer Legitimation ihrer Handlungen. Als solches Beobachtungsergebnis wiederum kann es zum anderen ambivalent gedeutet werden. Entweder weist man die Tatsache, dass sich Personen in einem spezifisch ökonomischen Handlungskontext offensichtlich nur »ökonomisch«, d.h. vor allem nutzenmaximierend verhalten ihnen selbst zu und versteht dies als einen *veränderbaren* und *veränderungswürdigen* Zustand. Dem entsprechen die verschiedenen Ansätze eines individual- oder tugendethischen Paradigmas der Wirtschafts- und Unternehmensethik. Alternativ besteht die Möglichkeit, die Handlungsweisen einer Person als Ergebnis einer nicht lösbaren Dilemmasituation zu begreifen und sie somit ihrer individuellen Verantwortung für ihre Handlungen in einem ökonomischen Kontext partiell zu entheben – vorausgesetzt, es existieren gesellschaftlich festgelegte »Spielregeln«, die das individuelle Handeln (die »Spielzüge«) zu regulieren vermögen (vgl. Homann/Blome-Drees 1992, 20 ff.). Dieser Sichtweise wiederum entsprechen Ansätze eines institutionenethischen Paradigmas. Nicht zuletzt aufgrund dieser höchst unterschiedlichen Bewertung der *moralischen Qualität ökonomischen Handelns* erfolgte in dieser ersten Phase des Nachdenkens über die problematischen Konsequenzen des Wirtschaftens mithin nicht die Entwicklung »eines tragfähigen Paradigmas von Wirtschaftsethik unter den Bedingungen der Moderne« (Homann/Pies 1994, 4). Zu stark fallen die Zielsetzungen und Fragestellungen der beiden dominierenden wirtschafts- und unternehmensethischen Paradigmen auseinander, zu konträr erscheint darin die Zuweisung von Verantwortlichkeit an die Adresse der handelnden Subjekte respektive das normative System.

4.1.3 Individualethik versus Institutionenethik und die Dimensionen unternehmerischer Verantwortung

Die Vertreter eines *individualethischen Paradigmas* der Wirtschafts- und Unternehmensethik betrachten einzig das *Individuum* als Adressaten der Moral. Sie anerkennen prinzipiell die Tatsache, dass es durch den Markt zu einer ökonomischen Verhaltensweise gleichsam gezwungen wird, sehen in den *konkreten Handlungsweisen* Einzelner indes einen zugleich *veränderbaren* und *veränderungswürdigen* Zustand. Entsprechend schlagen sie in verschiedenen Konzepten die Schaffung eines Ausgleiches zwischen den unterschiedlichen Handlungsanforderungen beziehungsweise die Institutionalisierung eines *Vorrangs* der moralischen vor der wirtschaftlichen Verantwortung vor (vgl. Zimmerli/Assländer 1996, 314 ff.) und suchen zu klären, welche *Einzelhandlungen* im Rahmen einer modernen Wettbewerbswirtschaft als gerechtfertigt angesehen werden können und welche moralische Pflichten ökonomische Entscheidungsträger zu erfüllen haben. Dabei werden als Träger von Verantwortung neben Individuen auch Korporationen genannt: »Unternehmen beanspruchen im Rahmen der Rechtsordnung und des Wettbewerbs wirtschaftliche, soziale und ökologische Rechte für sich – wirtschaftliche, soziale und ökologische Pflichten sind deren natürliches Korrelat« (Leisinger 1997, 21; vgl. auch Werhane 1992). Es wird m.a.W. auf eine gesellschaftlich-normative »Bringschuld« der Unternehmen verwiesen, die sich einem ethischen Diskurs nicht durch den Verweis auf Marktzwänge und damit Handlungsbeschränkungen entziehen dürften.

Individualethische Ansätze bestreiten mithin den konzeptionellen Grundgedanken der neoklassischen Wettbewerbstheorie, laut dem

Handelnde von Strukturen bis zur Handlungsunfähigkeit eingeschränkt seien (vgl. Löhr 1996, 60) und postulieren – u.a. unter Verweis auf Anthony Giddens` Kritik strukturtheoretischer Ansätze (Giddens 1992) – dass das Verhältnis von Struktur und Handelnden ein dynamischer Prozess der wechselseitigen Beeinflussung sei, in dem der Einzelne über grosse Freiheitsgrade verfüge. So einleuchtend dies zunächst erscheinen mag, weisen individualethische Konzeptionen einige theoretische Schwachpunkte auf. Ein erster ergibt sich aus einem weitgehend ungeklärten Verhältnis der unterschiedlichen *Typen von Verantwortung*, denen sich Unternehmen zu stellen haben.

So bringt der Sozialethiker Hans Ruh die unterschiedlichen Formen von Verantwortung im Wirtschaftssystem in eine systematisch-hierarchische Reihung, wobei er die *Erbringung wirtschaftlicher Leistungen* zur Deckung fundamentaler menschlicher Bedürfnisse wie beispielsweise das Sicherheitsbedürfnis ausdrücklich als erste und damit wichtigste Ebene der Verantwortung von Wirtschaftsunternehmen gegenüber der Gesellschaft benennt (Ruh 1998, 192; vgl. Leisinger 2004, 77 f.). Nachgeordnete Ebenen der Unternehmensverantwortung sind danach diejenige gegenüber allen am Prozess der Deckung des Bedarfs an Gütern und Dienstleistungen Beteiligten (Stakeholders), den Ressourcen, die ein Unternehmen nicht selbst hervorgebracht hat (insbesondere alle natürlichen Ressourcen) und schliesslich die Verantwortung, die ein Unternehmen zu tragen hat, weil es prinzipiell Mensch, Umwelt und Gesellschaft negativ beeinflussen kann (Ruh 1998, 192 f.). Damit entscheidet Ruh einerseits die Frage positiv, ob Korporationen neben Individuen prinzipiell als Träger von Verantwortung gelten können (vgl. Werhane 1992). Andererseits verzichtet er bewusst darauf, der moralischen Verantwortung einen Vorrang vor der wirtschaftlichen einzuräumen.

Dieser Hierarchie unternehmerischer Verantwortung entspricht weitgehend eine Darstellung, die Susanne Zajitschek in ihrer Untersuchung zu »Corporate Ethics Relations« (Zajitschek 1997) in Anlehnung an Carroll (1993, 35 f.) vorführt – und heftig kritisiert. Danach erfahren Wirtschaftsunternehmen respektive in ihnen verantwortlich tätige ökonomische Akteure einzig ihre wirtschaftliche Verantwortung – d.h. die Erzielung von Profiten durch den Verkauf von nachgefragten Gütern und Dienstleistungen – sowie ihre Einhaltung gesetzlicher Bestimmungen als »unbedingt gefordert« beziehungsweise »gefordert«; hingegen soll eine »ethische« sowie eine »philantrophische« Verantwortung »erst nach erfolgreicher Ansammlung [...] möglichst grosser finanzieller Überschüsse greifen« (Zajitschek 1997, 123). Die Autorin greift diese Sichtweise vehement als ein systematisches Ausblenden ethisch-politischer Dimensionen im Unternehmensführungsprozess an. Dabei lässt sie jedoch ausser Acht, dass Widersprüche, die bei dem Versuch zutage treten, den unterschiedlichen Typen von Verantwortung *gleichzeitig* und *gleichrangig* gerecht zu werden, nicht aufgelöst werden können.

In diesem Kontext wird eine zweite Schwäche individualethischer Konzeptionen sichtbar. Letzten Endes wird nämlich an der Faktizität des Spannungsverhältnisses zwischen Ökonomie und Moral festgehalten und *gleichzeitig* deren Überwindbarkeit postuliert. Dies wiederum bedeutet eine Erweiterung des Verständnis von Ethik als Reflexionsinstanz der wirtschaftlichen Realität um die Idee ihrer Funktion eines *normativen Korrektivs* des ökonomischen Prinzips der Gewinnmaximierung (Steinmann/Löhr 1992; Zimmerli/Assländer 1996). In seiner Konsequenz führt dies zur problematischen Tendenz der Reduktion von Ethik auf eine reine *Gegenperspektive* zur ökonomischen Sachlogik. Sie verschliesst sich damit ihren Zugang zum unternehmerischen Handeln, weil es ihr nicht gelingt, ihre Bedeutsamkeit in ökonomischen Kategorien auszudrücken. Hinzu kommt, dass in zahlreichen wirtschaftsethischen Entwürfen und Texten handlungsorientierende Vorgaben, welche konkreten Einzelhandlungen im Felde der Ökonomie nun als ethisch begründet anzusehen sind und welche nicht, häufig diffus bleiben und wenig dazu geeignet erscheinen, wirtschaftlichen Entscheidungsträgern eine wirkliche Orientierung zu bieten (imug 1997, 108). So erscheinen viele wirtschaftsethische »Postulate« (vgl. z.B. Zajitschek 1997, 307 ff.) zwar einerseits durchaus schlüssig, zielen indes weit an der Realität vorbei, zumal ein individualethischer Ansatz nicht umhin kommt, bei der Implementierung moralischer Normen im Wirtschaftssystem auf die Kraft selbstverpflichtender Akte ökonomischer Funktionsträger zu setzen, die sich ihrerseits im Dilemma der Marktwirtschaft befinden.

Aus Sicht der Vertreter des *institutionenethischen Paradigmas* in der Wirtschaftsethik kann ein verantwortungsethischer Ansatz, der abstrakte normative Handlungsmaximen formuliert und hinsichtlich deren Umsetzung einzig auf die Kraft der Selbstverpflichtung ökonomischer Funktionsträger abhebt, vor dem Hintergrund der realen sozio-ökonomischen Entwicklungen nur dann greifen, wenn er Chancen und Wege einer *konkreten Umsetzung* der Maximen aufzeigt (Homann/Pies 1994; Homann/Blome-Drees 1992, 170; Kaufmann 1989,

217). Dementsprechend betonen sie, dass Forderungen an die Adressen einzelner Personen, sie sollten sich bei ihren Handlungen an ethischen Prämissen orientieren, vor dem Hintergrund der radikalen Unvereinbarkeit von ökonomischer Rationalität und der Implementierung eines Moralnormsystems in der Wirtschaft so lange ad absurdum geführt würden, wie sie nicht in Form *juristisch sanktionierter Normen* für *alle* wirtschaftlich Handelnden Geltung hätten und ordnungspolitisch durchgesetzt würden. Sie plädieren m.a.W. für ein ordnungspolitisches Konzept der Marktwirtschaft, in dem die *Rahmenordnung* als der systematische Ort der Moral ausgewiesen wird (Homann/Blome-Drees 1992, 35). Für diese Position werden mehrere Gründe aufgeführt, die auch für unsere Analyse und Begründung der Verantwortung von Unternehmen von Bedeutung sind.

Institutionenethische Konzeptionen heben strikt auf den Umstand ab, dass eine Moralphilosophie nur solange *Gültigkeit* haben kann, wie die *Geltung* moralischer Normen institutionell garantiert werden kann. Insbesondere in einer Welt, die durch Globalisierung gekennzeichnet sei, so Homann und Blome-Drees, könne es einer einzelnen Person respektive einem Unternehmen nicht zugemutet werden, sich an einem Moralnormsystem zu orientieren, das andere Akteure zu unterlaufen verstünden (Homann/Blome-Drees 1992, 41 f.).

Letzten Endes führten moralische Appelle, wenn sie im Einzelfalle auch fruchteten, nur zu einer (ökonomischen) Selbstschädigung des Akteurs, was wiederum mit der Figur des »Trittbrettfahrers« begründet werden kann: Ein Akteur nutzt parasitär seine Vorteile gegenüber seinem alter ego aus, indem er dessen Kontributionen an ein soziales System, das nur durch dieselben aufrecht erhalten wird, bewusst unterläuft, um einen Vorteilsgewinn zu erzielen. Darüber hinaus – und dies ist u.E. ein ausschlaggebender Punkt – vermögen Einzelforderungen im Gegensatz zu normativen Vorgaben einer Rechtsordnung nicht die in einem ökonomischen Kontext so bedeutsame *Erwartungssicherheit* zu gewährleisten. In seiner Konsequenz bedeutet dies, dass sich die Spannung zwischen der am radikalsten von Milton Friedman formulierten Handlungsrationalität einer Wirtschaft, deren einziges Ziel die Steigerung des Profits sei (Friedman 1970, 26), und der Einschränkung ökonomischer Aktivitäten durch ein Moralnormsystem nicht auflösen lässt, solange man versucht, moralische Normen *gegen* die Wirtschaft geltend zu machen.

Entsprechend definiert die Institutionenethik die Aufgaben einer zeitgemässen Wirtschaftsethik wie folgt: »Wirtschaftsethik als eine ökonomische Theorie der Moral analysiert im Rahmen eines ausschliesslich positiven Paradigmas, wie sich Menschen angesichts eines bestimmten institutionellen Arrangements tatsächlich verhalten – nicht: sich verhalten sollen. Die Frage, welches Verhalten wünschenswert wäre, wird nicht positiv, sondern normativ beantwortet« (Homann/Pies 1994, 10). Ziel müsse es sein, auf Basis einer systematischen Integration dieser beiden Paradigmen herauszufinden, wie erwünschte Handlungen durch Reformen der Institutionen herbeigeführt werden können beziehungsweise »*die Institutionen so zu gestalten, dass Moral möglich wird*« (Homann/Blome-Drees 1992, 40/41). Auch das institutionenethische Paradigma innerhalb der Wirtschafts- und Unternehmensethik bemüht sich mithin um die Entwicklung eines theoretischen Ansatzes, der zu einer stärkeren Berücksichtigung moralischer Anliegen im Wirtschaftssystem moderner Gesellschaften beitragen kann, verlagert aber seinen Blick von Einzelhandlungen (»Spielzügen«) auf die Funktionen des sie regelnden Systems (»Spielregeln«).

Um klären zu können, inwieweit dies gelingen kann bzw. – soziologisch gefragt – wie und durch welche gesellschaftlichen Gruppierungen dies versucht wird, und um gleichzeitig einen Brückenschlag zwischen dem wirtschaftsethischen Diskurs und der soziologischen Wirklichkeitsanalyse bewerkstelligen zu können, erscheint es zweckmässig, im Folgenden eine Rekapitulation wichtiger Erkenntnisse aus soziologischen Theorien des gesellschaftlichen Wandels zu leisten. Denn letzten Endes resultiert die Diagnose einer Unvereinbarkeit von Wirtschaft und Moral, wie sie in der Wirtschafts- und Unternehmensethik vorgetragen wird, aus der Beobachtung einer *Pluralisierung gesellschaftlicher Wert- und Normvorstellungen* im Verlaufe gesellschaftlicher Entwicklungen hin zur modernen Gesellschaft.

So verweisen auch Homann und Blome-Drees zur Begründung ihrer Thesen auf die Herausbildung eines autonomen Subsystems Wirtschaft im Prozess der sozialen Differenzierung und rekurrieren dabei explizit auf Theorieansätze, die in der Soziologie entwickelt wurden und in der Beobachtung einer Ausdifferenzierung der modernen Gesellschaft in relativ autonome, funktional spezialisierte Teilsysteme münden, die eine spezifische Eigenrationalität ausbilden und so einen Wertepluralismus befördern (vgl. Homann/Blome-Drees 1992, 11). Will man den Konflikt zwischen Moral und ökonomischer Handlungslogik verstehen, kommt man dementsprechend nicht umhin, diese Idee der Ausdifferenzierung unterschiedlicher »Wertsphären«

(Max Weber) respektive »Teilsysteme« (Niklas Luhmann) zu rekapitulieren und sich die Konsequenzen zu vergegenwärtigen, die sich daraus für das Verhältnis zwischen Ethik und Wirtschaft ergeben.

4.2 Konsequenzen sozialer Differenzierungsprozesse für die Integration von Werten und Normen

Dass Moral und Rentabilität überhaupt in Konflikt geraten müssen, wie es Karl Homann und Franz Blome-Drees geschildert haben, ist eine Beobachtung, die nur vor dem Hintergrund der Herausbildung einer modernen Gesellschaft Sinn machen *kann*. Denn erst dieser Gesellschaftstypus, den Ulrich Beck mit dem Begriff der »Risikogesellschaft« bezeichnet, unterscheidet sich von seinen Vorläufern durch die »Unmöglichkeit *externer* Zurechenbarkeit von Gefahrenlagen« (Beck 1986, 300) und ist folglich unvermittelt mit den Konsequenzen dessen konfrontiert, was er selbst hervorgebracht hat. Wie wir im Kontext unserer Reflexion des Globalisierungsprozesses bereits festgestellt haben, handelt es sich dabei paradoxerweise um einen Zustand, der dem in die Industriegesellschaft hineingeborenen und in ihr aufgewachsenen Menschen als durchaus erstrebenswert galt, weil ihnen die Schattenseiten (noch) nicht bewusst waren respektive bewusst sein konnten. Dies zeigt sich exemplarisch in den Errungenschaften des technisch-zivilisatorischen Fortschritts, angefangen von der maschinengestützten Industrieproduktion, die menschliche Arbeitskraft ersetzt, über die Entwicklung des Automobils, die Mobilität sowohl ermöglicht als auch erforderlich macht, bis hin zu den Fortschritten der Humangenetik und Biotechnologie, die den Menschen zum »Objekt seiner eigenen Baukunst« (Jonas 1987, 164) werden lässt. All diese Innovationen beinhalten sowohl den Aspekt des erstrebenswerten als auch den des verhängnisvollen, weil mit Risiken und Folgekosten behafteten Fortschritts.

Das Hervorbringen technisch-zivilisatorischer Innovationen gebiert m.a.W. Sachzwänge, denen sich der Mensch in einer modernen Gesellschaft stellen muss. Das Wirtschaftssystem als Produzent der Innovationen wiederum sieht sich mit einer doppelten Problemstellung konfrontiert: Einerseits leistet es die Befriedigung von Bedürfnissen – wobei dieselben über das Teilsystem Werbung zumindest partiell co-initiiert werden (vgl. Schmidt 1995, 30; Schmidt/Spiess 1997), folgt damit seinem systemimmanenten »Sachzwang« der Erzielung von Gewinnen im Leistungswettbewerb (Zimmerli/Assländer 1996, 297) und steht mithin im Dilemma der kapitalistischen Marktwirtschaft. Andererseits sieht es sich gerade dadurch Angriffen seitens jener Teile der Gesellschaft ausgesetzt, die auf die Risiken der Innovation verweisen und die Verantwortung für die Schaffung der

Lebensbedingungen (alleine) dem Wirtschaftssystem zurechnen. Wir hatten dies bereits im Kontext unserer kritischen Reflexion der »Konsequenzen« der Globalisierung ausführlich erörtert.

Wie aber kam es zur Herausbildung jener modernen Gesellschaft, der es offensichtlich nicht mehr gelingt, die unterschiedlichen gesellschaftlichen Teilbereiche oder -systeme unter dem Dach eines einheitlichen Systems moralischer Normen und Werte zu integrieren, wie zur Ausbildung eines Wirtschaftssystems, dessen Handlungen sich an einer eigenen ökonomischen Funktionslogik orientieren? Um diese Fragen klären zu können, bedarf es einer Analyse jenes gesellschaftlichen Differenzierungsprozesses, der zu einer Ablösung der alteuropäischen durch die moderne Gesellschaft führte und zwar aus einer Perspektive, die seit Emile Durkheims Studie »De la division du travail social« (Durkheim [1893] 1992) als die anschlussfähigste gilt, will man das Phänomen des sozialen Wandels adäquat erfassen: dem differenzierungstheoretischen Paradigma.

4.2.1 Die Entwicklung der modernen Gesellschaft aus differenzierungstheoretischer Perspektive

Die Soziologie, die sich gemäss Jürgen Habermas im 19. Jahrhundert als »Disziplin für die Entstehung und Entwicklung der modernen Gesellschaft« (Habermas 1988a, 210) herauszubilden begann, nahm den sozialen Wandel der alteuropäischen zur modernen Gesellschaft bereits früh als eine *Ausdifferenzierung gesellschaftlicher Funktionen* wahr. Diese wurden am eindrücklichsten in einer fortschreitenden Ausbildung von *Berufsrollen* sichtbar, die ein immer kleineres berufliches Tätigkeitsspektrum umfassten. Zwar liess sich diese Spezialisierung der Berufsrollen bereits in den urbanen Zentren des Mittelalters insbesondere im Bereich des Handwerks ausmachen; jedoch wiesen die Handwerksberufe in der vorindustriellen Zeit noch ein hohes Mass an Komplexität auf.

Mit dem Vordringen der von neuen technologischen Errungenschaften getragenen industriellen Revolution veränderten sich diese Vorzeichen im ausgehenden 18. Jahrhundert dramatisch: Komplexe handwerkliche Arbeitsgänge, die aus Rohstoffen bzw. Einzelteilen ein komplexes Endprodukt entstehen liessen, wurden in einzelne, in einer Prozesslogik untrennbar miteinander verbundene *Arbeitsschritte* zerlegt und diese wiederum verschiedenen Arbeitskräften zugeteilt. Entsprechend waren die Tätigkeiten der Arbeiterinnen und Arbeiter in Manufakturen und Fabriken im Vergleich zu jenen der mittelalterlichen Handwerker von Beginn an durch ein hohes Mass an *Routine* gekennzeichnet. Diese Beobachtung gab bereits Adam Smith zu kritischen Äusserungen Anlass, obschon er die Arbeitsteilung, die er anhand des Beispiels der industriellen Fertigung von Nadeln so trefflich beschrieben hatte, im Prinzip als einen Segen empfand, da sie zu einer Steigerung des Pro-Kopf-Einkommens und einer prosperierenden Weltwirtschaft führe (vgl. Smith [1776] 1978, 9).

Wenngleich Adam Smith gerne als Theoretiker des Wirtschaftsliberalismus zitiert und als ein Verfechter freier und politisch nicht behinderter Handelsbeziehungen beschrieben wird, darf nicht übersehen werden, dass er im Gegensatz zu den Physiokraten und Merkantilisten seiner Zeit weder die Natur noch den Handel, sondern vielmehr die *menschliche Arbeit* als Quelle allen Reichtums und den nationalen Wohlstand als Produkt des Fleisses und der Geschicklichkeit der Arbeiter betrachtete. Dass deren Situation indes eher beklagenswert sei, führte er einerseits auf den Umstand zurück, dass sie das Produkt ihrer Arbeit mit der Klasse der Grundherren (landlords) und der Kapitaleigner (capitalists) teilen müssten, die ernteten, wo sie nicht gesät hätten, andererseits auf die Art ihrer Tätigkeit selbst, wofür er deutliche Worte fand: »Jemand, der tagtäglich nur wenige einfache Handgriffe ausführt, die zudem immer das gleiche oder ein ähnliches Ergebnis haben, hat keinerlei Gelegenheit, seinen Verstand zu üben. [...] So ist es ganz natürlich, dass er verlernt, seinen Verstand zu gebrauchen, und so stumpfsinnig und einfältig wird, wie ein menschliches Wesen nur eben werden kann« (Smith [1776] 1978, 662).

Die fortschreitende *Ausdifferenzierung eines Arbeitsganges* in einzelne Arbeitsschritte geriet m.a.W. bereits früh zu einem Sinnbild für das Heraufkommen der modernen Gesellschaft und wurde – wie leider häufig übersehen – bereits von Adam Smith in seiner Untersuchung über den »Wohlstand der Nationen« (Smith [1776] 1978) sowie seiner Theorie der ethischen Gefühle (Smith [1759] 1977) *sowohl* hinsichtlich ihrer (ökonomisch) positiven *als auch* ihrer (sozial) negativen Konsequenzen erkannt.

Bei Smiths Diagnosen noch einen Moment zu verweilen, erscheint indes nicht nur lohnenswert, um diesem in der wissenschaftlichen Literatur wiederholt kolportierten Missverständnis zu begegnen (vgl. hierzu auch Leisinger 1997). Es trägt zugleich zu einem besseren Verständnis dessen bei, was es mit dem angesprochenen Konflikt zwischen Moral und ökonomischer Handlungslogik auf sich hat, die sich aus der Verfolgung des Prinzips Eigennutz ergibt. Dieser Konflikt nämlich existiert in Smiths Überlegungen nicht. Im Gegenteil begreift er die Funktion eigeninteressierten Handelns als höchst nützlich für die Überwindung eines Systems der Wirtschaftssteuerung über unberechenbare, weil nicht selten von persönlichen Sympathien und Antipathien geleitete Mechanismen, denn, so Smith in einem berühmten Zitat: »Nicht vom Wohlwollen des Metzgers, Brauers und Bäckers erwarten wir das, was wir zum Essen brauchen, sondern davon, dass sie ihre eigenen Interessen wahrnehmen. Wir wenden uns nicht an ihre Menschen- sondern an ihre Eigenliebe, und wir erwähnen nicht die eigenen Bedürfnisse, sondern sprechen von ihrem Vorteil« (Smith [1776] 1978, 17). Um es anders gewendet und in moderner Terminologie auszudrücken: Die »unfaire«, weil vom persönlichen Status einer jeden Person abhängige Organisation ökonomischen Handelns muss in den Augen Smiths von einem freien Wechselspiel der Kräfte abgelöst werden.

Mit seinen Ausführungen steht er in der Tradition liberalistischer Strömungen im England des 17. Jahrhunderts, die sich gegen die dominierenden merkantilistischen Gesellschaftsauffassungen wandten. Dem frühen Wirtschaftsliberalismus waren insbesondere die für den Merkantilismus typischen Eingriffe des Staates in den Wirtschaftsverkehr ein Dorn im Auge. Zwar hatten die vom Merkantilismus geprägten Staaten nach und nach die mittelalterlichen Zunftordnungen abgebaut, jedoch nicht etwa aus liberalistischen Erwägungen, sondern vielmehr aus der Beobachtung heraus, dass die Zunftwirtschaft den Massenbedarf des Staates für Hof und Armee nicht mehr decken konnte. Insofern war ihnen daran gelegen, Hausindustrie und Manufaktur über die Vergabe staatlicher Lizenzen und die Einrichtung von Schutzzöllen gezielt zu fördern. Entsprechend bestand die hauptsächliche Zielsetzung des frühen Wirtschaftsliberalismus in einer Abschaffung dieser künstlich geschaffenen Beschränkungen respektive Regulierungen des ökonomischen Handelns.

Man muss sich diese Ausgangslage bewusst machen, will man zu einer angemessenen Bewertung des Smith`schen Werkes gelangen, die seinen Implikationen gerecht wird. Keinesfalls ging es Smith darum, den Eigennutz als *einziges* Motiv menschlichen Handelns zu proklamieren. Gleichwohl zog seine Betonung der positiven Aspekte des modernen Kapitalismus alsbald Widerspruch auf sich, der seinen

Höhepunkt schliesslich in der Fundamentalkritik des kapitalistischen Wirtschaftssystems durch Karl Marx fand (Marx [1867] 1957).[42]

Auch Emile Durkheim stellte sich dieser Frage in seiner Studie »De la division du travail social«, die erstmals 1893 erschien und in der er die Grundidee der innerorganisatorischen Arbeitsteilung übernahm und zur Idee der *soziale Arbeitsteilung* ausweitete (Durkheim [1893] 1992). Seine originäre Leistung bestand darin, einerseits als erster Soziologe den Unterschied zwischen vormodernen und modernen Gesellschaften auf ihr unterschiedliches Differenzierungsprinzip zu gründen und andererseits die Idee der *Rollendifferenzierung* weiterzuentwickeln. Dabei rekurrierte er indes nicht nur auf Adam Smith, sondern explizit auch auf George Herbert Spencer, der in seinem »law of organic progress« sein evolutionistisches Welt- und Menschenbild paradigmatisch niedergelegt und zugleich auf die gesellschaftliche Entwicklung angewandt hatte: »Wheter it be in the development of the Earth, in the development of Life upon its surface, in the development of Society, of Government, of Manufactures, of Commerce, of Language, Literature, Science, Arts, this same evolution of the simple into the complex, through successive differentiations, holds throughout. From the earliest traceable cosmical changes down to the latest results of civilisation, we shall find that the transformation of the homogenous into the heterogenous, is that in which Progress essentially consists« (Spencer 1857: 40). Spencer unterschied dabei zwischen einer älteren, »militant-hierarchischen« und einer modernen, »industriellen« Gesellschaftsform, wobei er erstere durch eine Dominanz des Staates, letztere durch ein freies Spiel der gesellschaftlichen Kräfte charakterisiert sah. Damit trifft er zugleich eine wertende Aussage, gilt ihm die Industriegesellschaft doch als fortschrittlichere Gesellschaftsform.

Emile Durkheim folgt weder dieser Wertung, noch übernimmt er den Differenzierungsbegriff in der Spencer'schen Lesart – wenngleich dieser seinen Intentionen besser entgegengekommen wäre, wie Hartmann Tyrell festgestellt hat (Tyrell 1985, 184). Ein wesentlicher Grund

---

[42] Wenngleich wir auf diese hier nicht näher eingehen können und wollen, bleibt festzustellen, dass Marx` Erörterungen eine Diskussion anstiessen, die in der Frage mündete, inwieweit die sozialen Differenzierungsprozesse im Übergang von vormodernen zu modernen Gesellschaften zu einer Situation führten, in welcher eine prinzipielle Unvereinbarkeit der im Wirtschaftssystem handlungskoordinierenden ökonomischen Rationalität und moralischer Ansprüche besteht.

hierfür liegt in seiner Reserviertheit gegenüber einer unkritischen Übertragung der aus den Naturwissenschaften stammenden Idee der Differenzierung auf gesellschaftliche Verhältnisse – zumal dem Terminus die Vorstellung von Spaltung und Dissoziation innewohnt, die dem Durkheim`schen Ansinnen, ein moralisches Prinzip der positiven Sozialität zu benennen, das Menschen solidarisiert, diametral entgegensteht (Tyrell 1985, 189). So greift er zurück auf jenen von Smith geprägten Begriff der Arbeitsteilung, der wie kein zweiter die Vorstellung eines wechselseitig aufeinander Angewiesenseins der Menschen transportiert. Wenngleich er den Differenzierungsbegriff in »De la division du travail social« mithin konsequent vermeidet, wohnt dieser seinen Ausführungen gleichwohl inne[43] – zumal Durkheim historisch frühere von späteren Gesellschaften konsequent durch deren unterschiedliches Differenzierungsprinzip unterscheidet: »einfache«, d.h. vor allem archaische Gesellschaften beschreibt er als segmentär differenziert; sie bestünden mithin aus relativ gleichartigen und ersetzbaren Teilen. »Höhere« Gesellschaften wiederum liessen sich durch das Prinzip der funktionalen Differenzierung kennzeichnen.

Die gewandelte Differenzierungsform zeigt sich ihm zufolge insbesondere in der Zunahme der *sozialen Arbeitsteilung* im Sinne einer Ausdifferenzierung unterschiedlicher sozialer Rollen, bei der jedes Teil auf die anderen Teile angewiesen sei. Dass er zur Versinnbildlichung dieses Zusammenhanges ausgerechnet eine organizistische Analogie wählte, verweist noch einmal darauf, dass die Analysen Spencers seinem Konzept keineswegs so fern stehen, wie er dies gewünscht haben mag. Denn, so argumentiert Durkheim, ebenso wenig, wie ein höheres Lebewesens auf eines seiner spezialisierten Organe verzichten könne, vermöge die moderne Gesellschaft als die am höchsten entwickelte jener »höheren« Gesellschaftsformen den Verlust einer ihrer spezialisierten Teilbereiche zu verkraften (Durkheim [1893] 1992, 237). Die grösseren Freiheitsgrade, die das Individuum in einer funktional ausdifferenzierten Gesellschaft geniesst, stimmten Durkheim im Gegensatz zu Adam Smith allerdings skeptisch.[44] Dies mag nicht weiter verwundern, argumentierte Smith doch ausschliesslich

---

[43] Vgl. zur Bedeutung Emile Durkheims bei der Entwicklung der Theorie funktionaler Differenzierung Brock/Junge 1995, 167 ff.
[44] Durkheims Bedenken werden am deutlichsten in seiner Untersuchung über den Selbstmord sichtbar (Durkheim [1897] 1995), in welcher er die desintegrierenden, zur *Anomie* führenden Tendenzen der Individualisierung aufzeigt.

mit Blick auf einen ökonomischen Handlungskontext und auf Basis seines fundamentalen Misstrauens gegenüber die im Merkantilismus gängigen Eingriffe des Staates in den Wirtschaftsverkehr. Freiheit bedeutete ihm mithin vor allem die Ablösung der intentionalistischen Handlungskoordination mittels der Etablierung eines Marktes als Steuerungsmechanismus, womit ein *moralphilosophischer Anspruch* verbunden war. Durkheim hingegen thematisierte in erster Linie gesellschaftliche Integrationsprobleme, die sich in seinen Augen aus dem Auseinanderfallen von Teilfunktionen einer sozialen Arbeitsteilung ergaben (vgl. Tyrell 1985, 203), bearbeitete mithin eine Thematik, die in der Soziologie seiner Zeit zu den wichtigsten zählte. Vor allem, weil aus der von ihm beschriebenen voranschreitenden Rollendifferenzierung im Übergang von der vormodernen zur modernen Gesellschaft nicht nur eine Pluralisierung der Interessen, sondern auch eine *Pluralisierung von Wert- und Normvorstellungen* resultierte.

Die aus der Pluralisierung resultierenden Integrationsprobleme des Individuums in die Gesellschaft hatte ich bereits an anderer Stelle behandelt (vgl. Daub 1996, 9 ff.). Für unser aktuelles Vorhaben bedeutsam ist ohnehin weniger die Frage, wie eine gesellschaftliche Ordnung vor dem Hintergrund steigender Differenzierung möglich ist und wie Individuen in eine Gesellschaft integriert werden können.[45] Uns interessiert in Hinblick auf die von Smith und Durkheim beschriebene voranschreitende Rollendifferenzierung und den dadurch beförderten Wertepluralismus vielmehr eine Konsequenz, die nicht auf das Individuum, sondern auf die *Gesellschaft* verweist und von Max Weber im Bild des aufkommenden Nebeneinanders unterschiedlicher gesellschaftlicher »Wertsphären« eingefangen wurde (Weber [1921] 1956). Damit gemeint ist die Ausdifferenzierung eigenständiger gesellschaftlicher Teilbereiche, die – im Sinne der »sozialen Arbeitsteilung« – spezifische soziale Funktionen übernehmen. Weber, der die Modernisierung der alteuropäischen Gesellschaft und die Entwicklung der okzidentalen Kultur als einen Prozess zunehmender Rationalisierung beschreibt (vgl. Weber [1920] 1988), sieht den politischen Bereich danach durch das Streben nach Macht gekennzeichnet, den wissenschaftlichen durch das Streben nach Wahrheit, den wirtschaftli-

---

[45] Es soll allerdings darauf hingewiesen werden, dass es sich hier um eine Problemstellung handelt, die einen wesentlichen Beitrag zur Konstitution der Soziologie als eine wissenschaftliche Disziplin leistete (vgl. Luhmann 1993b, 195 ff.)

chen durch das Streben nach Gewinn usw. Jeder dieser gesellschaftlichen Teilbereich weist in den Augen Webers mithin Eigengesetzlichkeiten bzw. – um in seiner Terminologie zu sprechen – einen spezifischen *Rationalismus* auf, der ihn von den anderen unterscheidet. Diese Entwicklung habe dazu geführt, dass die moderne Gesellschaft eines einheitlichen, symbolisch intergrierenden Gesamtsinnes entbehre, wie ihn einstmals die Religion bereitgestellt habe, ja, die Religion sei im Verlaufe des universalgeschichtlichen Rationalisierungsprozesses insbesondere infolge des Vordringens der neuzeitlichen Wissenschaften geradezu aus der Welt verbannt worden: »Wo immer [...] rational empirisches Erkennen die Entzauberung der Welt und deren Verwandlung in einen kausalen Mechanismus konsequent vollzogen hat, tritt die Spannung gegen die Ansprüche des ethischen Postulats: dass die Welt ein gottgeordneter, also ethisch irgendwie sinnvoll orientierter Kosmos sei, endgültig hervor. [...] Mit der Zunahme des Rationalismus der empirischen Wissenschaft wird die Religion zunehmend aus dem Reich des Rationalen ins Irrationale verdrängt und nun erst: die irrationale und antirationale überpersönliche Macht schlechthin« (Weber [1920] 1988, 564).

Weber sieht in der *Profitmaximierung* das einzige und letzte Ziel des Wirtschaftens[46]: In einem kapitalistischen Wirtschaftssystem, in dem das Geld nicht mehr alleine zu einer Erhöhung der Freiheitsgrade in geographischer, temporaler und sachlicher Hinsicht beitrage, sondern zum Selbstzweck gerate, werde das Handeln nicht mehr bestimmt durch eine Optimierung der Güter und Dienstleistungen zur Befriedigung von Bedürfnissen, sondern ausschliesslich durch die Optimierung der Gewinne. In der Konsequenz der Ausbildung einer spezifischen Eigenlogik jedes gesellschaftlichen Teilsystems steht also mit Blick auf die Wirtschaft die Entwicklung eines Leitmodus des Handelns, der in der aktuellen wirtschaftsethischen Diskussion metaphorisch als »Spielregeln des Leistungswettbewerbs« bezeichnet wird (Zimmerli/Assländer 1996, 297).

Schon die Soziologie des beginnenden 20. Jahrhunderts erkannte m.a.W., dass die Ausdifferenzierung unterschiedlicher Sphären zur

---

[46] Damit schliesst er an die Analysen Karl Marx` in seinen Untersuchungen der kapitalistischen Ökonomie respektive des »Kapitals« (Marx [1867] 1957) und Georg Simmels in seiner wegweisenden Analyse der Herkunft und Funktion des »Geldes« (Simmel [1900]) 1989) an.

Spaltung der Gesellschaft führen musste. Trotz einer grossen Skepsis gegenüber der sozialintegrierenden Kraft der modernen Gesellschaft, die in den klassischen Texten deutlich wird, überwog allerdings die Hoffnung entweder auf *solidarische Prinzipien* oder aber die *integrationsstiftende Macht von Institutionen* – gleichsam als funktionale Äquivalente des vormodernen Wertekonsenses. So glaubte beispielsweise Emile Durkheim mit der »organischen Solidarität« ein Prinzip gefunden zu haben, das jenes von den Sozialtheoretikern des 19. Jahrhunderts beschriebene »vinculum sociale« garantieren könne. Durkheim schliesst damit dezidiert an eine optimistische Denktradition an, für welche »der Begriff der Arbeitsteilung – der Teilungskomponente in ihm zu Trotz – seit seinen Anfängen bei Adam Smith assoziiert war nicht mit Trennung und Dissoziation, sondern im Gegenteil mit Vorstellungen der Verbindung der Menschen, ja der Stiftung von Sozialität schlechthin« (Tyrell 1985, 189). Schliesslich, so argumentiert Durkheim, hätten gesellschaftliche Akteure in der Moderne, gerade *weil* sie gegenseitig aufeinander angewiesen seien, auch ein egoistisches Interesse am Überleben respektive Wohlergehen der anderen. Er belässt es jedoch nicht alleine bei diesem Argument, das im Übrigen eine grosse Nähe zu den Analysen Smiths aufweist, sondern macht explizit auch auf die prominente Rolle des Staates auf der einen, intermediären Gruppen auf der anderen Seite als Instanzen sozialer Integration aufmerksam (Durkheim [1893] 1992, 276-283). Für Max Weber hingegen können sich sozialintegrierende Funktionen in der Moderne nicht aus solidarischen Prinzipien, sondern *einzig* durch formale Organisationen ergeben. Dabei fungiert insbesondere die »bürokratische Herrschaft« als integrierende Kraft, die Spannungen zwischen den einzelnen Wertsphären auszugleichen und damit das Auseinanderfallen der Gesellschaft zu verhindern vermag. Diese wiederum muss gegründet sein auf rechtsstaatliche Strukturen, die gemäss Max Weber zur *Erwartungssicherheit* für alle Beteiligten führt (Weber [1921] 1956, 562 ff.).[47]

Bereits in den Texten der klassischen Soziologie wird mithin eine grosse Skepsis gegenüber jenen sozialen Kräften erkennbar, die zwar

---

[47] Dieses von Weber betonte Moment der hohen Bedeutung einer rechtsstaatlichen Ordnung finden wir im Globalisierungsdiskurs in der Kritik wieder, dass die ökonomische Globalisierung in einem »*ordnungspolitischen Vakuum*« (Kneschaurek 1999, 14) stattfinde und sich so der Kontrolle durch die politischen Institutionen entziehe.

eine vormoderne, jedoch nicht mehr eine moderne Gesellschaft zu integrieren vermögen. Gleichzeitig aber erkennen wir in den angestrengten Bemühungen, aus der sozio-historischen Evolution *neuartige Prinzipien* respektive Kräfte abzuleiten, welche einen Zusammenhalt der Gesellschaft bewerkstelligen. Erst bei Niklas Luhmann findet die Idee der Aufspaltung der modernen Gesellschaft in funktional spezialisierte gesellschaftliche Teilsysteme mit einer je eigenen, selbstreferenziellen Logik des Handelns und Erlebens ihre Vollendung.

4.2.2 Die Eigenlogik des Wirtschaftssystems und seine Unzugänglichkeit für Moral

In seinen Untersuchungen zum Übergang von der spätmittelalterlichen Ständegesellschaft zur modernen Gesellschaft (Luhmann 1993a, 1993b, 1993c) nimmt Luhmann zunächst Bezug auf die Ideen der klassischen Soziologie hinsichtlich der Kennzeichnung moderner Gesellschaften durch die Entwicklung teilbereichsspezifischer Eigenrationalitäten sowie das Prinzip der funktionalen Differenzierung. Dabei richtet er den Fokus seiner Analysen jedoch nicht auf das Auffinden eines sozialintegrierenden Prinzips. Im Gegenteil geht er davon aus, dass sich die seit dem 16. Jahrhundert abzeichnende primäre Differenzierung der Gesellschaft als eine Differenzierung in nicht füreinander substituierbare Funktionen, wie sie bereits Emile Durkheim ausführlich beschrieben hatte (Durkheim [1893] 1992), bis zum Ende des 19. Jahrhunderts vollständig durchgesetzt hat. Das Ergebnis ist ein *Nebeneinander* von Teilsystemen – Politik, Recht, Wirtschaft, Kunst etc. – die aus ihrer jeweiligen funktionsspezifischen Perspektive mit beobachtungsleitenden Grundunterscheidungen, sogenannten »binären Codes« operieren, zu denen Luhmann ausführt: »Für die Politik macht es einen Unterschied [...], ob man ein politisches Amt und entsprechend rechtsförmig verfügbare Macht innehat oder nicht. Für die Wirtschaft liegt der entsprechende Unterschied im (geldwerten) Eigentum, für das Recht selbst natürlich in der Differenz von Recht und Unrecht, für die Wissenschaft in der Wahrheit bzw. Unwahrheit ihrer Propositionen. Bestimmte Codes passen jeweils zu bestimmten Funktionen, und dieses Passen ermöglicht die gesellschaftliche Ausdifferenzierung der Funktionssysteme. Deren Differenz schliesst dann aber eine Integration durch eine gemeine Moral [...] aus« (Luhmann 1993c, 430/431).

Mit letzterem Hinweis beantwortet Luhmann gleichzeitig die Frage nach der Existenz einer einheitsstiftenden und stabilen (moralischen) Ordnung bzw. eines Wertekonsenses. In seiner Theorie entbehrt die moderne Gesellschaft einer Integration in einem »Supercode« der Moral, da dieser eine funktionsunspezifische Normativität sei und somit nicht für einen spezifischen Funktionsbereich zuständig sein könne (vgl. Höffe 1993, 10). Ihre Einheit zerfällt seines Erachtens vielmehr ebenso wie der vormals zentristisch gedachte Weltbegriff, nimmt jedes gesellschaftliche Teilsystem »Welt« doch als ein Korrelat seiner je eigenen System/Umwelt-Differenz wahr und konstruiert somit seine je eigene Welt. Die funktionale Differenzierung bedingt m.a.W. eine Polykontexturalität der Gesellschaft und eine Multiperspektivität der Welt, verstanden als ein differenzloser Letztbegriff, der die Sinneinheit der Differenz von System und Umwelt beschreibt (vgl. Luhmann 1991, 283/284).[48]

Diesen Überlegungen entsprechend erscheint in Luhmanns Theorie auch das Wirtschaftssystem als ein eigenständiges gesellschaftliches Teilsystem (Luhmann 1996a, 43 ff.). Es entstand im Prozess der Herausbildung der modernen, funktional differenzierten Gesellschaft in der spezifischen Form der finanzkapitalistischen Wirtschaft und erfüllt die gesellschaftliche Funktion der Bereitstellung von Gütern und Dienstleistungen zur Befriedigung von Bedürfnissen. Durch das symbolisch generalisierte Kommunikationsmedium »Geld« werden in diesem System Zahlungen als eine bestimmte Art kommunikativer Handlungen systematisiert. Wirtschaft ist aus dieser Perspektive ein »Netzwerk von selbstproduzierten Ereignissen«; wird dieses nicht ständig reproduziert, endet seine Existenz (Luhmann 1996a). Auch das Wirtschaftssystem ist somit eines jener Funktionssysteme, die »für ihre Eigendynamik freigestellt [sind]« (Luhmann 1997, 795) und sich aufgrund der Tatsache des Fehlens gemeinsamer beobachtungsleitender Grundunterscheidungen nie völlig verstehen können (vgl. Luhmann 1997, 759). Die Inkommensurabilität im Sinne der Unfähigkeit eines Systems, in ein anderes System per dessen Operationen einzuwirken, bedeutet zwar nicht, dass Systeme nicht auf externe Ereignisse reagieren können, sie bedingt allerdings, dass Kommunikationsversuche »von aussen« nur dann im System verstanden wer-

---

[48] Wir hatten dies bereits im Rahmen unserer Auseinandersetzung mit Luhmanns Begriff der »Weltgesellschaft« festgestellt (vgl. Kapitel 2.1).

den können, wenn sie sich an seiner Eigenrationalität orientieren. Im Falle des Wirtschaftssystems liesse sich mithin konstatieren, dass alle Kommunikationen in die »Sprache des Geldes« übersetzt werden müssen, um anschlussfähig zu sein.

Luhmann zufolge muss sich die moderne Gesellschaft – negativ gewendet – damit abfinden, dass die gesellschaftliche Evolution im Übergang von der stratifikatorischen Differenzierung der alteuropäischen zur funktionalen der modernen Gesellschaft zur Herausbildung von Teilsystemen geführt hat, die ihre je eigene Systemrationalität ausbildeten. Positiv gewendet kann sie allerdings zugleich die daraus resultierenden Chancen verwirklichen. Voraussetzung hierfür ist, dass soziale Ordnung vor dem Hintergrund der Tatsache, dass sich selbstreferenzielle Systeme durch Dauerverfall von Ereignissen reproduzieren, als ein Prozess gedacht wird, in dem sie beständig neu gebildet wird. Zwar wird von Vertretern des radikalen Konstruktivismus wiederholt darauf hingewiesen, dass selbstreferenziellen (autopoietischen) Systemen eine konservative Tendenz innewohnt (z.B. bei Schmidt 1996, 25; Heijl 1996, 327 ff.); dies ändert jedoch nichts daran, dass Ordnung nicht als ein unveränderlicher Faktor vorgegeben ist. Erst, wenn man akzeptiert, dass es in einer modernen Gesellschaft keine Prinzipien oder Kräfte gibt, die ihre *vollständige* Integration bewerkstelligen *können*, sondern dass sie in funktional spezialisierte gesellschaftliche Teilsysteme mit einer je eigenen Logik des Handelns und Erlebens zerfällt, ändert sich auch die wissenschaftliche Beobachtungsperspektive nachhaltig.

4.2.3 Die Notwendigkeit der Übersetzung moralischer Forderungen in die »Sprache des Geldes«

Wir hatten die Beobachtung einer Pluralisierung von Wert- und Normvorstellungen im Zuge einer Ausdifferenzierung der modernen Gesellschaft und die hieraus resultierende Anschlussbehauptung, dass Moral nicht *gegen* die Funktionslogik der modernen Wirtschaft geltend gemacht werden könne (imug 1997, 26; Homann/Pies 1994) bereits als Basis einer institutionenethischen Konzeption identifiziert und uns diesem Votum inhaltlich angeschlossen. Wir teilen m.a.W. die Auffassung, dass sich in einem langen sozio-historischen Differenzierungsprozess ein finanzkapitalistisches Wirtschaftssystem herausbildete, das seine Kommunikationen gemäss einer eigenen Logik organisiert und stellen um von der (letzten Endes nicht zu beantwortenden) Frage, inwieweit es möglich ist, einen *Vorrang* der moralischen vor der wirtschaftlichen Verantwortung zu institutionalisieren (vgl. Zimmerli/Assländer 1996, 314 ff.) auf die Frage nach denjenigen gesellschaftlichen Ordnungskräften, welche die angesprochenen »Übersetzungsleistungen« moralischer Forderungen in die jeweilige Eigenlogik der Teilsysteme zu leisten vermögen.

Genau genommen sind wir auf die Umstellung der forschungsleitenden Betrachtungsperspektive sogar angewiesen: Wollen wir die soeben gestellte Frage beantworten, müssen wir die in individualethischen Theorieentwürfen aufscheinenden Tendenzen einer Reduktion von Ethik auf eine *Gegenperspektive* zur ökonomischen Sachlogik (vgl. Steinmann/Löhr 1992; Zimmerli/Assländer 1996) sowie zu nicht selten inkonsistenten und diffusen Ausführungen, welche konkreten wirtschaftlichen Einzelhandlungen als ethisch begründet anzusehen sind und welche nicht (vgl. imug 1997, 108), systematisch überwinden. Wie es die Institutionenethik empfiehlt, wendet sich unser Blick konsequent ab von Individuen, deren Handlungsweisen (»Spielzüge«) als Ergebnis einer nicht lösbaren Dilemmasituation begriffen und die somit ihrer individuellen Verantwortung für ihre Handlungen in einem ökonomischen Kontext partiell enthoben werden. Er richtet sich auf Institutionen, die jene »Spielregeln« hervorbringen, die es dem einzelnen ökonomischen Entscheidungsträger ermöglichen, die »Kosten« eines nicht-moralischen Verhaltens zu errechnen (vgl. Homann/Pies 1994, 10).

Genau an diesem Punkt setzt nun allerdings auch unsere Kritik an einem *rein* institutionenethischen Paradigma an. Dessen Ansinnen, die Lösung dieses Konfliktes *ausschliesslich* auf einer ordnungspolitischen Ebene anzusiedeln, kann ebenso wenig nicht befriedigen. Gegen das Konzept spricht vor allem der Umstand, dass die »ordnungspolitische Ebene« in einer globalen bzw. sich zur Globalisierung hin entwickelnden Gesellschaft bislang zumindest noch wenig tragfähig ist.[49] Dies zeigt sich in besonders grosser Deutlichkeit darin, dass in einer Öko-

---

[49] Ein weiterer Einwand gegen das institutionenethische Konzept ergibt sich aus einer ungenügenden Klärung der Divergenzen zwischen *moralischen* und *juristischen* Normen. Insbesondere wird aus ihm nicht ersichtlich, ob und inwiefern Moral nicht aussen vor bliebe, wenn sich ökonomische Entscheidungsträger einzig an rechtlichen Regelungen orientierten, in denen zwar moralische Erwägungen enthalten wären, allerdings nicht als solche in Erscheinung träten.

nomie auf dem Wege ihrer Globalisierung das »Trittbrettfahrersyndrom«, das nach dem Ansinnen der Institutionenethik mit dem Transfer von Moral in die Rahmenordnung ja gerade vermieden werden sollte (vgl. Homann/Blome-Drees 1992, 41 f.) eher zu- als abnimmt. Etliche insbesondere transnational agierende Wirtschaftsunternehmen verfügen ja wie gesehen und anhand der Beck`schen Metapher der »transnationalen Entzugsmacht« (Beck 1998b, 18) versinnbildlicht infolge der fortschreitenden globalen Marktöffnung über die Potenz, sich einerseits dem Zugriff der nationalstaatlichen Ordnungsmacht sukzessive zu entziehen und andererseits Staaten gegeneinander auszuspielen. Daraus ergibt sich eine doppelte Problemstellung: Erstens existieren (noch) zu wenige weltweit verbindliche soziale und ökologische Normen und Sanktionsmöglichkeiten, die es der Weltgesellschaft ermöglichen würden, ihre Moralvorstellungen gegenüber Wirtschaftsunternehmen durchzusetzen. Zweitens müssen sich nationale Regierungen vor dem Hintergrund des Globalisierungsprozesses fragen, inwieweit es sinnvoll und der einheimischen Wirtschaft gegenüber zumutbar ist, deren Handlungsfreiheit zu stark einzuschränken. Denn paradoxerweise führen Änderungen in nationalen Rahmenordnungen, die im Sinne eines institutionenethischen Ansatzes prinzipiell zu befürworten sind, im Kontext eines globalen Marktes und internationaler Konkurrenz ausgerechnet zu jener Zumutung, sich an einem Moralnormsystem orientieren zu müssen, das andere Akteure zu unterlaufen verstehen. Es ist m.a.W. fraglich, inwieweit der Rechtsstaat, auf dessen sozialintegrative Funktionen Weber so eindringlich hingewiesen hatte, vor dem Hintergrund von Globalisierung noch in der Lage ist, für alle Akteure verbindliche Normen durchzusetzen. Um so mehr gilt es zu klären, über welche potenziellen Möglichkeiten die moderne Gesellschaft vor dem Hintergrund einer schwindenden nationalstaatlichen Macht (gleichwohl) verfügt, konkret eingeforderte moralische Normen und Werte innerhalb ihrer Teilsysteme zur Geltung zu bringen und welche Konsequenzen diese Versuche für Unternehmen zeitigen.

Bevor wir diese Frage im abschliessenden Kapitel beantworten wollen, lässt sich im Rückblick auf unsere vorstehenden und im Vorblick auf unsere nachfolgenden Analysen zunächst zusammenfassend konstatieren, dass primär im Globalisierungs- sowie im wirtschaftsethischen Diskurs, in einer abgeschwächten Form auch im Diskurs um eine nachhaltige Entwicklung die Sorge um ein Phänomen dominiert, das man als einen »Imperialismus der Ökonomie« bezeichnen könnte.

Während es in letzteren Diskurs vor allem in Form der Kritik an der Ideologie des quantitativen Wachstums eingebracht wird, deren Hervorbringung nicht an einzelnen sozialen Gruppen festgemacht sondern als gesamtgesellschaftliches Phänomen betrachtet wird (UNDP 1994, 17), erfolgt in ersteren nicht selten eine direkte Zuweisung der Verantwortung an die Adresse derer, die als Hauptprofiteure der Globalisierung angesehen werden: der Wirtschaftsunternehmen, insbesondere der multinationalen Konzerne.

Die zunehmende weltwirtschaftliche Vernetzung respektive die wachsende Macht anonymer, exterritorialer Grosskonzerne, so die zentrale Argumentation, beschneide die Gestaltungsspielräume der politischen Akteure sowohl auf der nationalstaatlichen als auch der internationalen politischen Ebene und führe zugleich zu einer Schwächung und Aushöhlung international verbindlicher Normen und Kontrollsysteme. Indirekt komme Konzernen mithin der Status einer (politischen) Regulierungsmacht zu, ohne dass diese durch entsprechende Verfahren der politischen Willensbildung abgesichert sei (Beck 1998b; Jenner 1997). Die Bestimmung oder zumindest Mitbestimmung der *terms of trade* erfolge insofern auf *undemokratischem* Wege, als den Bürgerinnen und Bürgern der globalen Gesellschaft keine realistische Möglichkeit des Gegensteuerns eingeräumt werde – sieht man einmal ab von Konsumentscheidungen am Markt, die allerdings nicht mehr als eine Missfallensbekundung zum Ausdruck bringen könnten und zumeist ungehört verhallten.

Aus unseren bisherigen Ausführungen sollte deutlich geworden sein, dass wir uns dieser pessimistischen Sichtweise nicht anschliessen können. Dies im Übrigen nicht zuletzt aufgrund der Tatsache, dass in derartigen Argumentationen eine Trennung zwischen fundierter Analyse und politisch motivierter Polemik nur schwierig zu erkennen ist. Für unseren Versuch, die einleitend gestellte Frage zu beantworten, wie Wirtschaftsunternehmen in einen Prozess der Gewinnung handlungsleitender Normen auf internationaler Ebene einbezogen werden können, welche Widerstände sich dabei ergeben und wie diese überwunden werden können, erscheint die Frage, wie stark die Machtbalance zwischen Staaten und Unternehmen bereits *tatsächlich* zugunsten letzterer verschoben ist, im übrigen ohnehin nur von sekundärer Bedeutung – zumal sie sich einer empirischen Überprüfung entzieht. Von weiterreichender Relevanz erweist sich dagegen die Beobachtung, dass sich Wirtschaftsunternehmen der Gefahren immer stärker *bewusst* werden, die von der Beobachtung einer Verschiebung des

Machtgleichgewichts *durch marktrelevante Gruppierungen* ausgeht. Denn nur dann, wenn die ökonomischen Akteure des in diesen Beobachtungen aufscheinenden Grundverdachts einer Bereicherung von Unternehmen auf Kosten der Gesellschaft *und seiner Folgen für ihre Marktchancen* gewahr werden, kann die Einsicht in den strategischen Nutzen der Implementierung eines stärker nach sozialen und ökologischen Kriterien ausgerichteten Managements erfolgen und zu einer Verhaltensänderung führen. Diese Idee soll im Folgenden näher ausgeführt werden.

5. Strategien der Integration von Unternehmen in den Prozess der nachhaltigen Entwicklung

Bereits in der Einleitung zu vorliegender Untersuchung hatten wir unsere Überzeugung vorgetragen, dass die im öffentlichen Diskurs häufig beklagte Abwehrhaltung von Unternehmen gegenüber dem Versuch, ihnen eine moralische Verpflichtung sowie eine Funktion bei der Gestaltung der Zukunft der Weltgesellschaft aufzuerlegen, in unseren Augen nicht in erster Linie auf den mangelnden Willen einzelner mächtiger Wirtschaftsvertreter zurück zu führen ist. Vielmehr, so versuchten wir deutlich zu machen, sind Akteure im ökonomischen System den »Spielregeln« desselben dergestalt unterworfen, dass es nur unter bestimmten Voraussetzungen zu »moralischen« Handlungen kommt. Im einfachsten Fall gibt die Rahmenordnung dazu gleichsam »grünes Licht«, indem das moralische Handeln eines Unternehmens in irgendeiner Weise positiv sanktioniert wird. Anders gelagert ist der Fall, wenn einzelne Manager die Bedeutung einer moralischen Problemstellung für ihr Unternehmen erkennen – wofür teilweise »ungewohnte« Reflexionsleistungen zu erbringen sind, worauf Leisinger am Beispiel der Menschenrechtsthematik hingewiesen hat (Leisinger 2004, 83) – und diese Problemstellung einer Lösung zuführen wollen. Sind hierbei keine kurzfristigen positiven Effekte in Sicht, müssen sie bereit sein, ein aus ihrem Handeln gegebenenfalls resultierendes ökonomisches Risiko persönlich auf sich zu nehmen. Dies geschieht in der Realität im Übrigen nicht selten – und ebenso oft erweist sich dabei das vermeintliche Risiko als eine Chance, die rechtzeitig erkannt und wahrgenommen wurde.

So haben beispielsweise Arnd Hardtke und Marco Prehn – beide Berater des international agierenden Beratungsunternehmens Arthur D. Little – in einer jüngeren Publikation eindrücklich nachgewiesen, wie sich »Nachhaltigkeit« in vielen Unternehmen bereits von einem Leitbild zu einer Erfolgsstrategie entwickelt hat (Hardtke/Prehn 2001, 13 ff.). Sie zeigen dabei anhand konkreter Fallbeispiele, dass einige im Management zunächst als höchst unliebsam aufgefasste Entwicklungen der Unternehmensumwelt zur Erschliessung neuer Chancen geführt haben – sei es, dass neue Innovationspotenziale erschlossen werden konnten, sei es, dass die Erfolge eines Unternehmens in ökologischer oder sozialer Hinsicht im Reporting zum Aufbau von Glaubwürdigkeit genutzt werden konnten (vgl. Hardtke/Prehn 2001, 67). Michael Warner und Rory Sullivan wiederum zeigen in einer aktuellen Veröffentlichung, dass strategische Allianzen zwischen Unternehmen, Regierungen und Nichtregierungsorganisationen nicht nur einen erfolgversprechenden alternativen Ansatz des »community development« darstellen, sondern gerade auch für Unternehmen direkte und indirekte positive Effekte zeitigen (Warner/Sullivan 2004, 262).

Allerdings haben wir festgehalten, dass sich das Mass an seitens der Unternehmen übernommener Verantwortung nicht daran messen lassen *kann* und *darf*, wie viele für ethische Fragen sensibilisierte und moralisch handelnde Unternehmen respektive Manager es jeweils zu einem bestimmten Zeitpunkt gibt. Vielmehr muss eine Gesellschaft stetig darum bemüht sein, eine Rahmenordnung zu setzen, die einzelne Akteure einerseits zwingt, moralisch zu handeln, ihnen andererseits aber auch eine verlässliche Orientierung bietet. Da dies nur in einem nationalen Kontext denkbar ist, weil die internationale Gesetzgebung den Entwicklungen auf globalen Märkten weit hinterherhinkt, haben wir uns einem institutionenethischen Ansatz, der die Rahmenordnung als Ort der Moral ausweist (Homann/Blome-Drees 1992, 35) nur bedingt angeschlossen und darauf verwiesen, dass »Moral« immer das Ergebnis gesellschaftlicher Aushandlungsprozesse ist. Im Rahmen dieser Prozesse müssen Unternehmen als eine von mehreren Gruppen aufgefasst werden, die ihre Ansprüche und Forderungen gleichberechtigt in den Diskurs einbringen können (wobei sie hierin gleichsam traditionell als machtvolle Teilnehmer anzusehen sind).

Aus unseren Analysen dieser Grundproblematiken ökonomischen Handelns, lässt sich nun die These ableiten, deren Verifikation wir einleitend zugleich als eine der Hauptzielsetzungen unserer Untersuchung festgelegt hatten: Es geht uns darum zu zeigen, dass multinationale Konzerne vor allem dann bereit sind, sich in den Prozess der Realisierung einer nachhaltigen Entwicklung positiv einzubringen, wenn sie *Rahmenbedingungen* vorfinden, die ihnen *positive ökonomische Konsequenzen* einer Kooperation in Aussicht stellen. Bei dem hier verwendeten Begriff der »Rahmenbedingungen« handelt es sich nun keineswegs nur um eine alternative Bezeichnung für »Rahmenordnung«, wie er von Vertretern des institutionenethischen Paradigmas der Wirtschaftsethik vorgebracht wird. Vielmehr ist damit ein *Perspektivenwechsel* verbunden: mit Rahmenbedingungen sind nicht nur *gesetzliche Beschränkungen* des Staates gemeint. Der Begriff bezeichnet vielmehr *alle Beschränkungen*, die gesellschaftliche Gruppen – darunter selbstverständlich *auch* der Staat – den Unternehmen durch ihr Handeln auferlegen insofern diese von Unternehmen als *tatsächliche Handlungsrestriktionen* aufgefasst werden.[50] Hierzu gehören keineswegs nur Gesetze, sondern beispielsweise auch Protestaktionen, Boykotte und andere Aktionen, mit denen einzelne gesellschaftliche Gruppen ihre Anliegen gegenüber Unternehmen durchzusetzen streben und diese zu einer Verhaltensänderung bewegen möchten. Diese sind m.a.W. ebenso wie eine vom Staat gesetzte Rahmenordnung dazu geeignet, ökonomisches Handeln zu leiten, insofern sie aus der *subjektiven Sicht* der ökonomischen Entscheidungsträger mit Konsequenzen verbunden sind, die diese nicht oder zumindest wahrscheinlich nicht zu tragen bereit sind.

Gemäss einer Analyse Thomas Dyllicks, auf der wir uns im Folgenden verschiedentlich beziehen werden, können diese Anspruchsgruppen von Unternehmen als *institutionelle Repräsentaten dreier Lenkungssysteme* identifiziert werden, denen jeweils eine bestimmte Funktionsweise zugeordnet werden kann (Dyllick 1990, 127-229):

1. Das Lenkungssystem Politik wirkt auf Unternehmen über die Vorgabe gesetzlicher Rahmenbedingungen ein, zu denen es auf dem Wege demokratisch geregelter Verfahren kommt. Der Staat als hoheitliche Gewalt erlässt dabei nicht nur Gesetze, die Unternehmen zur Einhaltung bestimmter Vorschriften verpflichten, er regelt auch, in welchen Dimensionen und inwiefern Unternehmen gesellschaftliche Verantwortung zu übernehmen haben – beispielsweise über Arbeitszeitregelungen oder gesetzliche Bestimmungen zum Umweltschutz (vgl. Dyllick/Belz/Schneidewind 1997, 27).
2. Das Lenkungssystem Öffentlichkeit ist implizit dadurch wirksam, dass es die gesellschaftliche Ächtung bestimmter Handlungen zum Ausdruck bringt und dadurch auf das »Gewissen« ökonomischer Entscheidungsträger wirkt. Gegenüber der Öffentlichkeit und dem von ihr ausgeübten öffentlichen Druck bemüht sich ein Unternehmen, Akzeptanz und Legitimation zu erlangen.

---

[50] Der Begriff der Restriktionen umfasst dabei im Übrigen nicht ausschliesslich solche als negativ wahrgenommenen Beschränkungen; diese können vielmehr – im Sinne *legitimer Ansprüche* – von den Unternehmen auch positiv wahrgenommen werden.

3. Das Lenkungssystem Markt dient primär der Regelung des Ausgleichs von Angebot und Nachfrage nach Gütern und Dienstleistungen über Preise. Es erzielt Verhaltensänderungen bei Unternehmen insbesondere über eine Veränderung des Nachfrageverhaltens. Darüber hinaus macht es Kosten sichtbar, für die Unternehmen aufzukommen haben – z.B. Kosten für Entsorgungen oder Sanierungen.

Jedem der genannten Lenkungssysteme lassen sich gemäss Dyllick bestimmte Anspruchsgruppen zuordnen: »So bedienen sich Kunden und Konkurrenten des Lenkungssystems Markt, Gesetzgeber/Behörden wirken primär über das Lenkungssystem Politik und Umweltorganisationen über ihren Einfluss über das Lenkungssystem Öffentlichkeit aus« (Dyllick/Belz/Schneidewind 1997, 28). Diese Zuordnung erfolgt dabei allerdings nicht absolut, da jede Anspruchsgruppe prinzipiell über alle drei Lenkungssysteme Einfluss nehmen kann. Sie bringt sich indes, laut Dyllick, in der Regel *primär* über eines der drei Systeme ein.

Genau dieser Aspekt offenbart nun auch die zentrale Schwäche des Dyllick`schen Modells. Es macht erstens nicht deutlich, welche Gruppen zu welchen Anlässen bzw. beim Eintreten welcher Ereignisse welches der drei Lenkungssysteme nutzen, um ihre Anliegen gegenüber Unternehmen durchzusetzen und lässt zweitens mögliche Interdependenzen aus dem Blick. So machen sich beispielsweise Nichtregierungsorganisationen bei von ihnen geplanten Aktionen in der Regel bewusst *alle drei* Lenkungssysteme zunutze und lassen dabei allfällige Wechselwirkungen für sich spielen. Dies wird am bereits erwähnten Exempel der Auseinandersetzung zwischen Shell und Greenpeace um die Ölboje »Brent Spar« im Jahre 1995 deutlich (vgl. Daub 2003, 131): Greenpeace trat dabei öffentlich und somit medienwirksam auf, erreichte auf diese Weise bereits nach kurzer Zeit die Politik, die sich alsbald öffentlich – und dabei ebenso auf die Medienwirksamkeit schielend – über allfällige Konsequenzen auslies, und sprach mit ihrer Aktion *gleichzeitig* tatsächliche oder potenzielle Kunden von Shell an, die ihrerseits, bestärkt durch die verbale Rückendeckung seitens prominenter Politiker, über den Markt mit einem Boykott reagierten. In diesem Falle wirkten m.a.W. alle drei genannten Lenkungssysteme zusammen, wobei selbst im Nachhinein nicht festgestellt werden kann, in welcher Intensität welches der Systeme wirkte oder über welches Greenpeace *primär* eine Wirkung erzielte.

Indem wir uns nachfolgend der Frage zuwenden, welche Wege von welchen sozialen Gruppen und Institutionen beschritten werden können respektive welche *Handlungsoptionen und Instrumente* diesen zur Verfügung stehen, um die im Diskurs um eine nachhaltige Entwicklung genannten gesellschaftlichen Werte und Normen (vgl. insb. UNDP 1999, 2 ff.) gegenüber Wirtschaftsunternehmen durchsetzen zu können, werden wir das Modell der Lenkungssysteme von Dyllick mithin zwar als eine wichtige Grundlage zur Deutung respektive Zuordnung einzelner Phänomene nutzen. Allerdings werden wir im Sinne des beabsichtigten Theorie-Praxis-Transfers unserer Untersuchung unseren Fokus auf den Aspekt der *Wirksamkeit* einzelner Handlungen und Instrumente im Sinne ihrer Berücksichtigung der Eigenlogik des Wirtschaftssystems bzw. des *Marktes* als primärem Orientierungshorizont ökonomischer Entscheidungsträger (vgl. Luhmann 1996a, 91 ff.) richten. Insofern orientieren wir uns im Aufbau unserer Argumentation auch nicht an der Einteilung der genannten Lenkungssysteme, sondern beschreiben vielmehr konkrete Vorgehensweisen einiger bedeutsamer institutioneller Repräsentanten.

Ziel ist es zu zeigen, unter Nutzung welcher Lenkungssysteme *und* mit Hilfe welcher *Instrumente* diese Stakeholders ihre Ansprüche und Forderungen gegenüber Unternehmen durchzusetzen suchen und welchen dieser Strategien vor dem Hintergrund der von uns vorgängig ausführlich erörterten Zusammenhänge Erfolg beschieden sein kann.

Instrumente einer Nachhaltigkeitspolitik

Gruppe	Beispiele
Regulative und planerische Instrumente	Ordnungsrechtliche Verbote, Grenzwerte (z.B. Mindestlöhne), (technische) Anleitungen und Verfahrensvorschriften, Planerische Massnahmen (z.B. Landschaftsplanung)
Anreizorientierte Instrumente	Zertifikate (Labels), Subventionen
Partizipative und kooperative Instrumente	Runde Tische, Mediationsverfahren, kooperative Diskurse
Informativ-erzieherische Instrumente	Erziehungs- und Bildungsmassnahmen (Konferenzen, Workshops etc.), Produkt- und Betriebsprüfungen, Öko- und Soziobilanzen, Öko- und Sozio-Audits

Quelle: eigene Zusammenstellung in Anlehnung an Renn/Knaus/Kastenholz 1999, 46

Wenn im Folgenden von »Instrumenten einer Nachhaltigkeitspolitik« gesprochen wird, so gilt es diese mithin zu betrachten als *zielorientierte Strategien sozialer Akteure und Gruppen, mit Hilfe derer Unternehmen zu einem veränderten Verhalten angeregt werden sollen.* Diese »Anregung« kann dabei in einem Horizont zwischen Zwang und Information angesiedelt sein. Konkret lassen sie sich unterteilen in *regulative/planerische, anreizorientierte, partizipative/kooperative* sowie *informativ-erzieherische* (vgl. die Übersicht auf der vorherigen Seite). Während die erste Gruppe einzig von staatlichen Regulierungsbehörden eingesetzt werden kann, vermögen insbesondere auch internationale politische Organisationen sowie Gruppierungen der Zivilgesellschaft die drei letztgenannten zur Durchsetzung ihrer Anliegen gegenüber Wirtschaftsunternehmen zu nutzen.

Für die Analyse, in welcher Weise die genannten Instrumente zum Einsatz gebracht werden können und welche Vor- und Nachteile sie in der Praxis aufweisen können *vier Kriterien* herangezogen werden (vgl. Renn/Knaus/Kastenholz 1999, 47):

1. Die Ausrichtung auf konkrete und messbare Zielsetzungen (Kriterium der Effektivität).
2. Die Abstimmung auf die jeweiligen ökonomischen, ökologischen und sozialen Bedingungen in ihrem Geltungsbereich (Kriterium der Kompatibilität).
3. Die Harmonisierung des zu betreibenden Aufwandes mit den gesetzten Zielen (Kriterium der Effizienz).
4. Die Sicherstellung der Akzeptanz im Sinne ihrer Anerkennung als zielführend und sinnvoll durch die von ihnen betroffenen Gruppen (Kriterium der Implementationsfähigkeit bzw. der Akzeptanz).

Des Weiteren lassen sich die Instrumente in temporaler Hinsicht unterteilen in solche kürzerfristigen und solche längerfristigen Charakters. Gemäss der hier gewählten Einteilung der Instrumente in einem Horizont zwischen »Zwang« und »Information« werden wir uns in einem ersten Schritt (Kapitel 5.1) mit den Gestaltungsmöglichkeiten der *staatlichen Politik* befassen. In diesem Kontext gilt es erstens deutlich zu machen, dass die These eines schwindenden Einflusses des Nationalstaates auf das Handeln ökonomischer Entscheidungsträger mit Blick auf multinationale Konzerne insofern Einschränkungen erfahren muss, als letztere auch heute noch – und in Zukunft möglichweise noch stärker – auf Koordinationsleistungen des ersteren angewiesen sind. Zweitens werden wir in diesem Kapitel über diejenigen Instrumente reflektieren, mit Hilfe derer der Staat seine Anliegen gegenüber Unternehmen durchzusetzen sucht. Dabei handelt es sich keineswegs nur um regulative und planerische, also m.a.W. um die *Rechtsordnung*, über die ein Staat den Unternehmen »Spielregeln« vorgeben kann, die diese beispielsweise zu einem sozialeren oder ökologischeren Verhalten zwingen sollen (Homann/Blome-Drees 1992, 25). Das Instrumentarium, das ein Staat nutzen kann, erstreckt sich vielmehr auch auf die anreizorientierten, partizipativen und kooperativen sowie die informativ-erzieherischen Instrumente.

Abgesehen von regulativen und planerischen »Zwangs«-Instrumenten kann das gesamte Instrumentarium auch von anderen gesellschaftlichen Gruppierungen zur Durchsetzung ihrer Anliegen in Unternehmen angewendet werden. Wir werden diese in Kapitel 5.2 zunächst unter dem Begriff der »Zivilgesellschaft« subsummieren und nachfolgend im Detail zeigen, wie einzelne dieser Gruppen – darunter namentlich die Nichtregierungsorganisationen – ihre Kontroll- und Korrektivfunktion ausüben.

Im dritten Teil (Kapitel 5.3) soll schliesslich eine integrative Betrachtungsweise erfolgen, in der zugleich ausgelotet werden soll, unter welchen konkreten Rahmenbedingungen eine *konstruktive* Mitwirkung von Unternehmen im Prozess der Umsetzung des Leitbildes einer nachhaltigen Entwicklung am ehesten erreicht werden kann. Hierzu werden wir Kooperationen zwischen den genannten »Partnern« (namentlich Staat, internationale politische Organisationen[51], Unternehmen und Nichtregierungsorganisationen) analysieren und herzuleiten suchen, aus welchen Gründen bestimmte Formen der Kooperation sichtbare Erfolge zeitigen, andere wiederum scheitern oder zumindest weniger erfolgreich sind. Als das in unseren Augen gelungenste Beispiel eines Erfolgsmodells soll dabei die kooperative Entwicklung umfassender Nachhaltigkeitsindikatoren und -standards beschrieben werden, die bereits in der Praxis in Form von »Nachhaltigkeitsberichten« verschiedener Unternehmen ihren Niederschlag gefunden hat.

---

[51] Wir werden uns dabei auf internationale politische Organisationen beschränken, wie sie von Michael Zürn von anderen Typen »internationaler Institutionen« abgegrenzt wurden (vgl. Zürn 1998, 171 ff.)

5.1 Zu den Gestaltungsmöglichkeiten staatlicher Politik

Wenn wir uns im Folgenden die Möglichkeiten der staatlichen – und zumindest am Rande auch der internationalen – Politik hinsichtlich der Einbindung von Unternehmen in den Prozesses einer nachhaltigen Entwicklung betrachten, gilt es in einem ersten Schritt die im Globalisierungsdiskurs wiederholt auftauchende Behauptung einer *Machtverschiebung von Nationalstaaten hin zu multinationalen Konzernen* vor dem Hintergrund unserer vorstehenden Analysen kritisch zu reflektieren. Trifft es wirklich zu, dass der Einfluss nationaler Regierungen auf die Handlungen global agierender Konzerne derart dramatisch abnimmt, wie es im Globalisierungsdirskurs wiederholt behauptet wird? Und wenn dem so wäre: Welche Steuerungsmöglichkeiten blieben dem Staat dann noch, um seine legitimen Anliegen gegenüber Unternehmen durchzusetzen?

Um diese konkreten Steuerungsinstrumentarien wird es dann im zweiten Teil dieses Kapitels gehen. Dabei soll gezeigt werden, dass die Chancen zur Durchsetzung des politischen Willens dann steigen, wenn den von der Anwendung eines staatlichen Steuerungsinstruments Betroffenen die (kurz-, mittel- oder langfristigen) Vorteile desselben deutlich gemacht werden können. Mit Blick auf Unternehmen bedeutete dies, dass die Wirksamkeit staatlicher Steuerungsinstrumente dann besonders gross ist, wenn Unternehmen in ihrer Anwendung einen *Vorteil* bzw. einen »business case« (Leisinger 2003, 127) erkennen. Damit soll explizit *nicht* eine normative Auffassung zum Ausdruck gebracht werden, nach der nur solche staatlichen Steuerungsbemühungen als sinnvoll erachtet werden, die der Wirtschaft *direkte* ökonomische Vorteile verschaffen; eine derart neoliberalistische Position liegt uns fern. Der Staat hat m.a.W. nicht die Aufgabe, sein Handeln an der Eigenlogik des Wirtschaftssystems zu orientieren. Vielmehr muss er den politischen Willen durchzusetzen suchen, der nicht selten von den Ansprüchen der Wirtschaftsunternehmen abweicht. Die Frage ist, *wie* er dies tut: vornehmlich durch den Einsatz regulativer und planerischer Instrumente mit dem Impetus, seinen Willen Kraft der ihm verliehenen Ordnungsmacht durchzusetzen oder vielmehr durch die Nutzung der gesamten Bandbreite des ihm zur Verfügung stehenden Steuerungsinstrumentariums mit dem Ziel einer *kurz-, mittel und langfristigen Wirksamkeit* seiner Aktionen.

Wir vertreten die Auffassung, dass dieser letztgenannte Aspekt heute noch zu wenig im Mittelpunkt politischen Handelns steht. Entsprechend werden wir zeigen, dass eine an dieser Leitidee systematisch orientierte Politik letztlich zu nachhaltigeren Ergebnissen führen kann. Gelingt es dem Staat m.a.W., die gesamte Bandbreite des ihm zur Verfügung stehenden Steuerungsinstrumentariums zur Anwendung zu bringen und entsprechend die Durchsetzung seiner Anliegen nicht ausschliesslich oder vornehmlich über regulative Instrumente zu bewerkstelligen – was der institutionenethische Ansatz der Wirtschaftsethik ja letztlich vorschlägt – kommt die Idee einer nachhaltigen Entwicklung weitaus besser zum Tragen.

5.1.1 Nationalstaaten und multinationale Unternehmen – Gegner oder »neues Bündnis«

Das Verhältnis zwischen Nationalstaaten und multinationalen Konzernen ist gemäss unserer Analysen im Zeitalter der Globalisierung zweifellos in eine neue Phase getreten. Der Soziologe Ditmar Brock beschreibt die neue Konstellation mit der Gegenüberstellung der Begriffe »Organisationsmacht« und »Selektionsmacht« – und steht damit stellvertretend für viele Globalisierungsskeptiker in Reihen der Sozialwissenschaftler (Brock 1997, 17): Die Organisationsmacht des Staates, mit Hilfe derer er seine Regulierungs- und Kontrollfunktionen ausübt, wird danach durch die Selektionsmacht von Unternehmen massiv eingeschränkt. Letztere vermögen sich in einem globalen ökonomischen Kontext dem Zugriff einzelner Staaten beispielsweise durch Fusionen und Übernahmen oder die Selektion eines alternativen Produktions-, Investitions- und Steuerstandortes zu entziehen.

Diese Argumentation klingt zunächst durchaus plausibel und kann anhand zahlreiche Beispiele entsprechender Standortentscheidungen multinationaler Unternehmen scheinbar mühelos verifiziert werden.[52] Allerdings greift sie u.E. vor allem deshalb zu kurz, weil sie zu wenig

---

[52] Hierbei dürfte es allerdings schier unmöglich sein, die Standortentscheidungen einzelner Unternehmen deren Hauptinteresse zuzuschreiben, sich einem nationalstaatlichen Zugriff entziehen zu wollen. Vielmehr verbergen sich hinter derartigen Entscheidungen häufig rein marktstrategische Überlegungen. Dies haben Dicken et. al. am Beispiel der Thompson Consumer Electronics nachgewiesen (vgl. Nilsson/ Dicken/Peck 1996, 90 ff.).

die *wechselseitigen Abhängigkeiten* zwischen Nationalstaaten und multinationalen Unternehmen berücksichtigt, die auch im Zeitalter der Globalisierung weitestgehend Bestand haben, ja teilweise sogar noch verdichtet werden. Gerade ein Wirtschaftsunternehmen, das sich zu einer »Welt AG« (Fokken 1999) hin entwickelt, bedarf – so werden wir im Folgenden zeigen – im globalen Konkurrenzkampf mannigfaltiger finanzieller und koordinativer Unterstützungsleistungen durch die Regierung seines Heimatstandortes und im übrigen auch der internationalen politischen Organisationen eines Wirtschaftsraums. Folglich ergibt sich das wohl wichtigste Argument *gegen* die Behauptung einer Machtverschiebung auf Kosten von Demokratie und staatlicher Steuerungsfähigkeit aus der Beobachtung, dass Wirtschaftsunternehmen bei ihrem Ziel, sich selbst effizient zu globalisieren, dazu gezwungen sind, »sich die grösstmögliche Unterstützung ›ihres‹ Staates zu sichern« (Die Gruppe von Lissabon 1998, 105). Hinzu kommt, »dass effektives Regieren auch jenseits des Nationalstaates im Rahmen von internationalen Institutionen möglich ist und schon heute in einem erheblichen Masse stattfindet« (Zürn 1998, 291) und Unternehmen an der Entwicklung internationaler Regelwerke bereits in prominenter Funktion mitwirken (Brozus/Take/Wolf 2003; Braithwaite/Drahos 2000; Zürn 1998). Sollten sich diese beiden Überlegungen als richtig erweisen, verschöbe sich zugleich der Fokus bei der Analyse staatlicher Steuerungsinstrumente zur Durchsetzung von Nachhaltigkeit im Wirtschaftssystem.

Wenngleich die relative Abhängigkeit multinationaler Konzerne von Entscheidungen einzelner Nationalstaaten aufgrund der Ausdehnung ihrer Geschäftstätigkeit in einen globalen Raum zweifelsohne zurückgegangen ist, lassen sich mindestens vier Dimensionen ausmachen, in welchen derart transnational operierende Unternehmen auf die Unterstützung durch die Politik ihres Herkunftslandes zwingend angewiesen sind, um im weltweiten Wettbewerb bestehen zu können. Sie verweisen zugleich darauf, dass das von der Gruppe von Lissabon so bezeichnete »neue Bündnis« zwischen Unternehmen und Staat (Die Gruppe von Lissabon 1998, 101) keinesfalls nur als Wunschbild, sondern vielmehr als eine Realität zu betrachten ist.

1. Der Staat führt Unternehmen über den Bildungssektor hochqualifiziertes Personal zu, auf das letztere zunehmend angewiesen sind. Diese Leistungen selbst zu erbringen, macht alleine schon aus betriebswirtschaftlichen Gründen wenig Sinn, da Personal nur be-

dingt langfristig an ein Unternehmen gebunden werden kann und die Gefahr der Abwanderung einzelner Mitarbeiter unter Mitnahme ihres gewonnenen Know-hows nahezu unkalkulierbar ist. Wie gross diese Abhängigkeit der Unternehmen von entsprechenden Ausbildungs- und Qualifizierungsleistungen des Staates ist, zeigt sich derzeit in vielen Ländern Europas in der Informationstechnologie-Branche. Aufgrund falscher Einschätzungen der Marktentwicklungen in den 1990er Jahren fehlen heute mehrere Tausend qualifizierte Experten. In Deutschland kam es aus diesem Grund vor einigen Jahren zur sogenannten »Green-Card-Initiative«, über die Fachkräfte vor allem aus Indien nach Deutschland geholt werden sollten. Da mit einer derartigen organisierten Arbeitnehmer-Migration aus einem Entwicklungsland in eine Industrienation zahlreiche ausländerrechtliche Probleme verbunden sind (Dauer der Aufenthaltsbewilligung, Familiennachzug etc.), ist wiederum der Gesetzgeber gefragt. Wirtschaftsunternehmen selbst sind mithin auch in dieser Dimension von Koordinationsleistungen des Staates abhängig.

2. Infolge steigender Kosten für Forschung und Entwicklung sind Unternehmen darüber hinaus auf die staatliche Finanzierung der grundlegenden Infrastruktur sowie die finanzielle und regulatorische Unterstützung des Staates bei industriellen Grossvorhaben angewiesen. Projekte wie beispielsweise der Bau von Grossraumflugzeugen oder modernen Schienenfahrzeugen mit Magnetschwebetechnologie bergen für einzelne Unternehmen aber auch Unternehmensverbünde zu hohe Investitionsrisiken, um sie ohne öffentliche Fördergelder oder Bürgschaften des Staates verwirklichen zu können. Dabei wird im Kontext des Konkurrenzkampfes um die industrielle Führung im Bereich des Baus von Grossraumflugzeugen zwischen dem US-amerikanischen Konzern Boeing und dem deutsch-französischen Unternehmen Airbus eindrücklich sichtbar, welche bedeutende Rolle die jeweilige politische, regulatorische und auch diplomatische Unterstützung der genannten Unternehmen spielte, um ihre internationale Wettbewerbsfähigkeit sicherzustellen. So sprach sich die Regierung der Vereinigten Staaten gegen Ende der 1990er Jahre vehement für eine Fusion der beiden amerikanischen Flugzeugbauer McDonnell Douglas und Boeing aus, obwohl gegen diesen Schritt nicht nur in der EU, sondern auch in den USA wettbewerbsrechtliche Bedenken bestanden. In ihrem Ansinnen, den europäischen Staaten in dieser Schlüssel-

technologie keinen Vorsprung zu verschaffen, gelang es der US-Regierung jedoch schliesslich, auch die Wettbewerbskommission der Europäischen Union von der »Unbedenklichkeit« dieser Fusion zu überzeugen (vgl. Fokken 1999, 199/200). Nur aufgrund dieser Intervention, die selbst eine für ihre Unbeeinflussbarkeit bekannte Institution wie die EU-Wettbewerbskommission in die Knie zwang, vermochte das Management von Boeing den Wachstumskurs des Konzerns weiterzuführen und damit seine Stellung als Weltmarktführer zu erhalten.
3. Ebenfalls von hohem Interesse für Wirtschaftsunternehmen ist die (politische) Schaffung eines privilegierten Zugangs zu internen Märkten durch die Vergabe öffentlicher Aufträge insbesondere in strategisch bedeutsamen Hochtechnologiebereichen durch den Staat, in welchem sie ihren Hauptsitz haben respektive zu externen Märkten durch die diplomatische Vermittlung öffentlicher Aufträge in anderen Staaten. Ein wesentlicher Grund hierfür liegt in den sich stetig verkürzenden Produktlebenszyklen, die höhere Abschreibungsraten und möglichst grosse Märkte erfordern (Die Gruppe von Lissabon 1998, 103). Auch in diesem Kontext spielt die diplomatische Unterstützung von Konzernen durch die Regierung des Herkunftslandes mithin eine entscheidende Rolle.
4. Über die genannten finanziellen und regulatorisch-diplomatischen Leistungen hinaus führen staatlich finanzierte oder geförderte Einrichtungen wie Universitäten oder Forschungsinstitute den Unternehmen schliesslich Erkenntnisse aus Projekten der Grundlagenforschung zu. Damit sichern sie zugleich die Basis für einen fairen globalen Wettbewerb, was sich am Beispiel der Entschlüsselung des menschlichen Genoms illustrieren lässt: Während die Ergebnisse der Grundlagenforschung an Universitäten – vor allem in den USA – prinzipiell allen Interessierten zugänglich gemacht werden sollen, stellte der US-amerikanische Biotechnologiekonzern Celera seine Erkenntnisse dem Markt vor einigen Jahren nur in einer Form zur Verfügung, die den Zukauf von Interpretations-Tools notwendig werden lässt, was zwangsläufig zu Verzerrungen des Wettbewerbs führt.

Das angesprochene »neue Bündnis« zwischen Staaten und Unternehmen ergibt sich mithin aus einer im Zeitalter der Globalisierung zunehmenden *wechselseitigen Abhängigkeit* der beiden Partner: »Unternehmen brauchen ›lokale‹ (nationale) Staaten, um auf die Globalisierung reagieren und sich selbst globalisieren zu können. Die Staaten brauchen globale Unternehmen, um ihre Legitimation und ihre Existenz als ›lokale‹ politische und soziale Einheiten weiterhin zu sichern. Dementsprechend erhalten die Unternehmen allmählich eine historische Legitimation und eine soziale Rolle, die sich in vieler Hinsicht der Legitimation und Rolle des Staates annähert« (Die Gruppe von Lissabon 1997, 107). Mit letzterer Formulierung wird auf ein Phänomen verwiesen, das auch in zahlreichen der bereits zitierten internationalen Absichtserklärungen, Richtlinien und Vereinbarungen erscheint: So findet sich der Gedanke sowohl in den »Guidelines for Multinational Enterprises« der OECD, wenn diese davon spricht, dass multinationale Unternehmen mit nationalen politischen Behörden beispielsweise in Fragen des Umweltschutzes, der Verbraucherinteressen oder des Technologietransfers zusammenarbeiten sollten, um in den Gastländern zum ökonomischen, sozialen und ökologischen Fortschritt beizutragen (OECD 2000a, 14 ff.), als auch in verschiedenen Formulierungen der Agenda 21 (United Nations 1992), in denen der Industrie explizit die Rolle eines Partners zugesprochen wird, der nationalstaatliche Regierungen bei der Bewältigung anstehender ökonomischer, sozialer und ökologischer Probleme unterstützen soll (vgl. United Nations 1992, 237 ff.).

Vor dem Hintergrund unserer Überlegungen zum Aspekt der *Wirksamkeit* einzelner Handlungen und Instrumente zur Durchsetzung normativer Prinzipien gegenüber Wirtschaftsunternehmen, die zugleich den Interpretationsrahmen bilden, in dem wir uns in diesem Kapitel bewegen, erhalten diese Formulierungen nunmehr ein neues Gewicht. Denn erst dann, wenn Unternehmen verdeutlicht werden kann, dass mit ihrer *bewussten Übernahme der Rolle eines nicht nur wirtschaftspolitisch, sondern auch sozial- und umweltpolitisch wichtigen Akteurs* gleichzeitig eine *neue Art der Legitimation ihrer ökonomischen Aktivitäten* einhergeht, die sich letzten Endes *positiv am Markt als ihrem primärem Orientierungshorizont niederschlägt*, kann erreicht werden, dass sie ihrer Funktion auch gerecht werden können. Sie erzielen dann nämlich einen Wettbewerbsvorteil gegenüber jenen Unternehmen, die sich ihrer Verantwortung entziehen bzw. nicht bereit sind, ihre Geschäftspolitik konsequent in Richtung von mehr Nachhaltigkeit auszurichten (vgl. Schönborn/Steinert 2001, 8).

Damit ist zugleich die politische Herausforderungen skizziert, denen sich nationalstaatliche Regierungen und internationale politische Organisationen zu stellen haben, um *gleichzeitig* die Einbettung eines

Unternehmens in seine soziale Umwelt und die Wahrnehmung und Ausübung seiner sozialen Verantwortung – im Sinne einer umfassenden Corporate Social Responsibility – zu gewährleisten, wie sie das World Business Council for Sustainable Development (WBCSD) exemplarisch formulierte (WBCSD 1999, 3): Sie müssen erreichen, dass Wirtschaftsunternehmen in Kooperationen und Allianzen mit Staaten und internationalen politischen Organisationen eine bedeutsame Möglichkeit erkennen, ihr Legitimationsproblem, das sie als »quasi-öffentliche« Gebilde (Bearle/Means 1932; Ulrich 1977) haben, einer Lösung zuführen können. Dies ist im Kern auch die Aussage des Grünbuches der Europäischen Kommission zur sozialen Verantwortung von Unternehmen (Europäische Kommission 2001). Die Entwicklung hin zu einer Verstärkten Wahrnehmung einer sozialen Verantwortung insbesondere multinationaler Unternehmen[53] wird darin beschrieben als »eine Reaktion auch auf die Erwartungen, die europäische Bürger und Stakeholders mit der sich verändernden Rolle der Unternehmen in der neuen sich wandelnden Gesellschaft von heute verknüpfen«. Weiterhin führt die Kommission aus: »In dem Maße, wie die Unternehmen selbst sich den Herausforderungen eines sich wandelnden Umfelds im Kontext der Globalisierung und insbesondere des Binnenmarkts stellen müssen, wächst in ihnen das Bewusstsein, dass die Wahrnehmung ihrer sozialen Verantwortung unmittelbaren wirtschaftlichen Wert haben kann« (Europäische Kommission 2001, 5). Sie betont dabei bereits in ihrer Definition des Begriffs CSR explizit den Freiwilligkeitscharakter einer Übernahme von Verantwortungen durch Unternehmen und benennt deren Funktion als Partner bei der Realisierung einer europäischen Nachhaltigkeitsstrategie.[54]

Wie bedeutsam im Zusammenspiel von Regierungen und Unternehmen das Moment der Kooperation ist, soll nachfolgend im Kontext der Fragestellung diskutiert werden, über welche konkreten Instrumente Staaten prinzipiell verfügen, um das auf der Umweltkonferenz in Rio de Janeiro skizzierte Programm einer nachhaltigen Entwicklung national umzusetzen.

---

[53] Multinationale Unternehmen werden im Grünbuch explizit als »Vorreiter« der Entwicklung bezeichnet (Europäische Kommission 2001, 4).
[54] Vgl. auch die Ausführungen im Folgedokument zum Grünbuch (Europäische Kommission 2002, 7 ff.).

5.1.2 Staatliche Bemühungen um nachhaltiges Wirtschaften: vom »Zwang« zum »Anreiz«

Es dürfte insbesondere auf ihre begriffsgeschichtliche Herkunft zurückzuführen sein, dass die Leitidee einer nachhaltigen Entwicklung auch heute, mehr als zehn Jahre nach Formulierung der Agenda 21 noch immer vornehmlich in einem umweltpolitischen Kontext debattiert wird, wobei die soziale Dimension in Form eines zunehmenden Diskurses über Bedeutung der Menschrechte allmählich »aufholt«. Wenn wir uns in der Folge bei der Analyse von Instrumenten einer »Nachhaltigkeitspolitik« in Anwendung von Staaten auf Wirtschaftsunternehmen primär dem Aspekt des Erhalts der natürlichen Umwelt zuwenden, ist dies indes nicht alleine auf diesen terminologiehistorischen Umstand zurückzuführen. Sie gründet vielmehr auf einer Reihe interdependenter Argumentationsstränge.

Ein erstes »sozialhistorisches Argument« bezieht sich auf den Umstand, dass die Problematik der Umweltzerstörung in den westlichen Industrienationen erst zu einem Zeitpunkt auf die politische Tagesordnung gesetzt wurde, als die drängendsten Fragen sozialer Ungerechtigkeit und der Verletzung von Menschenrechten auf nationaler Ebene bereits gelöst waren oder doch zumindest von starken Interessenverbänden bzw. Gewerkschaften behandelt und in den politischen Diskurs eingebracht wurden. Denn gerade durch die Forcierung des ökonomischen Wachstums in den 1950er und 1960er Jahren, mit der zweifellos eine Verbesserung der gesellschaftlichen Versorgungslage mit Gütern und Dienstleistungen sowie Beschäftigung erreicht werden konnte (vgl. Minsch u. a. 1996, 15 f.), wuchs die Bedrohung der Natur. Das Umweltproblem erscheint heute in den Industrienationen folglich erstens relativ drängender als grundlegende soziale Probleme wie der Zugang zu Bildung oder Fragen der Nichtdiskriminierung[55]; zweitens wurden letztere auf nationaler Ebene bereits durch entsprechende Gesetzgebungen geregelt. In diesem Zusammenhang kommt ein zweites »sozio-ökonomisches« Argument ins Spiel, das sich zu-

---

[55] Wir haben hier ausschliesslich grundlegende sozio-ökonomische Problematiken im Blick und wollen explizit nicht behaupten, dass das Umweltproblem in den Industrieländern heute ein drängenderes Problem darstellt als »moderne« sozioökonomische Probleme wie beispielsweise die Arbeitslosigkeit. Diese wird im öffentlichen Bewusstsein heute im Gegenteil als relativ wichtiger erachtet als Fragen des Umweltschutzes.

gleich als Leitidee einer nachhaltigen Entwicklung erweist (vgl. Bundesumweltministerium 1997, 4): Die Entwicklungen der vergangenen dreissig Jahre zeigten, dass die Aufrechterhaltung des Wohlstandsniveaus in den Industrieländern sowie eine Steigerung desselben in den Entwicklungsländern nur gewährleistet werden kann, wenn Produktivität und immaterieller Nutzen der natürlichen Umwelt gesichert werden und erhalten bleiben (Renn/Knaus/Kastenholz 1999, 23). Insofern ist Umweltschutz eine unabdingbare Voraussetzung zur Erreichung des Ziels einer Verbesserung der Lebensqualität möglichst vieler Menschen. An diesem Punkt nun schliesst sich ein drittes »ökonomisch-ökologisches Argument« an: Da die wohlhabenden Staaten in der Vergangenheit in wesentlich höherem Masse zur Zerstörung der natürlichen Lebensgrundlagen der Menschen beitrugen, wofür in erster Linie ein überbordender Konsum sowie ein damit in Zusammenhang stehender exzessiver Verbrauch erneuerbarer und nicht-erneuerbarer Ressourcen verantwortlich war, kommt insbesondere den Regierungen der wohlhabenden Staaten künftig verstärkt die Aufgabe zu, die vornehmlich in ihren Territorien beheimateten Produzenten der Güter und Dienstleistungen einer »Wohlstandsgesellschaft« zu einer stärkeren Berücksichtigung ökologischer Aspekte in ihrem ökonomischen Handeln zu bewegen.

Um ein neues Gleichgewicht zwischen ökonomischer Entwicklung, sozialer Gerechtigkeit und ökologischer Verträglichkeit zu erreichen, wie es die Agenda 21 vorsieht, kommt der Vermeidung ökologischer Schäden mit Blick auf die globale Gesellschaft mithin ein besonders hoher Stellenwert zu (vgl. Müller/Hennicke 1995, 45/46). Folglich verwundert es nicht, wenn *auf nationaler Ebene* über Instrumente einer Nachhaltigkeitspolitik in erster Linie in der Dimension des Umweltschutzes diskutiert wird. Erst seit kurzem intensiviert sich auch der Diskurs um die sozio-ökonomischen Voraussetzungen einer menschengerechten Entwicklung (Leisinger 1995, 117), was im Wesentlichen auf Erkenntnisse aus dem Diskurs um die Bedeutung einer »good governance« zurück zu führen ist. Dieser ist allerdings primär auf einer *internationalen Ebene* angesiedelt.

Der Staat ist, wie bereits weiter oben ausgeführt, die einzige Instanz, die dazu legitimiert ist, *regulative Instrumente* im Sinne *ordnungsrechtlicher Massnahmen* einzusetzen. Die regulativen Instrumente entsprechen der von der institutionenethischen Strömung im wirtschaftsethischen Diskurs so bezeichneten »Rahmenordnung« als jenem Ort, in dem dieser Lesart zufolge Moral anzusiedeln sei (Homann/Blome-

Drees 1992, 35).[56] Regulative Instrumente können sowohl der Erzielung einer raschen als auch – in Form planerischer Massnahmen – einer langfristigen Wirkung dienen. Sie kranken jedoch häufig an dem Umstand, dass sie sich auf wissenschaftliche Untersuchungen abstützen müssen, die nur selten zu eindeutigen und einhellig geteilten Ergebnissen gelangen und entsprechend selten eine breite Zustimmung bei den Betroffenen erreichen. Zweitens schränken in Gesetzen und Verordnungen fixierte Regelungen die Freiräume der Betroffenen ein und sind häufig mit finanziellen Konsequenzen verbunden, die kontraproduktiv wirken können.[57] Die dritte Problemstellung schliesslich stellt sich als eine Verteilungsproblematik dar: Von Regelungen im Bereich des Umweltschutzes wie auch im Bereich sozioökonomischer Leistungen – bei Unternehmen z.B. Leistungen wie die Zahlung von Steuern oder die Schaffung von Ausbildungs- und Arbeitsplätzen im Rahmen eines »business under ›normal‹ cicumstances« (Leisinger 2004, 78) – dürfen einzelne Gruppen der Gesellschaft nicht ungleichmässig betroffen sein. Gesetzliche Regelungen versprechen mithin vor allem dann Erfolg, wenn sie die davon Betroffenen schrittweise zu einer Änderung ihrer Verhaltensweisen animieren, ihnen nicht zu hohe Kosten verursachen und möglichst derart breit angelegt sind, dass die Kosten von vielen Gruppierungen der Gesellschaft getragen werden. Da dies in der Realität oft nicht geleistet werden kann, mögen sie zwar einerseits *effektiv* sein, sind jedoch *selten effizient* (vgl. Renn/Knaus/Kastenholz 1999, 48).

Alle drei Erkenntnisse schlagen sich in der Dimension regulativer Instrumente nachhaltig nieder, was sich am Beispiel der Luftreinhaltung in Deutschland als einer klassisch planerischen Massnahme im Umweltbereich veranschaulichen lässt. So wurde das im Jahre 1974 erlassene Bundes-Immissionsschutzgesetz im Verlaufe der Zeit sukzessive zu einem Regelwerk ausgebaut, das heute detaillierte Vorga-

---

[56] Dass diese nur als eines von mehreren Instrumenten anzusehen sind, belegt im Übrigen noch einmal deutlich die bereits zuvor kritisierte verkürzte Sichtweise dieses Ansatzes.

[57] Wie umweltsoziologische Untersuchungen zeigen, wird beispielsweise Umweltbewusstsein beim einzelnen Menschen »bevorzugt bei solchen Verhaltensweisen eingelöst, die mit geringen Kosten bzw. Verhaltenszumutungen verbunden sind« (Preisendörfer/Franzen 1996, 234); die Einschränkung persönlicher Freiheiten hingegen führt zu Widerstandsreaktionen oder diversen Formen von Ausweichverhalten (Tanner/Foppa 1996, 267/268).

ben für Zulassung und Betrieb von Anlagen aller Art umfasst und dabei alle wichtigen Verursachergruppen – von Haushalten über die Industrie bis hin zu Energieversorgern – anspricht (Bundesumweltministerium 1997, 16). Wichtigste Ergänzungsverordnungen waren dabei die »Grossfeuerungsanlagenverordnung« sowie die »Technische Anleitung Luft« (1983) sowie die Regelung zur schrittweisen Einführung des Dreiwegekatalysators (seit 1985).

Insbesondere in letzerem Beispiel spiegelt sich die Durchsetzung der Erkenntnis, dass eine Optimierung sowohl des Effizienz- als auch des Akzeptanzkriteriums nur gelingen kann, wenn die »Verhaltenszumutungen« gering gehalten werden. Allerdings ergibt sich daraus wiederum das Problem, dass sich planerische Massnahmen häufig über grosse Zeiträume erstrecken und insofern als nur bedingt effektiv angesehen werden können. Immerhin dauerte es mehrere Jahre, bis tatsächlich alle Pkw in Deutschland mit einem Dreiwegekatalysator ausgestattet waren. Eine entsprechend lange Zeit benötigte die allmähliche Abschaffung verbleiten Kraftstoffes. Bei allen Problemen, die mit dem Einsatz regulativer Instrumente durch den Staat verbunden sind, zeigen die Entwicklungen der zurückliegenden Jahre in den meisten Industrieländern jedoch, dass umweltpolitische Massnahmen nicht nur durchsetzbar sondern auch sinnvoll sind, soll das Ziel einer nachhaltigen Verbesserung der Umweltqualität erreicht werden. Entsprechend konstatiert John Vogler: »Alles scheint darauf hinzudeuten, dass ein politisches Umsteuern möglich ist, wenn es [...] ein hohes Mass an wissenschaftlicher Gewissheit und Übereinstimmung gibt und wenn die Gegenmassnahmen nicht extrem teuer sind« (Vogler 1998, 297).

Wenngleich die Anstrengungen des Staates, regulativ tätig zu werden, seitens der Wirtschaftsunternehmen nicht zuletzt deshalb begrüsst werden, weil sie ihnen wichtige Rahmendaten für unternehmerische Entscheidungsprozesse liefern, sieht sich der Gesetzgeber zugleich ihrer Kritik ausgesetzt. Diese speist sich zum einen aus der Behauptung, dass viele der politischen Zielsetzungen längst integraler Bestandteil der Realität in Unternehmen seien (Schmitt 1998, 87). Zum anderen monieren Vertreter der Industrie wiederholt, dass ihnen die Politik bei der Umsetzung normativer Vorgaben keine oder zu wenige Handlungsspielräume gewähre. In Deutschland war dies jüngst im Kontext der von der Regierung geplanten »Ausbildungsplatzabgabe« der Fall: eine gesetzliche Regelung hätte der wirtschaftlichen Situation mancher (v.a. kleinerer) Betriebe nicht gerecht werden können und sie möglicherweise gar in die Insolvenz getrieben, während sie andere (häufig grössere) Unternehmen begünstigt hätte, die zur Deckung ihres Personalbedarfs »traditionell« viele Ausbildungsplätze bereitstellen (vgl. DIHK 2004). Nicht zuletzt diese Kritik hat wesentlich dazu beigetragen, dass in der jüngeren Vergangenheit staatlicherseits zunehmend anreizorientierte sowie partizipative/kooperative und informativ-erzieherische Instrumente zum Einsatz gebracht wurden.

Der »politische Sinneswandel«, der dieser Entwicklung zugrunde liegt, lässt sich exemplarisch an der Evolution des Ansatzes des sogenannten »Öko-Audit« oder »Umwelt-Audit« der Europäischen Union verfolgen.[58] Ursprünglich als Instrument zur Überwachung der Umweltschutzmassnahmen der Unternehmen im Rahmen der EG konzipiert (und damit als regulatives Instrument zu betrachten), wurde es mit der Verabschiedung der »Verordnung (EWG) Nr. 1836/93 des Rates über die freiwillige Beteiligung gewerblicher Unternehmen an einem Gemeinschaftssystem für das Umweltmanagement und die Umweltbetriebsprüfung« (abgedruckt in Klemmer/Meuser 1995, 309 ff.) in ein *freiwilliges Anreizsystem* überführt. Unternehmen erhalten dabei die Möglichkeit der Implementierung eines Umweltmanagementsystems, das alle drei Jahre im Rahmen einer Umweltbetriebsprüfung durch das Unternehmen selbst kontrolliert und von unabhängigen Umweltgutachtern bestätigt werden muss und bei entsprechend positiver Begutachtung zur Vergabe eines *Zertifikates* und eines zugehörigen *Labels* führt. Im Gegensatz zu anderen anreizorientierten Instrumenten wie Abgaben oder Subventionen weist das Öko-Audit dabei zahlreiche partizipative, aber auch erzieherische Elemente auf. So werden im Rahmen eines Öko-Audits im Gegensatz zu klassischen Umweltverträglichkeitsprüfungen »Indizien dafür gesucht, dass die Unternehmen wesentliche Bereiche erkannt haben, in denen Umweltbelastungen von ihnen ausgehen und die organisatorischen Voraussetzungen zur Minimierung dieser Belastungen getroffen wurden« (imug 1997, 91). Für Unternehmen ergibt sich aus einer erfolgreichen Teilnahme mithin eine Reihe »marktbezogener Wirkungen«.

Indirekte Wirkungen erzielt das teilnehmende Unternehmen insbesondere durch eine kontinuierliche Verbesserung seines Umweltma-

---

[58] Der Begriff des Öko-Audits hat sich im deutschen Sprachraum durchgesetzt. Häufig findet indes auch der englische Ausdruck »Eco-Management and Audit-Scheme« (EMAS) Verwendung.

nagementsystems, was zu unternehmens- und produktbezogenen Leistungsverbesserungen im Umweltschutz führt; diese wiederum schlagen sich in ökologieorientierteren Leistungsangeboten im Markt nieder (Meffert/Kirchgeorg 1995, 107; vgl. auch Meffert/Kirchgeorg 1998). Damit wahrt das Unternehmen seine Chancen auf eine frühzeitige Positionierung im Wettbewerb um Produkte und Dienstleistungen, bei denen Konsumenten verstärkt Wert auf ökologieverträglichen Eigenschaften legen. *Direkte Wirkungen* kann das Unternehmen durch den Einsatz des Zertifikates in der Kommunikationspolitik erzielen. Das Label sendet – seine Bekanntheit vorausgesetzt – »vertrauensbildende Schlüsselinformationen« sowohl an Konsumenten als auch an Mitarbeiter aus und führt somit zum Aufbau eines Potenzials an Glaubwürdigkeit, das wiederum für den Reputationsaufbau genutzt werden kann.[59] Gerade auch hinsichtlich seiner Wirkungen auf das Humankapital, das sich in vielen Branchen zu einem entscheidenden ökonomischen Engpassfaktor entwickelt (vgl. Schmitt 1998, 87), zeigen sich wichtige Funktionen eines Labels.

Der Erfolg des Öko-Audits, der an der hohen Bereitschaft von Unternehmen an einer Teilnahme gemessen werden kann (Bundesumweltministerium 1997, 41)[60], belegt auf eine überraschend eindeutige Art und Weise, welche nachhaltigen Verhaltensänderungen staatliche Institutionen durch die Anwendung anreizorientierter Instrumente zur Regulierung des Wirtschaftslebens herbeiführen können. Hans-Peter Meister und Henning Banthien bringen die entscheidende Problemstellung auf den Punkt, indem sie formulieren: »Sind die Kunden bereit, die ethischen Vorleistungen eines Unternehmens durch ihr Nachfrageverhalten zu honorieren, oder steigern diese Vorleistungen Motivation und Produktivität der Mitarbeiter, so rechnet sich Moral auch im Wettbewerb« (Meister/Banthien 1998, 109).

Nur, wenn diese Sichtweise akzeptiert wird, öffnet sich im Übrigen der Blick auf jene Möglichkeiten staatlicher Steuerung, die *indirekt* zu einem Verhaltenswandel in Wirtschaftsunternehmen führen, indem sie Einfluss auf das Nachfrageverhalten der Konsumenten nehmen.

Das *Labeling*, das in Deutschland bereits im Jahre 1978 mit der Einführung des Umweltzeichens »Blauer Engel« als einem ersten öko-

---

[59] Zur Bedeutung von Glaubwürdigkeit vgl. Thommen 1996.
[60] Vgl. zu den aktuellen Teilnehmerzahlen http://www.umweltbundesamt.de/uba-info-daten/daten/umwelt-audit-verordnung.htm.

logieorientierten Instrument der Produktkennzeichnung begann, erscheint dabei als eine der anschlussfähigsten Optionen. Im Idealfalle geht dabei die Initiative von den Unternehmen respektive ihren Verbänden selbst aus. Ein frühes Beispiel für ein derartiges Vorgehen stellt die Erklärung der deutschen Wirtschaft zur Klimavorsorge vom März 1995 dar, in der die Absicht erklärt wurde, die spezifischen CO_2-Emissionen der Industrie im Zeitraum 1990 bis 2005 um 20% zu reduzieren und den Prozess durch ein unabhängiges Institut (Rheinisch-Westfälisches Institut für Wirtschaftsforschung) begleiten und überwachen zu lassen (vgl. Bundesumweltministerium 1997, 9). Wesentlich weiter gehen in diesem Zusammenhang Anstrengungen einzelner Unternehmensverbände wie beispielsweise dem »International Council of Chemical Associations« (ICCA) – in Deutschland dem Verband der Chemischen Industrie (VCI) – mit dessen Initiative »Responsible Care« wir uns noch auseinandersetzen werden.[61]

Das sowohl hinsichtlich seiner Effektivität als auch seiner Effizienz gewiss am schwierigsten abzuschätzende Instrument ist die systematische *Informations- und Aufklärungsarbeit* staatlicher Institutionen. Sie findet aus den eingangs des Kapitels genannten Gründen nahezu ausschliesslich mit Blick auf die einerseits *ideele*, andererseits *ökonomischen* Bedeutung von »Umwelt« statt[62] (wobei, wie kritisch anzumerken wäre, auch in diesem Bereich noch deutlich zu wenig getan wird). Letzteres kann zunächst nicht verwundern. Zwar geht aus verschiedenen Studien der Umweltpsychologie und –soziologie zur Initiierung bzw. Förderung des ökologischen Verhaltens des Einzelnen inzwischen hervor, welche prominente Bedeutung sowohl *ökologisch relevanten Rückmeldungen* als auch *weiteren Anreizfaktoren des Umwelthandelns* zukommt. Es finden sich indes keine breit abgestützten empirischen Untersuchungen zur Wahrnehmung und Verarbeitung von Erkenntnissen Einzelner, denen gemäss ihr umweltbewusstes Handeln neben ökologischen auch *ökonomische Auswirkungen* zeitigt, die über die Erzielung eines persönlichen Vorteils hinausgehen (vgl. Tan-

---

[61] Vgl. Kapitel 5.3.2.
[62] Ein weiterer Grund findet sich in dem Umstand, dass (funktionierende) Umweltmanagementsysteme in Unternehmen bereits zu realen Kosteneinsparungen geführt haben, während die Argumentation, dass soziale Leistungen eines Unternehmens zu einer verbesserten ökonomischen Performance desselben führen (z.B. über eine erhöhte Mitarbeitermotivation und einen damit verbundenen Anstieg der Produktivität), bis heute noch einer eindeutigen Verifizierung harrt.

ner/Foppa 1996, 266).[63] Individuen assoziieren – beeinflusst durch entsprechende Informationen, die ihnen zur Konstruktion ihrer Wahrnehmung insbesondere durch die Massenmedien vermittelt werden – mit dem Stichwort »Umwelt« im Zusammenhang mit Ökonomie also offensichtlich wesentlich stärker »Risiken und Probleme« als »Chancen«.[64]

Eine Informationspolitik des Staates, die stärker auf die Vermittlung der wirtschaftlichen Bedeutung von Umweltgütern und Umweltdienstleistungen ausgerichtet wäre, könnte dem entgegenwirken. Die entsprechenden Argumentationslinien ergeben sich aus wissenschaftlich weitgehend gesicherten Erkenntnissen über Zusammenhänge zwischen Umweltschutz und Wettbewerbsfähigkeit:

1. Der Umweltschutz hat sich in den vergangenen zwanzig Jahren in vielen Industrieländern zu einer eigenständigen Branche mit einer erheblichen gesamtwirtschaftlichen Bedeutung und Arbeitsplatzeffekten entwickelt. So beliefen sich die Umweltschutzausgaben von Wirtschaft und Staat in Deutschland im Jahre 1993 auf 22 Milliarden Euro; das Beschäftigungsaufkommen im Bereich des Umweltschutzes betrug im Jahre 1994 rund 956.000 Beschäftigte, was einem Anteil von 2,7 % aller Erwerbstätigen entsprach (Bundesumweltministerium 1997, 38/39). In der Schweiz beliefen sich die Umweltschutzausgaben der öffentlichen Hand im Jahre 2001 nach Abzug der Transferzahlungen zwischen Teilen der öffentlichen Hand auf knapp 3,54 Milliarden Schweizer Franken, was einer Steigerung um 46% seit 1990 entspricht. Gemäss Schätzungen belief sich der Umsatz aus sogenannten »ökoindustriellen« Tätigkeiten in der Schweiz im Jahr 1998 auf 9,5 Milliarden Franken bei insgesamt rund 50000 Beschäftigten (Bundesamt für Statistik 2000, 34; BfS/BUWAL 2004, 31).

---

[63] Als motivationale Faktoren des Umweltverhaltens werden bei Tanner/Foppa bezugnehmend auf eine Untersuchung von Stern et. al. (1993) genannt: Schutz und Wohlbefinden anderer Menschen (prosoziales Verhalten), der Schutz der natürlichen Umwelt (biozentrisches Verhalten), der persönliche Nutzen (egoistisches Verhalten). Sie ergänzen diese um den Gedanken, dass auch soziale Anreize wie Anerkennung oder Missbilligung vorliegen können.

[64] Inwiefern dies darüber hinaus auf die forschungsstrategische Anlage vieler Untersuchungen zurückzuführen ist, die gar nicht erst auf einen möglichen positiven Zusammenhang zwischen Umwelt und Wirtschaft eingehen, sei einmal dahingestellt.

2. Insbesondere die hohen Ausgaben der umwelttechnischen Industrie für Forschung und Entwicklung verweisen dabei auf das Innovationspotenzial der Branche. Umweltschutz trägt mithin nicht nur zu einer Verbesserung der natürlichen Umwelt sondern auch zu einer Modernisierung der Volkswirtschaft bei.
3. Umweltschutz kann zu einem »Exportschlager« werden (OECD 1996): »Ein erdrückendes empirisches Material legt [...] den Schluss nahe, dass eine aktive nationale Umweltpolitik sich bisher nirgends als ernsthafter Wettbewerbsnachteil erwiesen hat, Beispiele umweltpolitisch stimulierter Exporterfolge hingegen unübersehbar vorliegen« (Jänicke 1998, 335).
4. Betrieblicher Umweltschutz schliesslich trägt zu nachhaltigen Kostenreduktionen bei, die sich auch in einer Verbilligung von Produkten können. So konnte beispielsweise das Unternehmen »British Airways« durch ein Recycling-Programm in den Jahren 1996 bis 1997 Einsparungen in Höhe von 98.000 Britischen Pfund erzielen, die in weiterführende Recycling-Projekte investiert wurden.

Ein Beispiel, wie staatliche Akteure durch eine systematische Informations- und Aufklärungsarbeit zu nachhaltigen Veränderungen *in Unternehmen* beitragen können, bietet eine jüngere Informationskampagne des britischen Umweltministeriums. Unter dem Titel »Environmental Reporting: Getting Started« bietet es interessierten Unternehmen einen Leitfaden, in dem ausführlich begründet wird, warum die Etablierung eines Umweltmanagementsystems sowie eine Umweltberichterstattung sowohl aus gesellschaftlichen als auch ökologischen und ökonomischen Gründen sinnvoll und notwendig erscheinen (DEFRA 2001). Darin wird unter anderem auch darauf verwiesen, welche wichtige Funktion Unternehmen bei der Durchsetzung von Nachhaltigkeitszielen gegenüber ihren Kunden zukommt. Allerdings beschränkt sich die Kampagne wiederum ausschliesslich darauf, Unternehmen zu einer reinen *Umweltberichterstattung* (und nicht einer integrierten Nachhaltigkeitsberichterstattung) anzuregen.[65]

---

[65] Dies ist ein Beleg dafür, dass sich der bereits angedeutete Wandel hin zu einer »Nachhaltigkeitsberichterstattung« bislang noch nicht auf Ebene der politischen Instrumente zur Durchsetzung einer umfassenden nachhaltigen Entwicklung durchgesetzt hat. Jedoch lassen Entwicklungen der jüngeren Zeit vermuten, dass sich der bereits sichtbare Trend in naher Zukunft verstärken wird (vgl. Schönborn/Steiner 2001, 63 ff.)

Mit der Lancierung verschiedener Programme und Projekte haben sowohl nationale als auch internationale Organisationen in den zurückliegenden Jahren wesentlich dazu beigetragen, dass Wirtschaftsunternehmen ein stärkeres Augenmerk auf ökologische und soziale Fragestellungen richten und ihre Geschäftspolitik entsprechend ausrichten. Zugleich ist aus unseren Ausführungen deutlich geworden, dass die Bemühungen von Unternehmen, einen Beitrag zu einer nachhaltigen Entwicklung zu leisten, bislang zu sehr in der ökologischen Dimension anzusiedeln sind. Die Gründe hierfür wurden in der Einleitung zu diesem Abschnitt bereits genannt. Nicht zuletzt aus diesem Grund beziehen sich die Aktivitäten einer wachsenden Zahl zivilgesellschaftlicher Gruppen, die man neben Nationalstaaten und Wirtschaftsunternehmen metaphorisch auch als »dritte Kraft« im Prozess der Gestaltung des globalen gesellschaftlichen Wandels gemäss der Kriterien einer nachhaltigen Entwicklung bezeichnen könnte, seit einigen Jahren zunehmend auf die »soziale Dimension« der Nachhaltigkeit. Dabei sind es insbesondere die sogenannten »Globalisierungsgegner«, die sich der »neuen sozialen Frage« zu Beginn des 21. Jahrhunderts annehmen. So wurde beispielsweise die internationale attac-Bewegung im Jahr 1998 in Paris als »internationale Initiative zur demokratischen Kontrolle der Finanzmärkte und Institutionen« aus der Taufe gehoben.[66] Mit der in ihrer Namensgebung aufscheinenden Hauptzielsetzung gemeint ist dabei eine Reflexion der *sozialen Folgen* der internationalen Finanzpolitik – konkret werden in ihrer Charta die Schuldenproblematik der Dritten Welt, die Zinspolitik des IWF und Privatisierungen genannt. Auch an diesem Punkt wird mithin wiederum der enge Zusammenhang zwischen den Diskursen um Globalisierung und nachhaltige Entwicklung sichtbar.

Wir werden uns nachfolgend mit den angesprochenen zivilgesellschaftlichen Gruppierungen auseinandersetzen, die – wie der Staat – über die eingangs genannten Lenkungssysteme Einfluss auf das Verhalten von Unternehmen nehmen. Auch hierbei wird wieder die Frage im Zentrum stehen, mit welchen Instrumenten sie Unternehmen zu einem veränderten Verhalten zu animieren versuchen und welche Vor- und Nachteile diese in der Praxis aufweisen.

---

[66] Siehe http://www.attac.org/indexde/index.html. Eine umfassende Darstellung der attac-Bewegung liefern Christiane Grefe, Mathias Greffrath und Harald Schumann (vgl. dies. 2003).

5.2 Regulations- und Korrektivfunktionen der Zivilgesellschaft

Die informationstechnische Revolution und das gewaltige Wachstum des Mediensektors haben die Welt, wie bereits weiter oben ausführlich dargelegt, im Verlaufe der zurückliegenden dreissig Jahre zu einem »Kommunikationsdorf« (Die Gruppe von Lissabon 1998, 30) zusammen schrumpfen lassen. Wir hatten als eine Konsequenz aus dieser Entwicklung bereits ein wachsendes Bewusstsein des in der industriegesellschaftlichen Welt sozialisierten Individuums diagnostiziert, in einem globalen gesellschaftlichen Handlungskontext zu leben. Zugleich konnten wir feststellen, dass der Einzelne – nicht zuletzt aufgrund einer häufig einseitigen Medienberichterstattung – den Prozess der Globalisierung als eine *persönliche Bedrohung* empfindet und somit sein Bedürfnis wächst, sich für eine humanere Gestaltung des Wandels einzusetzen (vgl. ILO 2004, 3). Dieses Bedürfnis wird zusätzlich aus seiner (subjektiven) Beobachtung gespeist, dass institutionalisierte Formen sozial verantwortlicher und demokratisch kontrollierter politischer Macht auf globaler Ebene bis heute weitgehend fehlen bzw. nur rudimentär vorhanden zu sein scheinen (Die Gruppe von Lissabon 1998, 20 f.) und damit die Sanktionsmöglichkeiten beispielsweise gegen Unternehmen, die sich den »Spielregeln« zuwider verhalten, eingeschränkt sind.

Entsprechend verwundert es nicht, dass in den zurückliegenden Jahren sowohl die Bedeutung als auch die Zahl[67] jener *intermediären Gruppen* wächst, die in einem aus ihrer Sicht einseitig ökonomistisch orientierten Globalisierungsprozess eine Korrektivfunktion auszuüben streben. Nicht zuletzt diese Entwicklung hat im politischen System zu einer Intensivierung der Diskussion über die Frage beigetragen, inwiefern eine Stärkung der *»globalen Zivilgesellschaft«* im Sinne jener Melange aus neuen sozialen Bewegungen, Netzwerken engagierter Gruppen und Nichtregierungsorganisationen, die allmählich die überkomme, rein national agierende Zivilgesellschaft als politische Kräfte ergänzen, umgestalten und teilweise sogar ersetzen, ein

---

[67] Daniel Janett spricht unter Bezugnahme auf Daten der Vereinten Nationen von derzeit schätzungsweise 50.000 Non-Governmental-Organizations weltweit, von denen 1.500 bei der UNO ständig akkreditiert sind (vgl. Janett 1997, 145 und 166). Die Commission on Global Governance nennt eine Zahl von 28.500 international tätigen Nichtregierungsorganisationen für das Jahr 1993 (UNDP 1999, 30).

gangbarer Weg wäre, um den Globalisierungsprozess sozialer ausgestalten zu können (vgl. Janett 1997). Zumindest aus Sicht der politischen Ordnungskräfte eignete sich diese Option der Stärkung der Position des Einzelnen in seinen Funktionen als Bürger, Arbeitnehmer oder Konsument, wie dies durch verschiedene gesetzliche Regelungen in vielen Ländern bereits ansatzweise geschehen ist. Damit erreicht wird eine Bündelung der Kräfte.

Allerdings gilt es hierbei zu bedenken, dass die Organisationen, welche die globale Zivilgesellschaft ausmachen und repräsentieren in der Regel selbst wiederum einer demokratischen Legitimation entbehren und somit nur als mehr oder minder stark strukturierte Interessengemeinschaften respektive »*intermediate powers*« angesehen werden können, die ihre Organisationsziele im pluralistischen Meinungsbildungsprozess gegen andere, also insbesondere ökonomische Interessen, durchzusetzen suchen. Eine Sonderrolle spielen in diesem Kontext die *Massenmedien*, die im wissenschaftlichen Diskurs ebenfalls häufig als Korrelat eines zu sehr nach der Façon ökonomischer Kräfte gestalteten Globalisierungsprozesses genannt und der Zivilgesellschaft zugerechnet werden (Shaw 1998, 241).[68] Sie sind ebensowenig wie andere Interessengemeinschaften in irgendeiner Form demokratisch legitimiert und verfolgen – im Gegensatz zu anderen Organisationen der Zivilgesellschaft – ökonomische Interessen. Dies wird am deutlichsten, wenn man sich ihre finanzielle Abhängigkeit von der Werbewirtschaft vor Augen führt, deren Rolle als eigenständiges Sozialsystem innerhalb des Wirtschaftssystems von Siegfried J. Schmidt herausgearbeitet wurde (vgl. Schmidt 1995, 29 ff.). Besonders fatal wird ihre Rolle, wenn sie unter die Kontrolle von Wirtschaftsmagnaten geraten, die gleichzeitig Funktionen in anderen Systemen wahrnehmen. Der Fall Silvio Berlusconi, der zugleich Ministerpräsident Italiens ist und als Unternehmer mit dem Medienkonzern »Mediaset« die drei grössten, landesweit ausgestrahlten privaten TV-Sender kontrolliert, legt von dieser Problematik beredt Zeugnis ab. Diese Grundproblematik der nicht vorhandenen demokratischen Legitimation von Organistaionen der Zivilgesellschaft sowie der Doppelrollen einiger ihrer Vertreter in denselben und anderen gesellschaftlichen Systemen muss bei der Suche nach Gegenkräften zu den im Globalisierungspro-

---

[68] Martin Shaw zählt die Medien sogar explizit zu »den wichtigen Institutionen der Zivilgesellschaft« (Shaw 1998, 241).

zess anscheinend dominanten wirtschaftlichen Akteuren berücksichtigt werden.

Bevor wir uns näher mit dieser Problematik auseinandersetzen wollen, gilt es jedoch zunächst, den Begriff der Zivilgesellschaft – bzw. der »globalen Zivilgesellschaft« (Beck 1998, 121; Shaw 1998, 238f.; Die Gruppe von Lissabon 1998, 37) – einer näheren Betrachtung zu unterziehen, zumal sich dieser »gegen klare Definitionen und präzise Formulierungen [sperrt]« (Kneer 1997, 228). Überhaupt fällt bei einer Durchsicht der vorliegenden Literatur auf, dass gesellschaftliche Bewegungen, die sich für eine stärkere Berücksichtigung sozialer und ökologischer Anliegen im weltgesellschaftlichen Entwicklungsprozess aussprechen, höchst unterschiedlich tituliert werden. Ja, es wäre beileibe nicht übertrieben, von einem »babylonischen Begriffswirrwarr« zu sprechen. Insofern erscheint es sinnvoll, in einem ersten Schritt den in der Literatur am häufigsten anzutreffenden Begriff der »Zivilgesellschaft« im Kontext mit den ebenfalls häufig verwendeten Termini »soziale Bewegungen« und »Nichtregierungsorganisationen« einer näheren Analyse zu unterziehen. Dies schafft zugleich die Grundlage für unsere anschliessende Reflexion der Einflussmöglichkeiten derartiger Gruppierungen auf das Unternehmenshandeln.

5.2.1 Zivilgesellschaft, neue soziale Bewegungen und Nichtregierungsorganisationen – Begriffsklärungen

Von den drei soeben genannten Begriffen, ist der Terminus »Zivilgesellschaft« gewiss der definitorisch am weitesten gefasste. Er tauchte in den vergangenen zwanzig Jahren in zahlreichen wissenschaftlichen und ausserwissenschaftlichen Verwendungszusammenhängen auf. Die Spannbreite erstreckte sich dabei von seiner Nutzung durch kritische Intellektuelle in Ländern des ehemaligen Ostblocks während der 1980er Jahren zur Beschreibung ihrer sozialen und kommunikativen Vernetzungen, in welchen sie Opposition gegen die gleichgeschaltete Politik des sozialistischen Staatsapparates übten, bis hin zu Jürgen Habermas` Lesart des Begriffes als ein Beobachtungs- und Kontrollzentrum der modernen Gesellschaft in seiner rechtssoziologischen Studie »Faktizität und Geltung« (Habermas 1992).

So verwundert es nicht, dass Versuche, den Begriff einer sorgfältigen Klärung zuzuführen, allenthalben zum Scheitern verurteilt waren. Georg Kneer führt dies auf eine »Reihe von Ambiguitäten und

Unschärfen« (Kneer 1997, 228) zurück, von denen er seit seiner wissenschaftshistorisch frühesten Verwendung durch Aristoteles geprägt sei. Dabei ist nicht alleine ausschlaggebend, dass er seither in unterschiedlichsten Zusammenhängen Verwendung gefunden hat; es wurde ihm überdies im deutschsprachigen Raum mit dem Begriff der »bürgerlichen Gesellschaft« ein verwandter Terminus zur Seite gestellt, der sich allerdings mit der Marx`schen Auslegung als Begriff für die klassenmässig strukturierte, kapitalistische Organisation der materiellen Produktion stark von seinen Wurzeln in der politischen Philosophie des Aristoteles entfernte. Die angelsächsische Tradition verwendet den Begriff der »civil society« hingegen wesentlich stärker gemäss der aristotelischen Lesart im Sinne einer Assoziation freier und gleicher Bürger.

Freiheit respektive *Autonomie* im Sinne der Unabhängigkeit von einem bürokratischen Staatsapparat sowie Gleichheit im Sinne einer prinzipiell gleichberechtigten *Offenheit und Zugänglichkeit* für alle an einer gesellschaftlichen Metathematik interessierten Bürgerinnen und Bürger sind zwei der wichtigsten Aspekte, die auch heute noch die »koinononía politike« (lat. societas civilis) ausmachen. Georg Kneer nennt darüber hinaus noch drei weitere Merkmale der Zivilgesellschaft (Kneer 1997, 235 ff.): Zivilgesellschaftliche Assoziationen zeichnen sich danach erstens durch ihre *Pluralität* aus (vgl. auch Löhr 2004). Dies erscheint vor allem vor dem Hintergrund der Überlegung, dass der Zivilgesellschaft eine zwischen Individuen und dem Staat vermittelnde Funktion im Sinne einer intermediären Gewalt (intermediate power) zukommt von entscheidender Bedeutung. Denn nur, wenn innerhalb der intermediären gesellschaftlichen Sphäre ein möglichst breit angelegter öffentlicher Diskurs stattfindet, erhält sie ihre Funktion als Gegengewicht zur »Themenführerschaft« des Staates.

Dem Gedanken der Autonomie der Zivilgesellschaft auf den ersten Blick zu widersprechen scheint ein weiterer Gesichtspunkt: die *Legalität ihrer Einrichtungen*. Zivilgesellschaftliche Assoziationen können nur in politischen Systemen auf Dauer stabilisiert werden, in welchen ihnen die Rechtsordnung auch *Assoziationsfreiheit* und darüber hinaus zugleich *Meinungsfreiheit* garantiert. Sie bedürfen m.a.W. institutioneller Voraussetzungen. Dies darf jedoch nicht dahingehend interpretiert werden, dass der Zivilgesellschaft in undemokratischen Systemen nicht ebenfalls – ja, vielleicht noch mehr als in demokratischen Staaten – wichtige soziale Funktionen zukommen. Es bedeutet allerdings wohl, dass sich nur dort eine gegenüber dem staatlichen System kritische Öffentlichkeit etablieren und seine Wirksamkeit entfalten kann, wo auf eine Etablierung rechtsstaatlicher Strukturen hingewirkt wird. Wenn also – wie beispielsweise in der Agenda 21 – auf die besondere Bedeutung regierungsunabhängiger Organisationen für die Verwirklichung einer nachhaltigen Entwicklung verwiesen wird (vgl. United Nations 1992, Kap. 27), muss gleichzeitig die Frage thematisiert und geklärt werden, wie in einzelnen Staaten das Ziel der Rechtsstaatlichkeit erreicht werden kann, das die Funktionsfähigkeit der Zivilgesellschaft und damit die Handlungsfähigkeit der Nichtregierungsorganisationen gewährleisten kann.[69]

Als letztes Merkmal zivilgesellschaftlicher Assoziationen nennt Kneer schliesslich ein Faktum, das er als »utopisches Potenzial« beschreibt. Damit meint er, dass Zivilgesellschaft einerseits faktisch realisiert sei; andererseits jedoch sei »die prozedurale Verständigungspraxis, die auf eine permanente Kritik und Dauerrevision älterer Übereinkünfte abzielt, [...] mit einem offenen Horizont von anderen Möglichkeiten versehen. Insofern lässt sich sagen, dass die Bürgergesellschaft kontrafaktische Implikationen besitzt« (Kneer 1997, 236).

Folgt man diesem hier vorgestellten Begriffsverständnis, könnte man Zivilgesellschaft zugleich als einen *Oberbegriff* für (alte und neue) *sozialen Bewegungen* sowie *Non-Governmental-Organizations* ansehen. Die genannten Netzwerke und Gruppen bedürfen allerdings noch einmal einer gesonderten terminologischen Umschreibung, um ihre Besonderheiten innerhalb des zivilgesellschaftlichen Feldes zu markieren. Die Vereinten Nationen unterscheiden zwischen Nichtregierungsorganisationen und »anderen Institutionen der Zivilgesellschaft« (UNDP 1999, 125) und definieren NGOs wie folgt: »Eine nichtstaatliche Organisation [...] ist eine nicht-gewinn orientierte und auf freiwilliger Arbeit basierende Organisation von Bürgern, die sowohl lokal als auch national oder international organisiert und tätig sein kann. Auf ein bestimmtes Ziel ausgerichtet und von Leuten mit einem gemeinsamen Interesse gegründet, versuchen NGOs, eine Vielfalt von Leistungen und humanitären Funktionen wahrzunehmen, Bürgeranliegen bei Regierungen vorzubringen, die politische Landschaft zu beobachten und das politische Engagement in der Bevölkerung zu erwecken. Sie stellen Analysen und Sachverstand zur Ver-

---

[69] Genau dies passiert im Diskurs um eine »good governance«, der wir uns in Kapitel 3.2.2 zugewandt hatten.

fügung, dienen als Frühwarnmechanismus und helfen, internationale Übereinkünfte zu beobachten und umzusetzen.«[70] Somit fassen sie unter dem Begriff der NGOs also alle Gruppen und Verbände zusammen, die nicht dem Staat zuzurechnen sind (vgl. Walk/Brunnengräber/Altvater 1997, 13), womit eine sinnvolle Unterscheidung zwischen Zivilgesellschaft als einem bewusst weit gefassten und gedachten Terminus und NGOs als »freiwillige, gemeinnützige Mitgliederverbände und Serviceeinrichtungen, die sich als Organisationen des ›dritten Sektors‹ zwischen die Sphären von staatlicher Gewalt und wirtschaftlicher Macht schieben« (Janett 1997, 145) wiederum erschwert wird.

Vor allem aus Abgrenzungsgesichtspunkten gegenüber solchen Netzwerken und Gruppen, die sich primär *eingeschränkt* für die gesellschaftliche Durchsetzung ökonomischer oder ideologischer Ziele einsetzen (z.B. Lobbyverbände der Industrie oder Sekten) können NGOs im oben beschriebenen Sinne folglich sinnvoll nur *im Kontext* neuer sozialer Bewegungen gesehen werden. Sie sind genauer *soziale Bewegungsorganisationen* (»social movement organizations«), die vor allem mit dem Mittel der öffentlichen Kritik respektive des öffentlichen Protestes zu Veränderungen der sozialen Ordnung beitragen wollen. Die Adressaten ihrer Aktionen sind dabei in erster Linie staatliche und ökonomische Institutionen. NGOs können m.a.W. erstens als strukturierte, organisierte und auf Dauer angelegte Einheiten der sozialen Bewegungen angesehen werden, die selbst nicht als Organisationen anzusehen sind und häufig nur kurzfristig Bestand haben. Zweitens bilden sie den sozialen »Kernbereich« der (nationalen) Zivilgesellschaft und fungieren als »institutionelle Ausdrucksformen« (Shaw 1998, 241) der entstehenden globalen Zivilgesellschaft.

5.2.2 Nichtregierungsorganisationen als »dritte Kraft« im Prozess einer nachhaltigen Entwicklung

Insbesondere der Aspekt ihres relativ hohen Organisierungsgrades prädestiniert Nichtregierungsorganisationen im Prozess einer nachhaltigen Entwicklung für eine Rolle, die zunächst symbolisiert werden kann mit dem Bild der »Gegenspielerin« etablierter staatlicher und

---

[70] Siehe http://www.un.org/dpi/ngosection/gerbro.htm.

ökonomischer Institutionen. Doch es exisitieren daneben noch weitere Faktoren, welche auf die hohe Bedeutung verweisen, die NGOs heute als eine »dritte Kraft« im Prozess einer nachhaltigen Entwicklung zukommen.

Ihr besonderer Status ergibt sich zunächst aus der Sonderrolle, die ihnen die Vereinten Nationen dezidiert zuweisen. So nutzen derzeit rund 1500 und damit rund drei Prozent der Nichtregierungsorganisationen die im Jahr 1968 vom Wirtschafts- und Sozialrat (Economic and Social Council) geschaffenen Möglichkeit[71], sich mit der Hauptabteilung Presse und Information der Vereinten Nationen zu assoziieren (vgl. Janett 1997, 145 und 166). Die Voraussetzungen wurden dabei bewusst allgemein und letztlich problemlos erfüllbar gestaltet, indem den NGOs einzig vorgegeben wird, dass sie ein nachweisliches Interesse an den von den Vereinten Nationen behandelten Fragen haben und in der Lage sind, ein spezifisches Publikum (Pädagogen, Vertreter der Medien, politische Entscheidungsträger und die Wirtschaft) zu erreichen, die das Engagement und die Mittel besitzen, Informationsprogramme über Aktivitäten der Vereinten Nationen wirkungsvoll zu verbreiten, indem sie Nachrichten, Verlautbarungen und Broschüren veröffentlichen, Konferenzen, Seminare und Runde Tische organisieren und mit den verschiedenen Medien zusammenarbeiten. Einige dieser NGOs erhalten zusätzlich die Möglichkeit, einen Konsultativstatus beim Wirtschafts- und Sozialrat (Economic and Social Council – ECOSOC) zu erlangen. Ihre wachsende Bedeutung insbesondere im Prozess einer nachhaltigen Entwicklung unterstrich vor einigen Jahren auch der amtierende Generalsekretär der Vereinten Nationen, Kofi Annan: »Wir müssen eine grundlegend neue Zusammenarbeit mit der Zivilgesellschaft finden. Wir müssen eine neue Synthese zwischen Privatinitiativen und dem Gemeinwohl anstreben, die Unternehmergeist und marktwirtschaftliche Ansätze bei gleichzeitigem sozialem und ökologischem Verantwortungsbewusstsein begünstigt« (Botschaft an die Shd-Konferenz, San Jose, Costa Rica, Januar 1997).[72]

Vergleicht man ihre Einflussmöglichkeiten auf Unternehmen mit jenen des Staates, so sind sie in Gegensatz zu diesem in der Lage, ihre Anliegen über *Protestaktionen* unter Einschaltung der Medien einer-

---

[71] Resolution 1297 (XLIV) des Economic and Social Council.
[72] Zit. unter http://www.un.org/dpi/ngosection/gerbro.htm.

seits *direkt* gegenüber Wirtschaftsunternehmen zu artikulieren und dabei andererseits auch *indirekt* die politisch Verantwortlichen zu einer Stellungnahme zu bewegen, wie am bereits mehrfach erwähnten Fall »Brent Spar« sichtbar wurde (vgl. Zajitschek 1997, 250 ff.). *Sie beeinflussen m.a.W. die Handlungsfähigkeit von Unternehmen über alle drei* der von Dyllick genannten *Lenkungssysteme* (Politik, Öffentlichkeit, Markt – Dyllick 1990, 127-229), wobei im Vorfeld einer ihrer Aktionen regelmässig nicht abschätzbar ist, welche konkreten Auswirkungen eine Aktion haben wird. Zumeist sieht sich beispielsweise das politische System nicht direkt veranlasst, tätig zu werden, wohingegen die Medien bei entsprechender Dramatik der Aktion in der Regel sofort reagieren und somit rasch einen öffentlichen Druck erzeugen.[73] Dieser wiederum kann sich, muss sich jedoch keineswegs im Verhalten der Konsumenten – und damit am Markt – bemerkbar machen. Nicht zuletzt diese Unsicherheit über den Verlauf derartiger Aktionen trägt wesentlich dazu bei, Wirtschaftsunternehmen erheblich unter Druck zu setzen und zu einer wenigstens partiellen Akzeptanz gestellter Forderungen zu führen.

Dass sich dieser Prozess in Zukunft noch verstärken wird, hängt nicht zuletzt damit zusammen, dass in vielen NGO´s heute eine wachsende Professionalisierung sowohl ihrer Strukturen als auch ihrer Kommunikationspolitik zu beobachten ist. Ähnlich wie Wirtschaftsunternehmen nutzen NGOs die neuen Möglichkeiten, die vor allem das Internet zur Koordination von Handlungen bereitstellt, zu ihrer Internationalisierung. Sie verfügen m.a.W. heute nicht mehr nur im lokalen oder regionalen Bereich über »protestfördernde Netzwerke« (Opp 1996, 360), sondern weisen inzwischen einen vergleichsweise hohen globalen *Vernetzungsgrad* auf und koordinieren ihre Aktivitäten systematisch. Ihr hohes Ansehen, das sie in der Bevölkerung geniessen, trägt dazu bei, dass sie bei (regionalen oder globalen) Protestaktionen über ein hohes »Mobilisierungspotenzial« verfügen, das seitens der von derlei Aktionen betroffenen Unternehmen nur schwer einzuschätzen ist. Auch dieser Umstand verweist auf die wachsende Bedeutung der NGOs im Prozess der Durchsetzung gesellschaftlicher Forderungen gegenüber Wirtschaftsunternehmen zukommt.

Die angesprochenen Aktionen können nun in einem gewissen Sinne der Gruppe der *informativ-erzieherischen Instrumente* zugerechnet

---

[73] Vgl. zur besonderen Funktion der Medien 4.2.3.

werden, versuchen NGOs durch ihre Aktionen doch – auf eine bisweilen allerdings etwas rabiat anmutende Weise – einen *Bewusstseinswandel* der jeweiligen Unternehmensführung herbeizuführen. Da die Öffentlichkeit in Auseinandersetzungen zwischen Nichtregierungsorganisationen und Wirtschaftsunternehmen häufig mit ersteren sympathisiert, kann in diesem Kontext beobachtet werden, dass Unternehmen zunehmend seltener eine direkte Konfrontation mit Nichtregierungsorganisationen suchen, wie dies noch im medienwirksamen Kampf des vermeintlichen »Goliath« Shell gegenüber dem »David« Greenpeace der Fall war. Sie sind vielmehr darum bemüht, sie als Anspruchsgruppen wahrzunehmen und die prinzipielle Legitimität ihrer Anliegen zu unterstellen (Braithwaite/Drahos 2000).[74] Dies zeigt sich durchgängig in einer Reihe von Fallstudien von Unternehmen, die dem WBCSD angeschlossen sind.[75]

Man könnte dies im Sinne einer wachsenden Einsicht von Unternehmensleitungen in die ethische Legitimität normativer Forderungen und damit in ihre soziale Verantwortung interpretieren (vgl. WBCSD 1999, 3). Indes sind wir im Kontext unserer Untersuchungen auf eine derartige Auslegung der Anstrengungen von Unternehmen nicht angewiesen und können Spekulationen über die Beweggründe einer stärkeren Stakeholder-Orientierung wirtschaftsethischen Analysen überlassen. Denn entscheidend ist vielmehr, dass Wirtschaftsunternehmen *faktisch* an einer Kooperation mit NGOs interessiert sind, da die Abwehr von Ansprüchen negative Auswirkungen auf den Geschäftsgang und damit die Rentabilität des Unternehmens hätte (vgl. Göbel 1992, 21). Aus Perspektive der betriebswirtschaftlichen Klugheit macht es mit anderen Worten Sinn, Stakeholders Gehör zu schenken, denn: »Die von ihnen formulierten Erwartungen und Forderungen stellen wichtige und nur schwer zu kalkulierende Rahmenbedingungen der Unternehmenspolitik dar [...] Eine empirische Analyse der gesellschaftlichen Erwartungen an die Unternehmen ist deshalb ohne die Berücksichtigung der in diesen Organisationen diskutierten Anliegen und Ansprüche unvollständig« (imug 1997, 112).

---

[74] Vgl. kritisch dazu Albert Löhr (2004), der diese unreflektierte Legitimität in Frage stellt. Hinzuzufügen ist, dass die Anerkenntnis einer prinzipiellen Legitimität nicht automatisch bedeutet, dass Unternehmen die an sie gestellten Ansprüche auch vollumfänglich befriedigen müssen.

[75] Quelle: http://www.wbcsd.com/casestud/dialogue.htm

Entscheidungsträger der Wirtschaft lösen m.a.W. durch eine Anhörung externer Gruppen nicht unbedingt ein Legitimationsproblem, in jedem Fall aber ein *Informationsproblem*, denn sie sind darauf angewiesen, in einem Dialog mit den für sie handlungsrelevanten gesellschaftlichen Anspruchsgruppen jene Informationen akquirieren zu können, die sie über die Dimensionen ihrer Verantwortlichkeit gegenüber Gesellschaft und Umwelt aufklären. Zukunftsweisende Managementkonzepte müssen sich vor allem aus diesem Grund daran messen lassen, inwiefern es ihnen gelingt, das zentrale Problem der *Erwartungssicherheit* über die betriebliche Informations- und Kommunikationspolitik zu lösen.

Betrachtet mit sich vor diesem Hintergrund nun allerdings die Bandbreite der von NGO´s faktisch genutzten Instrumente zur Durchsetzung ihrer Forderungen nach einem sozial und ökologisch verträglicheren Unternehmensverhalten, so fällt auf, dass sie sich der Tatsache einer faktisch wachsenden prinzipiellen Bereitschaft der Unternehmen, mit ihnen zu kooperieren, noch nicht in ihrer gesamten Tragweite bewusst zu sein scheinen. Sie nutzen m.a.W. derzeit noch vorwiegend das bereits angesprochene informativ-erzieherische Instrumentarium, wobei sie dabei u.E. die Chancen, welche ihnen selbiges bereitstellt, nicht annähernd auszuschöpfen verstehen. Dies wird deutlich, wenn man sich eine Aktion gleich welcher Art einmal spielerisch als bewusste Anwendung eines Instruments vorstellt und dieses auf Basis der Kriterien seiner Vor- und Nachteile reflektiert.

Das Kriterium der *Effektivität einer Aktion* mag aus Sicht von NGOs oder sozialer Bewegungen insofern häufig als erfüllt angesehen werden, als sie einen teilweise hohen Grad an öffentlicher Wirkung erzeugen. In diesem Zusammenhang muss indes kritisch gefragt werden, ob dies tatsächlich als sinnvolle Zielsetzung angesehen werden kann. Denn letztlich geht es den Gruppierungen ja um die Erzeugung eines *tatsächlichen Bewusstseinswandels* und darüber hinaus um eine Veränderung des Verhaltens von Menschen. Ob und inwieweit dies durch medienwirksame, aber letztlich auf dem Gedanken einer Konfrontation basierende Aktionen erreicht werden kann, ist schwierig abzuschätzen. Mit Blick auf einige der durchaus spektakulären Aktionen sogenannter »Globalisierungsgegner«, die seitens der Öffentlichkeit keineswegs nur Zustimmung sondern vielfach auch Ablehnung erzeugen, kann indes das Kriterium der Effektivität als nicht erfüllt angesehen werden. Ebenso fraglich erscheint zudem bei vielen Aktionen, ob das Kriterium der *Effizienz* als erfüllt betrachtet werden kann: Der betriebene Aufwand steht häufig nicht in einem angemessenen Verhältnis zu den gesetzten Zielen, wenngleich dies einzelne Beteiligte an einer Aktion für sich persönlich nicht so betrachten dürften. Für unsere weiteren Reflexionen am bedeutsamsten erscheint jedoch, dass das *Kriterium der Akzeptanz* im Sinne einer Anerkennung als zielführend und sinnvoll durch die von einer Aktion betroffenen Gruppen imgrunde nie als erfüllt anzusehen ist.

Mit dieser kurzen Reflexion – dies gilt es noch einmal ausdrücklich zu betonen – sollen keinerlei normative Aussagen über den Sinn, die Richtigkeit oder die Angemessenheit öffentlicher Aktionen getroffen werden. Sie dient uns im Sinne eines modellhaften Konstruktes einzig zur Veranschaulichung der hier vertretenen Beobachtung, gemäss der NGO´s sowohl die *Bandbreite* als auch das *Potenzial* der einsetzbaren Instrumentarien zur Erzeugung von Verhaltensänderungen in Unternehmen nur unzureichend nutzen. Bevor wir im abschliessenden Teil dieses Kapitels (5.3.) über Ansätze reflektieren werden, wie diese Situation überwunden werden könnte, soll nachfolgend auf die besondere Rolle eingegangen werden, die u.E. den Massenmedien im Zusammenspiel zwischen Staaten, Unternehmen und NGOs im Diskurs um eine Ausgestaltung des globalen sozialen und politischen Wandels zugeschrieben werden kann.

5.2.3 Die besondere Rolle der Massenmedien bei der Strukturierung des öffentlichen Diskurses

Auf die besondere Rolle der Massenmedien im Zusammenhang mit den Diskursen zu Globalisierung und nachhaltiger Entwicklung wurde bereits mehrfach hingewiesen. Vor dem Hintergrund der Überlegungen zur Bedeutung zivilgesellschaftlicher Gruppierungen als Mitgestalter des Prozesses einer nachhaltigen Entwicklung und der Tatsache, dass sie von manchen Autoren selbst als Institutionen der Zivilgesellschaft betrachtet werden (Shaw 1998, 241), gewinnt diese Beobachtung indes noch einmal zusätzlich an Gewicht.

Massenmedien nehmen im Kontext der Fragestellung einer Integration von Unternehmen in den Prozess der nachhaltigen Entwicklung eine Sonderfunktion ein, indem sie einen wesentlichen Einfluss auf die Strukturierung der öffentlichen Meinungsbildung und des öffentlichen Diskurses haben. Diese Strukturierung erfolgt gemäss einer spezifischen »Eigenlogik« des Mediensystems. So machen insbesondere kommunikationswissenschaftliche Untersuchungen konstruktivistischer Provenienz deutlich, dass die Auswahl der Informationen im System der Massenmedien der Eigenlogik seines Programmbereichs »Nachrichten« folgt, dessen Selektoren über den Informations- und Mitteilungswert einer Nachricht entscheiden.[76] Demnach transferiert das Mediensystem vor allem dann Informationen aus einem thematischen Bereich (Kultur, Sport, Wirtschaft etc.) in Nachrichten, wenn diese einen hohen Grad an Attraktion der Rezipienten erwarten lassen.

Bevor wir dieses Phänomen nachfolgend am Beispiel des Themenkomplexes »Globalisierung« zeigen wollen, muss bereits an dieser Stelle darauf aufmerksam gemacht werden, dass Massenmedien gewiss als prominenteste institutionelle Repräsentanten des Lenkungssystems Öffentlichkeit bezeichnet werden können. Letztlich rekurrieren Manager respektive Unternehmen nämlich vornehmlich auf die in ihnen zum Ausdruck gebrachte Ächtung bzw. das Gutheissen bestimmter Handlungen (vgl. Dyllick 1990, 127-229) und nicht etwa primär auf die beispielsweise von NGOs direkt an sie herangetragenen Forderungen nach Verhaltensänderungen. Erst dann nämlich, wenn ein Thema öffentlich und ihnen darin eine bestimmte Rolle zugewiesen wird, nehmen es Wirtschaftsvetreter als relevant wahr. Aus Perspektive der NGOs kann dies nur bedeuten, dass sie ihre Ziele einzig dann erreichen können, wenn sie mit ihren Aktionen eine *Medienöffentlichkeit* schaffen. Entsprechend orientieren auch sie sich in erster Linie an der Eigenlogik des Mediensystems. Die Folge davon ist, *dass Unternehmen und NGOs ihre inhaltlichen Konflikte primär über Massenmedien austragen*, was sich mit Blick auf Unternehmen am deutlichsten in den systematischen Bemühungen um eine Professionalisierung der Public Relations zeigt (vgl. Dorer 1994, 13-26). Das Phänomen, dass Vertreter eines bestimmten gesellschaftlichen Teilsystems hinsichtlich einer bestimmten Thematik erst dann agieren, wenn diese von den Massenmedien zu einem *öffentlichen Thema* gemacht wurde und gleichzeitig systemspezifische Relevanzkriterien angesprochen werden, ist im Übrigen weder neu noch ausschliesslich im Wirt-

---

[76] Vgl. Luhmann 1996b, 58. Dabei muss ausdrücklich darauf hingewiesen werden, dass der Begriff der »Selektion« aus Sicht einer Theorie autopoietischer Systeme, wie sie Luhmann entwickelt hat (ders. 1991), nicht Personen (Journalisten) oder Organisationen (Redaktionen), sondern dem System der Massenmedien selbst zuzuschreiben ist: Aus systemtheoretischer Perspektive ordnet das System selbst seine Kommunikationen, nicht etwa Individuen oder Gruppen.

schaftssystem beobachtbar. So haben Anita Engels und Peter Weingart am Beispiel des Themas »Klimawandel« überzeugend zeigen können, dass dieses erst dann politisch thematisiert wird, »wenn politische Relevanzkriterien berührt werden, also wenn sich Regierung und Opposition am Klimawandel scheiden, wenn durch ihn ein Legitimationsproblem entsteht oder wenn er Chancen zum Machterhalt beziehungsweise zur Machterweiterung eröffnet« (Engels/Weingart 1997, 91). Gerade die Legitimationsproblematik und den Machterhalt (im Wirtschaftssystem besser als »Markterhalt« zu bezeichnen) haben wir bereits als wichtigste Faktoren für eine stärkere Öffnung von Unternehmen gegenüber den Ansprüchen ihrer Stakeholders identifiziert.

Bevor wir auf die sich daraus ergebenden Konsequenzen eingehen werden, soll nachfolgend die Wirkungsweise des Mediensystems auf Basis der dominierenden Selektoren im System der Massenmedien am Beispiel des Themenkomplexes »Globalisierung« gezeigt werden. Wir beziehen uns dabei insbesondere auf Niklas Luhmann, der die Wirkungsweise dieser Selektoren in seiner Arbeit über Massenmedien systematisch und anschaulich beschrieben hat (vgl. Luhmann 1996b, 58 f.):

1. Um von Rezipienten als solche wahrgenommen zu werden und sie in denn Bann zu ziehen, müssen Nachrichten eine Neuheit offerieren. Das Mediensystem akzeptiert Wiederholungen nicht. Die Globalisierungsthematik erweist sich insbesondere aufgrund ihrer hohen Flexibilität als besonders ertragreiches journalistisches Feld. Der Begriff fungiert als ein thematischer Erzählrahmen, der ein hohes Potenzial an Anschlussoptionen für neue Einzelinformationen aufweist und deren Einordnung in einen aus Sicht der Rezipienten vertrauten Kontext erlaubt.
2. Massenmedien präferieren Konflikte aufgrund deren Eigenschaft, bei den Rezipienten Ungewissheit und damit Spannung zu erzeugen, weil die Konfliktlösung nur in der Zukunft erfolgen kann. Dieses Moment ist bei der journalistischen Nutzung der Globalisierungsmetapher besonders ausgeprägt. So wird das Thema beispielsweise häufig in einen Kausalzusammenhang mit einem Anstieg der Arbeitslosigkeit gestellt.[77]

---

[77] Vgl. z.B. Martin/Schumann, die in ihrem Bestseller »Die Globalisierungsfalle« von der Gefahr einer »20:80-Gesellschaft« der 20% arbeitenden und 80% von der Arbeit ausgeschlossenen Menschen sprechen (dies. 1997, 9 ff.)

3. Letzterer Umstand wiederum verweist darauf, dass in den Erzählrahmen Globalisierung zahlreiche Ereignisse aus der sozialen, ökologischen, ökonomischen oder technologischen Dimension eingebettet werden können, die quantifizierbar sind – und »Quantitäten sind immer informativ, weil eine bestimmte Zahl keine andere ist als die genannte« (Luhmann 1996b, 59). Hinzu kommt, dass der Prozess der Globalisierung selbst, wie wir gezeigt haben, vor allem durch das Anwachsen bestimmter Faktoren erklärt und sichtbar gemacht werden kann: die Zunahme der Transaktionen auf den internationalen Finanz- und Kapitalmärkten, die wachsende Interaktionsdichte des internationalen Handels oder der Anstieg der Direktinvestitionen – all diese Faktoren sind gleichzeitig mess- sowie an Vergleichszahlen spiegelbar, was wiederum zu einer Erhöhung des Informationswertes der einzelnen Nachricht führt.
4. Die hohe Flexibilität des Erzählrahmens Globalisierung ermöglicht es den Informationsproduzenten des Mediensystems, Nachrichten lokalen Charakters in einen grösseren Kontext zu stellen und darüber hinaus die Metapher der Globalität derjenigen der Lokalität bewusst gegenüber zu stellen. Dies geschieht regelmässig dann, wenn es in einer lokalen ökonomischen Dimension zu Ereignissen kommt, deren Verursacher nicht eindeutig auszumachen sind oder die sich zur Begründung ihrer Entscheidungen selbst auf »Globalisierung« berufen. Sie – und nicht etwa einzelne Personen – ist dann eben verantwortlich zu machen für die Verlagerung oder Schliessung von Standorten oder den Abbau der Beschäftigtenzahlen. Die von Ulrich Beck angesprochene »Inszenierung des ökonomischen Globalisierungs-Risikos« (Beck 1998, 13) wird in derlei Situationen ebenso deutlich wie die Beobachtung einer verstärkten öffentliche Wahrnehmung von »Globalisierung« als ein negatives und bedrohliches Phänomen.
5. Neben Konflikten gehören Normverstösse zu bevorzugten Gegenständen journalistischer Berichterstattung. Die spezifische Funktionsweise des massenmedialen Systems bedingt dabei, dass sie bevorzugt als Skandale be- und verhandelt werden. Die journalistische Produktion von gemeinsamer Betroffenheit der Rezipienten (Luhmann 1996b, 62) ist im Globalisierungsdiskurs ebenfalls häufig anzutreffen, zumal es dem System möglich ist, Handlungsweisen entlang der Unterscheidung »Achtung/Missachtung« (vgl. Luhmann 1993c, 361) moralisch zu bewerten. Mit der Vornahme

derlei moralischer Bewertungen erfüllen Medien »eine wichtige Funktion in der Erhaltung und Reproduktion von Moral« (Luhmann 1996b, 64), ohne indes als Instanz aufzutreten, die ethische Grundsätze zu reflektieren in der Lage bzw. geeignet sei. Vielmehr bewirkten sie eine beständige Selbstirritation der Gesellschaft und trügen damit zur Reproduktion moralischer Sensibilität bei. Im Falle der Globalisierung nutzt das System der Massenmedien den – selbst co-produzierten – Sachverhalt einer mangelnden Durchschaubarkeit der komplexen sozio-ökonomischen Prozesse, gepaart mit einer immer schon kritischen, vereinzelt gar feindseligen Haltung der Bevölkerung gegenüber ökonomischen Entscheidungsträgern, um seinerseits die Reproduktion der eigenen moralischen Bewertungen aufrecht zu erhalten. Denn nur, wenn diese hinreichend sichergestellt ist, können jeweils auch künftig attraktive Anschlussnachrichten produziert werden, die ihrerseits an der zuvor vorgenommenen Bewertung anschliessen können.

6. Nun werden Normverstösse im massenmedialen System in der Regel nicht als solche, sondern im Zusammenhang mit benennbaren Personen thematisiert, die als Individuen gegen Normen verstossen haben. Genau dies erscheint aber im Globalisierungsdiskurs als problematisch: die Verantwortung für eine moralische Bewertungen seitens der Rezipienten provozierende Handlung, wie die bereits genannten Standortverlagerungen oder der Abbau von Arbeitsplätzen, kann nur selten einzelnen Individuen alleine zugerechnet werden. Geschäftsführer bzw. Konzernleiter oder Aufsichtsratsvorsitzende von Konzernen mögen zwar stellvertretend für ihr Unternehmen wahrgenommen werden, sind jedoch für gefällte Entscheidungen niemals alleine verantwortlich (zu machen). Vielmehr kommt es in der Realität zu einer – auch in den Wissenschaften beobachteten – häufigeren Zurechnung der Verantwortlichkeit an die Adresse von Korporationen (vgl. Werhane 1992, 329). Dies erklärt auch, warum insbesondere die Entscheidungen bekannter multinationaler Konzerne in der öffentlichen Diskussion besonders kritisch wahrgenommen werden.

Aus diesen Gedanken lässt sich schlussfolgern, dass Massenmedien zur Strukturierung eines öffentlich geführten Diskurses vor allem dann verstärkt beitragen, wenn zwei Grundvoraussetzungen erfüllt sind: Das Thema des Diskurses erweist sich erstens als hinreichend flexibel in seiner Übertragung auf unterschiedliche Sachzusammenhänge und wird entsprechend häufig thematisiert; dadurch wiederum kommt es zweitens zur Konstruktion *vertrauter Kontexte* (vgl. Luhmann 1996b, 59), was innerhalb des Mediensystems die Wahrscheinlichkeit erhöht, thematische Anknüpfungspunkte für neue Nachrichten vorzufinden. Aus dieser Perspektive kann die geradezu inflationäre Verwendung des Globalisierungsbegriffs im Mediensystem als ein wechselseitiger Verstärkungsprozess begriffen werden. So haben die Vorprägungen, die der Begriff in der populärwissenschaftlichen Literatur erfahren hat, in der öffentlichen Wahrnehmung zur Vorstellung beigetragen, dass er zur Begründung zahlreicher – als negativ empfundener – alltagsweltlicher Erfahrungen genutzt werden kann. Globalisierung steht m.a.W. landläufig als Synonym für eine Entwicklung, die das Individuum in unterschiedlichen Dimensionen seiner Alltagswelt vornehmlich *negativ* beeinflusst. Dies hatten wir bereits ausführlich reflektiert. Das Mediensystem wiederum nutzt die wachsende Aufmerksamkeit für »Globalisierung« als ein Potenzial, um die Attraktion seiner Rezipienten für spezifische Nachrichten und Themen zu erhöhen.

Für unsere Untersuchung ergeben sich aus den vorstehenden Reflexionen zwei bedeutsame Schlussfolgerungen: Erstens vertreten wir die Auffassung, dass die Dominanz der bereits einleitend angesprochenen Negativsemantik im Zusammenhang mit dem Begriff der Globalisierung einen nicht geringen Teil dazu beigetragen hat, die Wahrnehmung von Unternehmen als Partner im Prozess einer nachhaltigen Entwicklung (United Nations 1992, 219 und 237 ff.) zu erschweren. Dabei macht es wenig Sinn, für diese Lage einen »Schuldigen« benennen zu wollen. Der heutige Stand des öffentlichen Diskurses ist vielmehr nicht zuletzt Ergebnis der Auseinandersetzungen zwischen verschiedenen Akteuren in einem pluralistischen Prozess der Meinungsbildung. Die zweite Schlussfolgerung wiegt u.E. noch stärker: Folgt man nämlich den Überlegungen im konstruktivistischen Konzept der »Eigenlogik« des Mediensystems, dann können Ansätze zu einer Einbindung von Unternehmen in den Prozess einer nachhaltigen Entwicklung nur dann gelingen, wenn Unternehmen auch seitens der Massenmedien überwiegend positive Reaktionen auf allfällige Kooperationen erwarten können. Als »positiv« können dabei eingedenk unserer Reflexion des Wirtschaftssystems als operational geschlossener Kommunikationszusammenhang nur jene massenmedialen Reaktionen bzw. Äußerungen angesehen werden, die einen Rückgang des öffentlichen Drucks seitens des Lenkungssystems Öffentlichkeit nach sich ziehen und zugleich die institutionellen Repräsentanten der beiden anderen Lenkungssysteme gleichsam »besänftigen«. Unternehmen werden m.a.W. einer Kooperation nur dann zustimmen, wenn sie aus den massenmedialen Reaktionen auf eine Kooperation schliessen können, dass sich letztere auch positiv auf die Politik und vor allem den Markt auswirken.

Massenmedien bzw. deren Berichterstattung, so lässt sich zusammenfassen, dienen allen Akteuren als Referenzsystem, an dem sich erkennen lässt, inwieweit die konkrete Anwendung einzelner Instrumente einer Nachhaltigkeitspolitik positive oder negative Auswirkungen zeitigt. Aus Sicht von Unternehmen tragen sie einen wichtigen Teil zu der bereits angesprochenen Erwartungssicherheit bei. Diese Beobachtungen sollen auch im letzten Teil unserer Untersuchung berücksichtigt werden, in dem es um eine Reflexion von Ansätzen zu einem konstruktives Zusammenwirken der bedeutsamsten Akteure im Prozess der Gestaltung einer nachhaltigen Entwicklung gehen soll.

5.3 Zum Interessenausgleich zwischen gesellschaftlichen und unternehmerischen Zielen

Seit der Verabschiedung der Agenda 21 ist in zahlreichen Arbeiten auf die grosse Bedeutung von Partnerschaften zwischen Regierungen und Kommunalverwaltungen, internationalen politischen Organisationen, Nichtregierungsorganisationen, Verbrauchern und Wirtschaftsunternehmen zur Erreichung der Zielsetzungen einer nachhaltigen Entwicklung hingewiesen worden (Warner/Sullivan 2004, 9f.; UNDP 1999, 117 f.; 1998, 121 ff.). Sukzessive wurde dabei die kontradiktorische Gegenüberstellung der einzelnen Gruppen als gegnerische, ja sich feindselig gesinnte Akteure überwunden, die ihre Ansichten und Ansprüche in einem monologischen Prozess an die jeweils anderen Akteure richten. Dabei ist den Autoren in der Regel bewusst, dass eine Integration von Unternehmen und dabei insbesondere multinationaler Konzerne – als besonders einflussreiche und damit wichtige Repräsentanten des Wirtschaftssystems – weitreichender Anstrengungen bedarf. So formuliert das UNDP treffend: »Sie sind nicht nur Aussenseiter, sondern ganze Imperien mit Geld, Macht, Konzern- und Tochtergesellschaften sowie der Unterstützung des internationalen Systems. Sie gelten oft als die kreativen Enklaven der Volkswirtschaften und können nur ausserordentlich schwer nationalen Vorschriften und Bestimmungen unterworfen werden« (UNDP 1999, 119). Doch nicht nur die hier angesprochene komplexe Gestalt multinationaler Konzerne behindert deren Einbindung in den Prozess einer nachhaltigen Entwicklung.

Neben anderen Gründen, die noch thematisiert werden sollen, muss konstatiert werden, dass etliche Unternehmen sowohl die Behauptung, dass ihnen aus einer bewussten Verantwortungsübernahme hinsichtlich der wirtschaftlichen, sozialen und ökologischen Transformation der Weltgesellschaft ein höheres Mass an *Legitimität* erwachsen könnte als auch die wiederholt getroffene Feststellung, dass ihnen eine konsequente Ausrichtung ihrer Geschäftspolitik an der Leitidee »Nachhaltigkeit« sowie die Kommunikation dieses Umstandes die Chance bietet, sich »im Hinblick auf [ihre] Zukunftsfähigkeit und Innovationskraft zu positionieren« (Schönborn/Steinert 2001, 6), höchst ambivalent wahrnehmen. Eine noch immer grosse Zahl von Unternehmen sehen darin weder eine Notwendigkeit noch eine Möglichkeit zur Optimierung ihrer Geschäftsprozesse und verzichten auf einer stärkere Zusammenarbeit mit ihren Stakeholders. Die Gründe hierfür sind im Übrigen vielfältig und gewiss nicht alleine auf einen suboptimalen Einsatz staatlicher Steuerungsinstrumente zurück zu führen.

Obschon also die Ausgangslage für eine verstärkte Kooperation der genannten Partner bzw. die Einbindung multinationaler Unternehmen in ein entsprechendes Netzwerk als durchaus schwierig und spannungsvoll angesehen werden muss[78], führt zur Erreichung der Zielsetzung einer nachhaltigen Entwicklung kein Weg an einer Überwindung der traditionellen Rivalitätsdiagnose vorbei. Dies hatten wir bereits in Hinblick auf das Verhältnis zwischen Staat und Unternehmen gezeigt. Es wird aber zugleich durch Erkenntnisse nahe gelegt, die sich aus unserer nachfolgenden Analyse verschiedener Initiativen zur Förderung und Umsetzung der Idee einer Corporate Social Responsibility ergeben. Wie bereits in unseren Analysen zur Funktion von Wirtschaftsunternehmen im Prozess einer nachhaltigen Entwicklung kurz dargestellt, wird unter diesem Begriff in einer Formulierung des World Business Council for Sustainable Development das »ethische Verhalten« eines Unternehmens gegenüber der Gesellschaft verstanden: »In particular, this means management acting responsibly in its relationship with other stakeholders who have a legitimate interest in the business – not just the shareholders« (WBCSD 1999, 3).

Aufgrund der Vielzahl an derzeit existierenden und teilweise ineinandergreifenden Initiativen (McIntosh et al. 2003)[79] erscheint es zunächst schwierig, eine sinnvolle Auswahl zu treffen. Gleichwohl werden wir uns im Folgenden auf einige repräsentative Beispiele beschränken, die jeweils die gesamte Bandbreite einer Gruppe von Initiativen abdecken. Die Einteilung erfolgt dabei nach den *Initiatoren*. Dies ermöglicht es uns, jede der Initativen als ein *Instrument* zu betrachten, mit dessen Anwendung benennbare Initianten konkrete

---

[78] Folgt man den Ausführungen der United Nations, kann für die zurückliegenden Jahren von einer Trendwende in der Beziehung zwischen transnationalen Konzernen und sozialen Interessengruppen gesprochen werden: »A positive pattern emerging from recent social responsibility trends is the increased efforts at improved dialogue between TNCs and social interest groups. Early relationship were often marked by mistrust and misunderstandings that fed a cycle of antagonistic actions and reactions.« (UNCTAD 1999, 47)

[79] McIntosh et al. nennen in Ihrer Übersicht acht verschiedene Initiativen, Codes of Conducts und Management Standards: den UN Global Compact, die Konvention der ILO, die OECD-Gudelines für MNE, ISO 14000, AccountAbility 1000, die GRI, die Global Sullivan Principles sowie den SA8000 (McIntosh et al. 2003, 22).

Zielsetzungen verbinden. Folgende Initiativen werden dabei einer näheren Analyse unterzogen:

1. Der »Globalpakt« (Global Compact) der Vereinten Nationen im Sinne einer internationalen politischen Initiative, die ausgehend von einem Appell des Generalsekretär der Vereinten Nationen, Kofi Annan, im Jahre 1999 zu einem Zusammenschluss von Vertretern der UN, internationalen Verbänden, wissenschaftlichen Organisationen, Unternehmen und NGOs geführt hat und sich im Sinne einer Kommunikations- und Lernplattform auf Basis von zehn ethischen Prinzipien grundsätzlichen Fragen eines Beitrags von Unternehmen zu wichtigen globalen Problemstellungen wie Menschenrechten oder Umweltschutz zuwendet (Kapitel 5.3.1).
2. Das Programm »Responsible Care« der chemischen Industrie, das 1991 vom International Council of Chemical Associations (ICCA) verabschiedet wurde und sich dezidiert als ein Beitrag zur Konkretisierung der Leitideen einer nachhaltigen Entwicklung in den Unternehmen einer Branche versteht (Kapitel 5.3.2).
3. Die »Clean Clothes Campaign«, die in einem engen Zusammenhang steht mit der Entwicklung des »Sozialstandards SA8000« und hier respräsentativ stehen soll für Kampagnen von NGOs zur Durchsetzung bestimmter Verhaltensnormen in Unternehmen (Kapitel 5.3.3).
4. Die »Global Reporting Initiative«, die in Zusammenarbeit von Unternehmen, NGOs, internationalen Organisationen und wissenschaftlichen Einrichtungen Richtlinien für eine Nachhaltigkeitsberichterstattung (Corporate Sustainability Reporting) entwickelt hat, die bereits sehr weit gediehen sind und bereits von zahlreichen Unternehmen eingesetzt wurden (Kapitel 5.3.4). In diesem Kontext werden auch weitere Konzepte eines nachhaltigen Managements[80] reflektiert, die teilweise aus den Wissenschaften, teilweise von Beratungsunternehmen und Investmentgesellschaften stammen.

---

[80] Wir unterscheiden bewusst zwischen der Idee eines nachhaltigen Managements und eines sogenannten »Nachhaltigkeitsmanagements«, wie es am prominentesten von Stefan Schaltegger vertreten wird (Schaltegger et al. 2002; Schaltegger/Dyllick 2002). Während ersteres Konzept auf die Idee abhebt, dass ein Managementsystem an sich nachhaltig werden soll, betont das letztere stärker die Idee, dass »Nachhaltigkeit« im Sinne einer von Aussen an Unternehmen herangetragenen Forderung mit Hilfe der klassischen betriebswirtschaftlichen Konzepte gemanagt werden muss.

Je nach Ausgestaltung des Instruments ergibt sich ein bestimmter *Grad der praktischen Wirksamkeit* auf das konkrete Management- und Entscheidungshandeln in Unternehmen. Um Erkenntnisse über diese Wirksamkeit erhalten zu können, beziehen wir uns auf die bereits ausführlich dargestellten Kriterien der *Effektivität, Kompatibilität, Effizienz und Akzeptanz*. Unter Zuhilfenahme dieser Indikatoren gilt es insbesondere zu klären, welche Kriterien erfüllt sein müssen um das Ziel einer nachhaltigen Entwicklung unter optimaler Nutzung aller verfügbaren Ressourcen erreichen zu können.

5.3.1 Der »Global Compact« der Vereinten Nationen

Seit der Verabschiedung der Agenda 21 im Jahre 1992 haben die Vereinten Nationen zahlreiche Projekte zur Konkretisierung der darin formulierten Leitideen unternommen. Das bekannteste und weitestreichende ist dabei derzeit eine Initiative zur Aktivierung von Unternehmen als Mitgestalter ihrer Zielsetzungen: der sogenannten »Globalpakt« (Global Compact). Dabei handelt es sich um einen »Gesellschaftsvertrag (contract social) über minima moralia« (Leisinger 2002, 408), der auf das persönliche Engagement des derzeitigen Generalsekretärs der Vereinten Nationen, Kofi Annan, zurück zu führen ist. Er forderte Vertreter global agierender Unternehmen auf dem Weltwirtschaftsforum am 31. Januar 1999 in Davos auf, einen globalen Pakt einzugehen und sich damit zu verpflichten, einige Grundsätze (principles) aus den Bereichen Menschenrechte, Arbeitsstandards und Umweltschutz als Minimalstandards in ihren Mitgliedsunternehmen zu verankern.[81] Diese weisen im Übrigen grosse Ähnlichkeiten zu jenen auf, die in den Guidelines for Multinational Enterprises formuliert sind (OECD 2000a) und basieren auf der Deklaration der Menschrechte, den Guidelines der International Labour Organization (ILO) sowie der Agenda 21:

1. Menschenrechte: Unternehmen sollen den Schutz der allgemeinen Menschrechte prinzipiell unterstützen (Prinzip 1) und dabei insbesondere sicherstellen, dass es in ihrem Einflussbereich nicht zur Verletzung von Menschenrechten kommt (Prinzip 2).

---

[81] Vgl. www.unglobalcompact.org.

2. Arbeitsnormen: Unternehmen sollen sich einsetzen für die Verteidigung der Rechte auf Vereinigungsfreiheit sowie auf Kollektivverhandlungen (Prinzip 3) sowie für die Beseitigung jeglicher Art von Zwangsarbeit (Prinzip 4), Kinderarbeit (Prinzip 5) und der Diskriminierung bei Anstellung und Beschäftigung (Prinzip 6).
3. Umweltschutz: Unternehmen werden aufgefordert, mit Blick auf Umweltprobleme einen vorsorgenden Ansatz zu verfolgen (Prinzip 7) Initiativen zur Förderung einer grösseren Verantwortung gegenüber der Umwelt zu ergreifen (Prinzip 8) und schliesslich die Entwicklung und Verbreitung umweltfreundlicher Technologien voranzutreiben (Prinzip 9).

Auf einem »Gipfeltreffen« führender Vertreter von Mitgliedsorganisationen des Global Compact wurde jüngst die Forderung nach einem Eintreten der Mitglieder gegen jegliche Form der Korruption als zehntes Prinzip aufgenommen (Global Compact Office 2004), womit der Globalpakt um einen entscheidenden Aspekt erweitert wurde.

Besondere Bedeutung erhält der Global Compact erstens durch die Tatsache, dass er neben fünf Vertretungen der Vereinten Nationen[82] mehrere internationale Verbände wie die International Confederation of Trade Unions (ICFTU) oder die International Chamber of Commerce (ICC), mehr als 20 NGOs aus den Bereichen Menschenrechte, Umweltschutz und Entwicklungshilfe (Amnesty International, WWF, World Resources Institute u.a.) sowie zahlreiche wissenschaftliche Institutionen und Unternehmen in einem Netzwerk vereinigt. Damit kann er als derzeit grösstes Programm betrachtet werden, das die einflussreichsten Akteure im Prozess einer nachhaltigen Entwicklung an einem virtuellen »runden Tisch« zusammenführt. Durch das stetige Wachsen des Netzwerks und die systematische professionelle Kommunikation über darin stattfindende Prozesse wird darüber hinaus ein Signal an Unternehmen gesendet, sich dem Globalpakt anzuschliessen: eine Nichtteilnahme insbesondere multinational tätiger Unternehmen könnte diesen von der kritischen Öffentlichkeit je länger je mehr als Ablehnung der Prinzipien ausgelegt werden.

---

[82] Das Office of the High Commissioner for Human Rights (OHCHR), das United Nations Environment Programme (UNEP), die International Labour Organization (ILO), das United Nations Development Programme (UNDP) sowie die United Nations Industrial Development Organization (UNIDO).

Des Weiteren bedeutsam erscheint, dass er gerade *nicht* als ein *ordnungspolitisches Instrument* oder ein Verhaltenskodex, sondern als eine *Plattform* für Unternehmen und andere Organisationen geplant und angelegt ist, über die diese mit Partnern in einen Lernprozess eintreten und dabei im Dialog für ethische Fragen sensibilisiert werden, auftretenden Probleme erörtern und best practices entwickeln können (Leisinger 2002, 408 f.). Konkret werden Teilnehmende am Globalpakt ersucht, regelmässig über die von ihnen ergriffenen Massnahmen zur Verwirklichung der zehn Prinzipien zu berichten und sich an Partnerschaften wie Gesprächsrunden und Projekten zu beteiligen. Der Erfolg des Globalpaktes soll dabei an konkreten Zielen wie der Verwirklichung der Einrichtung einer aussagekräftigen Lerndatenbank, der tatsächlichen Einbindung der neun Prinzipien in den innerbetrieblichen Prozess und dem erfolgreichen Abschluss von Projekten gemessen werden.

Führt man sich diese Stossrichtung des Globalpaktes vor Augen, so kann die Allgemeinheit der Prinzipien als Programm angesehen werden: es handelt sich bei der Initiative des Generalsekretärs der Vereinten Nationen um ein Instrument, mit dessen Anwendung nicht primär auf *Verhaltensänderungen* sondern auf *Bewusstseinsbildung* abgezielt wird. Mangels konkreter Handlungsanweisungen ist das Instrument zwar *kaum effektiv* (im Sinne der hier vorgestellten vier Instrumente einer Nachhaltigkeitspolitik), dafür aber gemessen an seinen Zielsetzungen ausgesprochen *effizient*, da es in Unternehmen zu einer Sensibilisierung für nicht direkt mit dem Geschäftserfolg in Zusammenhang stehende Themen führt und dabei die Operationalisierung der Leitideen in die Hand der Unternehmen gibt. Insofern sind auch die Kriterien der *Akzeptanz* und der *Kompatibilität* erfüllt. Nur aufgrund dieser Konstruktion kann der Globalpakt auch eine Wirkung erzielen, die in der Literatur nur selten genannt wird: indirekt richtet er sich auch an jene Machthaber in Ländern der Dritten Welt, die sich weigern oder als unfähig erweisen, Prinzipien einer »good governance« zu etablieren, die wir bereits ausführlich thematisiert hatten. Indem er Unternehmen für eine Zusammenarbeit gewinnt und sie gleichzeitig an bestimmte Regeln bindet, baut er bewusst einen Druck auf die genannten Machthaber auf. So kann ein Unternehmen, das sich dem Globalpakt anschliesst, für die Zwecke einer Regierung nicht mehr so ohne weiteres instrumentalisiert werden. Es kann entsprechende Avancen im Gegenteil mit dem Hinweis auf seine Verpflichtungen zurückweisen und vermeidet damit zugleich, dass ihm sein Handeln negativ ausgelegt wird. Die Aufnahme des Anti-Korruptions-Paragraphen als zehntes Prinzip spricht hier eine deutliche Sprache. Kofi Annan scheint diese indirekte Wirkung im Übrigen durchaus beabsichtigt zu haben. So argumentiert er, »that the involvement of businesses is necessary because in many Third World countries governments are either unable or unwilling to implement social and environmental rights. Since state sovereignty prevents supranational organizations like the UN or the ILO to intervene, TNCs in many cases remain the only actors that via their economic power can effectively influence conditions.« (Scherer/Baumann 2004, 4).

So klug er angelegt sein mag, wirft der Globalpakt allerdings auch zahlreiche Fragen und Probleme auf. Einen Teil hiervon, der sich auf die Umsetzung in die unternehmerische Praxis sowie die externe Prüfung der Zielerreichung bezieht (vgl. Leisinger 2002, 409 ff.) soll in einem späteren Kapitel erörtert werden. An dieser Stelle soll der Fokus auf allgemeine Problemstellungen gerichtet werden. Ein erstes ergibt sich aus der soeben angesprochenen Allgemeinheit der von Kofi Annan angesprochenen Prinzipien und den fehlenden konkreten Handlungsanweisungen. Genauer müsste man eigentlich formulieren: Die Prinzipien sind sowohl *zu allgemein* als auch *zu konkret*, je nachdem von welcher Warte aus man sie betrachtet. So wird zum Beispiel im Bereich der Arbeitsnormen eine Problematik wie die der Kinderarbeit konkret angesprochen und damit zugleich hervorgehoben, während Themen wie beispielsweise die gerechte Entlohung von Arbeiterinnen und Arbeitern nicht explizit thematisiert wird. Im Bereich des Umweltschutzes beschränken sich die Prinzipien wiederum auf sehr allgemeine Formulierungen; konkrete Problemstellungen wie beispielsweise die Minderung von Green House Gas-Emissionen werden hier nicht genannt. Der Hauptgrund hierfür liegt in dem Umstand dass der Global Compact »must reflect a wide range of interests and nations, and hence is far less specific than standards such as SA8000 and AA1000« (McIntosh 2003, 28).

Dies muss insofern als problematisch betrachtet werden, als der Globalpakt so nicht in ausreichendem Masse dazu beitragen kann, dass Unternehmen nicht nur Forderungen aus der »Muss-Dimension« unternehmerischer Verantwortung wahrnehmen (Leisinger 2004, 77), sondern darüber hinaus auch »Soll-Erwartungen« erfüllen. Hierzu nämlich wäre, wie weiter oben gezeigt, eine systematische Integration *sozialer und ökologischer Aspekte* in die Unternehmensstrategie notwendig wofür konkrete Handlungsanweisungen unabdingbar wären. Die Tatsache, dass die zahlreichen Gesprächsrunden, die bislang im Kontext des Global Compact stattgefunden haben, wie auch die stetige Ausweitung der Lernplattform noch nicht zu einer grundlegenden Konkretisierung der Prinzipien geführt hat, mag einerseits darauf zurückzuführen sein, dass dies von den Initiatoren nicht dezidiert beabsichtigt war. Es könnte indes auch damit zusammenhängen, dass einige Gruppen dem Global Compact kritisch gegenüber stehen und seine grunsätzliche Konstruktion ablehnen. So geht aus einem Bericht zum »Policy Dialog ›Supply Chain Management and Partnerships‹« im Rahmen des Global Compact hervor, dass sich darin etliche Stakeholders unmissverständlich gegen Partnerschaften mit der Privatwirtschaft aussprachen. Als Gründe werden genannt:

- »They view the involvement of the private sector in the provision of certain public goods as unacceptable;
- They consider partnerships between the UN and the private sector represents an unacceptable ›privatization‹ of the UN;
- They believe that business involvement in partnerships is a form of ›greenwash‹ or ›bluewash‹;
- They do not believe that partnerships will deliver real (or sufficient) benefits ›on the ground‹;
- They see partnerships as a weaker alternative to government action« (Calder 2003, 3).

In diesem Spannungsfeld wird zweierlei sichtbar: Je konkreter bestimmte Ziele in einem Instrument ausformuliert sind und je stärker diese Ziele mit *Verhaltensänderungen* verbunden sind, desto unwahrscheinlicher ist es, dass sie seitens der Betroffenen mitgetragen und mitverfolgt werden.[83] Zudem wird deutlich, dass es nur bedingt Sinn macht, einzelne Instrumente isoliert zu betrachten und auf ihre Wirksamkeit hin zu überprüfen. Zu welchen konkreten Verhaltensänderungen sie in Unternehmen auf längere Sicht führen (können), wird erst deutlich, wenn man sich den Operationalisierungsbemühungen

---

[83] Diesen Zusammenhang hatten wir bereits im Zusammenhang mit unserer Analyse zur Agenda 21 angesprochen: Nur weil das Dokument sehr wenig konkrete Leilinien benennt, konnten die Staats- und Regierungschefs in Rio de Janeiro letztlich zur Unterschrift bewegt werden – jede Konkretisierung hätte wahrscheinlich den Konsens gefährdet.

von Wirtschaftsvereinigungen respektive einzelnen Unternehmen zuwendet. Die Frage lautet dann bezogen auf unser Beispiel, inwiefern die im Global Compact formulierten Prinzipien in konkreten Programmen wieder auftauchen und sich schliesslich in den alltäglichen Management- und Entscheidungsprozessen eines Unternehmens niederschlagen. Erst, wenn diese Frage geklärt ist, kann über »Sinn und Unsinn« derartiger Initiativen geurteilt werden. Dies werden wir bei unserer nachfolgenden Analyse des derzeit am weitesten reichenden Programms eines Wirtschaftsverbands zur *Konkretisierung* seiner Verantwortlichkeit im Prozess einer nachhaltigen Entwicklung prioritär berücksichtigen.

5.3.2 Inititiativen der Wirtschaft am Beispiel des Programms »Responsible Care« der chemischen Industrie

Das Programm »Responsible Care« wurde bereits im Jahre 1985 von der Canadian Chemical Producers` Association (CCPA) als Modell für ein neuartiges Chemikalienmanagement ins Leben gerufen und 1991 vom International Council of Chemical Associations (ICCA) als eine weltweite Initiative der chemischen Industrie mit dem Ziel verabschiedet, »to continuously improve the health, safety and environmental performance of their procucts and processes, and so contribute to the sustainable development of local communities and of society as a whole« (ICCA 2004, II). Hansen bezeichnete es als »einen bemerkenswerten Entwicklungsschritt einer Branche in Richtung einer sozial verträglichen und ökologisch nachhaltigen Wirtschaftsweise« (Hansen 1998, 142). Bei dem Programm handelt es sich um das typische Beispiel einer *Selbstverpflichtung (Code of Conduct) von Unternehmen* respektive Unternehmensverbänden zur Umsetzung bestimmter Standards in ihrer eigenen Praxis bzw. der ihrer Zulieferer, die inzwischen in grosser Zahl vorliegen (Sethi 2002; Williams 2000). Von später zu behandelnden Programmen wie beispielsweise dem der »Clean Clothes Campaign« unterscheidet es sich im Wesentlichen dadurch, dass die Initiative von den Unternehmen selbst ausging, sie also nicht seitens zivilgesellschaftlicher Gruppen explizit zur Einhaltung eines Verhaltenskodex angehalten wurden; statt zu reagieren agierten sie prospektiv.

Das Programm erscheint für unsere Analysen aus den nachfolgenden Gründen von besonderer Bedeutung:

1. Responsible Care orientiert sich bewusst an der in Kapitel 19 der Agenda 21 formulierten Aufforderung an die Industrie zur Förderung verantwortlichen Handelns und des dazugehörigen Product Stewardships (Meister/Banthien 1998, 114). Damit signalisiert die internationale Vereinigung der Chemieverbände ihre Bereitschaft, die in der Agenda 21 formulierten Absichtserklärungen als Rahmenrichtlinien des ökonomischen Handelns anzuerkennen und andererseits an ihrer Konkretisierung und Umsetzung aktiv mitzuwirken. Insofern verwundert es nicht, dass zahlreiche Unternehmen der Chemischen Industrie auch dem Globalpakt der Vereinten Nationen beigetreten sind.
2. Dadurch, dass die ursprünglich nationale Initiative durch den internationalen Chemieverband aufgegriffen und ihre Implikationen deutlich ausgeweitet wurden, erhöhte sich ihre Reichweite: Sie wurde inzwischen auf 46 Länder ausgedehnt und beeinflusst damit rund 90% der chemischen Produktion (ICCA 2004). Insofern kann sie als eine globale Initiative angesehen werden.
3. Wenngleich die Umsetzung des Responsible-Care-Programms aufgrund unterschiedlicher nationaler Kulturen und Bedingungen in den verschiedenen Ländern variieren kann, wurden seitens der Responsible Leadership Group der ICCA relativ restriktive formale Bedingungen formuliert, die alle nationalen Programme erfüllen müssen. Hierzu zählen insbesondere die formale Verpflichtung, die Aufnahme des – geschützten – Titels sowie des Logos des Programms, die Formulierung spezifischer Gebote, Anleitungen und Checklisten für die Mitgliedsunternehmen des nationalen Verbandes sowie die Sicherstellung eines kontinuierlichen Kommunikationsprozesses mit den Interessengruppen ausserhalb der Industrie (vgl. Meister/Banthien 1998, 115). Aufgrund seiner Reichweite und Verbindlichkeit weist das Programm Züge eines regulativen Instruments auf, zumal ein Ausscheren aus dem Programm ein Unternehmen vor das beinahe unüberwindliche Problem stellen dürfte, diesen Schritt gegenüber seinen Stakeholders zu kommunizieren. Die Vergabe eines Logos wiederum dient als Anreiz, sich dem Programm anzuschliessen.
4. Der letztgenannte Aspekt verweist schliesslich auf die dezidierte Orientierung des Programms an Anspruchsgruppen. Dem Dialog wird dabei wie der Produktverantwortung ein eigenständiges Handlungsfeld zugewiesen. Damit verdeutlicht die chemische Industrie zumindest ihren Willen zu einer interaktiven und ver-

ständigungsorientierten Kommunikation mit allen vom Unternehmenshandeln potenziell betroffenen Gruppen.
5. Ein letzter Punkt, der uns bedeutsam erscheint, ist die professionelle und weitreichende Kommunikation der Chemieverbände über das Programm. Dies führt erstens dazu, dass alle Kommunikationsmassnahmen koordiniert und gebündelt werden und die Anschlusskommunikationen der Unternehmen entsprechend an Vorleistungen des Verbandes orientiert werden können. Es trägt zweitens dazu bei, dass das Programm in der Öffentlichkeit bekannt wird und somit Interessierten Gelegenheit geboten wird, sich über die Aktivitäten ins Bild zu setzen. Damit leistet es zugleich einen Beitrag zu einer »sustainable consumption« (vgl. imug 1997, 43).

Ein Beispiel, wie das wichtige Kriterium der formalen Verpflichtung innerhalb eines nationalen Chemieverbandes umgesetzt wurde, lieferte der Verband der Chemischen Industrie (VCI) in Deutschland. Er verabschiedete im Jahre 1995 Leitlinien und baute dabei bewusst auf seinen 1986 formulierten Umweltleitlinien auf. Nachfolgend die bis heute geltenden »Grundgedanken der Initiative ›Verantwortliches Handeln‹:

1. Die chemische Industrie betrachtet Sicherheit sowie Schutz von Mensch und Umwelt als Anliegen von fundamentaler Bedeutung. Deshalb sind von der Unternehmensführung umweltpolitische Leitlinien zu formulieren und regelmässig auf neue Anforderungen zu überprüfen sowie Verfahren zur wirksamen Umsetzung dieser Vorgaben in die betriebliche Praxis zu schaffen.
2. Die chemische Industrie stärkt bei allen Mitarbeitern das persönliche Verantwortungsbewusstsein für die Umwelt und schärft deren Blick für mögliche Umweltbelastungen durch ihre Produkte und den Betrieb ihrer Anlagen.
3. Die chemische Industrie nimmt Fragen und Bedenken der Öffentlichkeit gegenüber ihren Produkten und Unternehmensaktivitäten ernst und geht konstruktiv darauf ein.
4. Die chemische Industrie vermindert zum Schutz ihrer Mitarbeiter, Nachbarn, Kunden und Verbraucher sowie der Umwelt kontinuierlich die Gefahren und Risiken bei Herstellung, Lagerung, Transport, Vertrieb, Anwendung, Verwertung und Entsorgung ihrer Produkte. Sie berücksichtigt bereits bei der Entwicklung neuer

Produkte und Produktionsverfahren Gesundheits-, Sicherheits- und Umweltaspekte.
5. Die chemische Industrie informiert ihre Kunden in geeigneter Weise über den sicheren Transport, die Lagerung, die sichere Anwendung, Verwertung und Entsorgung ihrer Produkte.
6. Die chemische Industrie arbeitet ständig an der Erweiterung des Wissens über mögliche Auswirkungen von Produkten, Produktionsverfahren und Abfällen auf Mensch und Umwelt.
7. Die chemische Industrie wird ungeachtet der wirtschaftlichen Interessen die Vermarktung von Produkten einschränken oder deren Produktion einstellen, falls nach den Ergebnissen einer Risikobewertung die Vorsorge zum Schutz vor Gefahren für Gesundheit und Umwelt dies erfordert. Sie wird die Öffentlichkeit darüber umfassend informieren.
8. Die chemische Industrie leitet bei betriebsbedingten Gesundheits- oder Umweltgefahren die erforderlichen Massnahmen ein, arbeitet in enger Abstimmung mit den Behörden und informiert die Öffentlichkeit unverzüglich.
9. Die chemische Industrie bringt ihr Wissen und ihre Erfahrung aktiv in die Erarbeitung praxisnaher und wirkungsvoller Gesetze, Verordnungen und Standards ein, um den Schutz von Mensch und Umwelt zu gewährleisten.
10. Die chemische Industrie fördert die Grundsätze und die Umsetzung der Initiative ›Verantwortliches Handeln‹. Dazu dient insbesondere ein offener Austausch von Erkenntnissen und Erfahrungen mit betroffenen und interessierten Kreisen« (VCI 2003, 37).

Spiegelt man diese Formulierungen beispielsweise an denen in der Agenda 21 oder an den Prinzipien des Global Compact, so fällt auf, dass hier wesentlich konkreter auf einzelne Aspekte eingegangen wird, zu denen die Industrie im Prozess einer nachhaltigen Entwicklung Beiträge leisten kann und zu leisten bereit ist. Gewiss bleibt auch das hier Dargelegte letztlich eine Absichtserklärung. Allerdings deuten einzelne Aussagen klar darauf hin, dass sich die Unternehmen der Chemiebranche daran messen lassen wollen. Dies wird u.a. dadurch belegt, dass Chemieunternehmen im World Business Concil for Sustainable Development breit vertreten sind und einen wesentlichen Anteil an dessen Bestrebungen zur Verbreitung der Sustainability-Thematik über entsprechende Publikationen haben (vgl. z.B. WBCSD 2001 und 2002).

Dass gerade die chemische Industrie ein derartig weitreichendes Programm entwickelt hat, kann auf mehrere Gründe zurückgeführt werden. Einer der wichtigsten ergibt sich zweifellos aus der Tatsache, dass sich die Branche traditionell einer starken öffentlichen Kritik respektive »öffentlichen Exponiertheit« (Ulrich/Fluri 1995, 57; Dyllick, 1990, 15 ff.) ausgesetzt sieht, die sich durch Störfälle und Umweltkatastrophen in den vergangenen zwanzig Jahren[84] kontinuierlich gesteigert hat. Die chemische Industrie sieht sich m.a.W. in verstärktem Masse der Problematik der Legitimation ihres Handelns ausgesetzt und hat daher ein grosses Interesse an einem Dialog mit Anspruchsgruppen, der ihr im Ergebnis nicht nur wichtige Fakten für die strategische Früherkennung gesellschaftlicher Strömungen liefert, sondern darüber hinaus die Chance auf eine friedliche Lösung von Konflikten erhöht. Dies legt den Schluss nahe, dass Programme eines sozial und ökologisch veträglicheren Wirtschaftens in einer ersten Phase der Umsetzung der Leitidee einer nachhaltigen Entwicklung vor allem in jenen Wirtschaftszweigen zu Erfolgen führen können, in denen ein grosses produktbedingtes Risikopotenzial in bezug auf Gesundheit, Sicherheit und die Schädigung der Umwelt besteht (Hansen 1998, 142).

Die Einbindung von Anspruchsgruppen und Kunden bringt für die chemische Industrie indes nicht nur Vorteile hinsichtlich der Legitimationsproblematik. Vielmehr sind Kunden im Sinne von Abnehmern der bereitgestellten Produkte und andere Anspruchsgruppen aus Sicht eines Unternehmens wichtige Partner (vgl. Grafik), wenn es als »Product Stewart« auftreten möchte, bedeutet Product Stewartship doch die umfassende Übernahme der Verantwortung eines Herstellers entlang des Produktlebenszyklusses, welche inhaltlich die Dimensionen der Umweltverträglichkeit, Gesundheitsunschädlichkeit sowie Sicherheit umfasst. »Responsible Care bedeutet in dieser weiteren Auslegung, dass dem Product Stewart unterstützend zu seiner Produktverantwortung eine aktive moderierende und beratende Rolle in der Entwicklung der notwendigen Informationsgrundlage zugewiesen wird« (Hansen 1998, 140). Dieser kann er nur gerecht werden, wenn er Kooperationen mit allen Gruppierungen eingeht, die ihrerseits Beiträge zu den Umwelt-, Gesundheits- und Sicherheitszielen leisten können.

---

[84] Zu erinnern sei in diesem Zusammenhang exemplarisch an die Fälle »Bhopal« und »Schweizerhalle«.

Partner des Responsible Care entlang des Produktlebenszyklusses

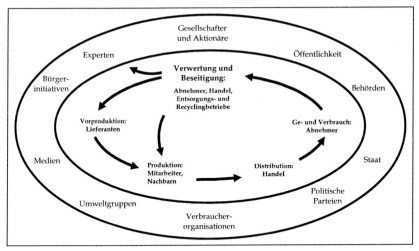

Quelle: Hansen 1998, 133

Stakeholders sind m.a.W. im Rahmen eines Responsible-Care-Programms wichtige Kooperationspartner, indem sie den Unternehmen ermöglichen, sich die notwendigen Informationsgrundlagen über den gesamten Produktlebenszyklus hinweg zu verschaffen. Die Hauptproblematik für das Unternehmen ergibt sich nämlich daraus, dass Informationen zu allen Phasen, die ein Produkt durchläuft, einerseits nicht in hinreichender Qualität und Quantität vorhanden sind und dass andererseits nicht mit einer uneingeschränkten Auskunftsbereitschaft aller Partner im Produktlebenszyklus gerechnet werden kann. Dies ist auch der Grund, weshalb die Initiative der chemischen Industrie das Prinzip des Dialogs nicht nur betont sondern an die beteiligten Unternehmen zugleich die Forderung richtet, entsprechende Kommunikationsinstrumente zu entwickeln, die einen realen Dialog zustande kommen lassen (vgl. ICCA 2004, 29 ff.)[85] Die einzelnen Verbände reagierten darauf mit der Gründung von Beiräten (National Advisory Panels), die Informationen der Stakeholders gezielt einholen

---

[85] Zur Untermauerung dieses Ansinnens liess die ICCA in ihrem »Responsible Care Status Report« aus dem Jahr 2000 bewusst Vertreter des WWF sowie des kanadischen Umweltministeriums zu Wort kommen.

und in die Entwicklung und Implementierung des Programms eingehen lassen.

Das Programm der chemischen Industrie zeigt, dass Unternehmensverbände bereit und in der Lage sind, Selbstverpflichtungen einzugehen. Betrachtet man sich derartige Initiativen aus Perspektive der von uns verwendeten Messkriterien, so können insbesondere die Aspekte der *Akzeptanz* und *Kompatibilität* als vollumfänglich erfüllt betrachtet werden. Andererseits mangelt es derlei Initiativen an *Effektivität*, was vor allem darauf zurückzuführen sein dürfte, dass der internationale und die nationalen Chemieverbände die Funktionen einer regulativen Instanz nicht ausreichend wahrnehmen können. Letztlich handelt es sich auch bei einer derartigen Selbstverpflichtungserklärung um ein *informativ-erzieherisches Instrument* mit starkem Anreizcharakter. *Partizipation* wird dabei zwar angekündigt, ob und inwieweit sie realisiert wird, bleibt allerdings den Unternehmen anheim gestellt.

Die zentrale Problematik einer Selbstverpflichtung in der beschriebenen (internationalen) Dimension ergibt sich mithin daraus, dass die Messbarkeit der Zielerreichung davon abhängt, wie ein einzelnes Unternehmen die im Programm dargelegten Absichten im konkreten Managementprozess operationalisiert. Somit bleibt es auch den einzelnen Unternehmen vorbehalten, das Kriterium der *Effizienz* zu steuern, was in der Praxis nicht selten dazu führt, dass nur solche Anstrengungen unternommen werden, die mit vergleichsweise geringem Aufwand realisiert werden können. Damit schlägt an dieser Stelle wiederum die »Eigenlogik« des Wirtschaftssystems durch, mit der praktischen Konsequenz, dass Aspekte der (kurzfristigen) ökonomischen Vernunft über die einer langfristig orientierten Strategie unter Berücksichtigung auch ökologischer und sozialer Aspekte triumphieren. Nicht zuletzt diese Grundproblematik von Selbstverpflichtungen hat zu Kritik Anlass gegeben (vgl. Köhnen 2001, 1).

5.3.3 Kampagnen von NGOs: Die »Clean Clothes Campaign« und der »Sozialstandard SA8000«

Ein weiteres Beispiel für eine Initiative im Geiste einer Corporate Social Responsibility ist die »Clean Clothes Campaign«. Sie wurde im Jahre 1990 in den Niederlanden ins Leben gerufen. Ein wesentlicher Unterschied zur Responsible-Care-Kampagne der chemischen Industrie findet sich in dem Umstand, dass in diesem Falle nicht ein Unternehmensverband, sondern eine *Gruppe von Nichtregierungsorganisationen*[86] die Initiative ergriff. Es handelt sich hierbei mithin um den typischen Fall einer seitens zivilgesellschaftlicher Gruppierungen initiierten Formulierung einer Verpflichtungserklärung. Parallelen ergeben sich hinsichtlich der Zielgruppen der Initiative und ihrer zentralen Zielsetzungen: Die Clean Clothes Campaign richtet sich einerseits an die Verbraucherinnen und Verbraucher, die durch öffentliche Aktionen und Informationskampagnen zu einem bewussteren Kaufverhalten animiert werden sollen. Andererseits wendet sie sich an den Bekleidungshandel, der – als Käufer und Weiterverkäufer von Textilien – die Verantwortung für die Produktlinie besitzt und diese im Sinne eines Product Stewarts wahrnehmen soll (vgl. Henseling/Eberle/Griesshammer 1999, 77).

Hinsichtlich ihrer Zielsetzung betont die Clean Clothes Campaign im Vergleich zur Responsible-Care-Kampagne der chemischen Industrie wesentlich stärker die Aspekte der *Arbeitsbedingungen* sowie des *Gesundheitsschutzes*. Sie beabsichtigt in erster Linie, die Interessen der Arbeitnehmerinnen und Arbeitnehmer in der Bekleidungs- und Sportkleidungsindustrie geltend zu machen und die Unterdrückung, die Ausbeutung und den Missbrauch der überwiegend weiblichen Arbeitskräfte zu bekämpfen, indem sie gegenüber Unternehmen, Industrieverbänden und Arbeitgeberorganisationen einen *Arbeitsverhaltenskodex* durchsetzt. Dieser orientiert sich an den Konventionen der International Labour Organisation (ILO) und enthält Mindestnormen für Löhne, Arbeitszeit und Arbeitsbedingungen. Die acht Bedingungen, die in der »Sozialcharta für den Handel mit Kleidung« (Code of Conduct) festgehalten wurden, sind in der Übersicht auf der folgenden Seite zusammengefasst.

Von den durch die Clean Clothes Campaign angesprochenen Unternehmen wird erwartet, dass sie eine umfassende Verantwortung für die Sicherstellung der im Arbeitsverhaltenskodex zusammengestellten Produktionsbedingungen übernehmen. Dabei wird explizit betont, dass sich die Verantwortlichkeit auch auf jene Zulieferbetriebe entlang der Produktionskette erstreckt, die den direkten Zulieferbetrieben vorgeschaltet sind. Geregelt ist darüber hinaus auch die

---

[86] Mitgliedsorganisationen und Initianten sind u.a. die Alternative Consumer Union, die Phillipine Group Netherlands und das Center for Research on Multinational Corporations (SOMO).

Überwachung der Einhaltung der Richtlinien durch eine unabhängige Kontrollinstanz, an deren Finanzierung sich die Geschäftskette zu beteiligen hat.

Arbeitsverhaltenskodex der Clean Clothes Campaign

Bedingung	ILO-Konvention(en)
Freiwilligkeit der Beschäftigung, insbesondere keine Zwangs-, Sklaven- oder Gefängnisarbeit	29 / 105
Chancengleichheit und Gleichbehandlung ungeachtet der Rasse, des Geschlechts, der Religion usw.)	100 / 111
Verbot von Kinderarbeit	138
Recht auf Organisationsfreiheit (Gewerkschaften) und auf Kollektivverhandlungen, wobei Arbeitnehmervertreter nicht diskriminiert werden dürfen und Zugang zu allen Arbeitsplätzen haben müssen	87 / 98 / 135 / 143
Gerechte Löhne, die zumindest den gesetzlichen oder für die Industriegeltenden Mindestlöhnen entsprechen und ausreichen müssen, um dieGrundbedürfnisse der Arbeitskräfte und ihrer Familien zu erfüllen	26 / 131
Arbeitszeiten und Überstundenentlöhnungen, die den von der ILO festgelegten Bedingungen entsprechen	1
Menschenwürdige Arbeitsbedingungen (v.a. grösstmöglicher Gesundheits- und Sicherheitsschutzes am Arbeitsplatz)	155
Feste Beschäftigungsverhältnisse sollen eingegangen und nichtdurch Kontraktarbeit o.ä. umgangen werden	in Vorbereitung

Quellen: Clean Clothes Campaign (http://www.cleanclothes.org); ILO

Die sich der Initiative anschliessenden Unternehmen erhalten bei entsprechender Erfüllung der Normen das Recht, mit dem »Clean Clothes Label« zu werben. Auch in dieser Kampagne findet sich mithin wieder das *anreizorientierte Instrument* der Vergabe eines *Zertifikates* und eines zugehörigen *Labels*, das wir bereits im Zusammenhang mit der Öko-Audit-Verordnung der Europäischen Union als ein wichtiges und notwendiges Instrumentarium zur Erhöhung der Wahrscheinlichkeit auf eine Kooperation von Wirtschaftsunternehmen im Rahmen von Steuerungsmassnahmen vorgestellt hatten. Allerdings fällt auf, dass die Clean Clothes Campaign im Gegensatz zum Responsible-Care-Programm den Aspekt der Dialogorientierung nicht beinhaltet.

Dies verwundert insofern, als sie weitreichende Parallelen zu dem internationalen »Sozialstandard SA8000«[87] aufweist, der im Jahre 1997 in der Tradition der Standards DIN/ISO 9001 oder 14001 entwickelt wurde und die soziale Verantwortlichkeit von Unternehmen gewährleisten soll (vgl. Schönborn/Steinert 2001, 40/41). Der Hauptgrund für den ausgeprägt *nicht-partizipativen* respektive nicht-konsensorientierten Charakter, welcher der Clean Clothes Campaign im Gegensatz zu diesem Sozialstandard innewohnt, findet sich in der Tatsache, dass er *nicht* in Kooperation mit Wirtschaftsunternehmen entwickelt wurde. An der Entwicklung des SA8000 waren hingegen neben Menschenrechtsorganisationen wie Amnesty International sowie der Accreditation Agency des Council on Economic Priorities (CEPPA) – seit 2000 umbenannt in »Social Accountability International« (SAI) – mit The Body Shop, Reebok, Avon Products, Toys R Us und anderen auch internationale Wirtschaftskonzerne beteiligt. Entsprechend betont die SAI als ihre Zielsetzung »to promote understanding of social auditing techniques and the management systems needed to improve workplace conditions. This ensures that NGOs and unions play a constructive role in the SA8000 auditing process and that companies develop social accountability policies«[88]

Auf Basis unserer Analysen darf zumindest vermutet werden, dass der Sozialstandard SA8000 deutlich grössere Chancen auf Verwirklichung innerhalb der Industrie aufweist als der Kodex der Clean Clothes Campaign. Seine wichtigsten Vorteile ergeben sich aus den folgenden Faktoren:

– Die soeben angesprochene Dialogorientierung ermöglicht es den Wirtschaftsunternehmen, ihre konkreten Problemstellungen in die Weiterentwicklung des SA8000 einzubringen. Dies ist beispielsweise im Zusammenhang mit der Forderung nach Abschaffung der Kinderarbeit wichtig. Denn nur, wenn entsprechende Programme aufgelegt und finanziert werden, die aus dieser Massnahme resultierende negative finanzielle Konsequenzen für die betroffenen Familien abfedern helfen, kann die Beendigung von Kinderarbeit sozialverträglich vonstatten gehen. Unternehmen, die vor Ort tätig sind, können hierzu einen wichtigen Teil beitragen. Die Dialog-

---

[87] SA = Social Accountability
[88] zit. n. http://www.cepaa.org/introduction.htm

orientierung führt mithin sowohl zu einer höheren Akzeptanz als auch zu einer besseren Kompatibilität aus Sicht der Unternehmen.
- Ebenfalls zu einer besseren Kompatibilität beitragen dürfte die Tatsache, dass die Entwicklung des Standards in Tradition der Standards DIN/ISO 9000 oder 14001 erfolgt. Dies gewährleistet erstens Vergleiche sowohl zwischen verschiedenen Unternehmen als auch verschiedenen Ländern. Zweitens verbessert es seine Nutzung in der Marketing- und Kommunikationspolitik der Unternehmen, da mit Verwendung des zugehörigen Labels ausgewiesen wird, dass das Unternehmen nach einem international gültigen Standard und damit nach dem Durchlaufen eines transparent nachvollziehbaren Verfahrens zertifiziert wurde. Die »Qualität« des Anreizes ist somit vergleichsweise höher.
- Die Tatsache, dass namhafte Wirtschaftsunternehmen an der Entwicklung des Sozialstandards mitwirkten, erhöht die Chancen, dass sich weitere Unternehmen von seiner Bedeutung und seinen Vorteilen überzeugen lassen.

Wie schwierig es allerdings ist, die im SA8000 festgehaltenen Kriterien zur Überwindung der noch heute teilweise menschenunwürdigen Produktionsbedingungen in Ländern der Dritten Welt umzusetzen, wird am Beispiel Chinas sichtbar, wo der Spielwarenhersteller Mattel bis 1999 der einzige multinationale Konzern war, der das Label des SA8000 tragen durfte (UNDP 1999, 125). Wenngleich die Initianten des Sozialstandards bereits seit mehreren Jahren an dessen Entwicklung und Verbesserung arbeiten, stehen sie mithin erst am Anfang einer Kampagne, die noch weitreichender Anstrengungen bedarf, um mehr Unternehmen zu einer Teilnahme zu animieren.

Die Hauptproblematik beider Initiativen besteht darin, dass sie zwar beide konkrete und messbare Zielsetzungen beinhalten und somit das Kriterium der *Effektivität* weitaus besser erfüllen als die anderen vorgestellten Initiativen, dass diese Zielsetzungen allerdings letztlich nicht weitreichend genug erscheinen. So richtet sich die Clean Clothes Campaign wie gesehen einzig an die Bekleidungsindustrie. Beide Kampagnen konzentrieren sich darüber hinaus auf Aspekte der Arbeitssicherheit und des Gesundheitsschutzes und betreffen damit nur die »soziale Dimension« der Nachhaltigkeit. Dies führt nur auf den ersten Blick zu einer besseren Kompatibilität der Kampagnen. Aus Unternehmenssicht muss seine Rolle als Akteur in einer sozialen Umwelt immer auch mit denen eines Akteurs in einer ökonomischen und einer ökologischen Umwelt abgestimmt werden (WBCSD 2001, 2). Unternehmen – und hierbei insbesondere multinationale Konzerne, die mit vielerlei globalen Problemlagen konfrontiert sind – streben mit anderen Worten heute verstärkt nach einer integralen Betrachtungsweise ihrer Verantwortlichkeit.

In den hier vorgestellten Initiativen der chemischen Industrie und der Bekleidungsindustrie respektive einiger NGOs *für* die Bekleidungsindustrie sowie der Entwicklung des Sozialstandards SA8000 wurde bereits deutlich, welche grosse Bedeutung einer *Konkretisierung* und *Operationalisierung* der Leitidee eines verantwortlichen respektive nachhaltigen Wirtschaftshandelns zukommt. Erst dann nämlich, wenn Programme das Stadium einer Absichtserklärung verlassen und derart in konkrete Richtlinien und Handlungsempfehlungen übersetzt werden, dass sie zu konkreten Verhaltensänderungen in möglichst vielen der beteiligten oder angesprochenen Unternehmen führen, werden sie auch seitens der Konsumenten *glaubwürdig*. Erst damit wiederum vermögen diejenigen Rückkopplungseffekte (indirekte und direkte Wirkungen – vgl. Meffert/Kirchgeorg 1995) ausgelöst werden, die Unternehmen erkennen lassen, ob und inwieweit die Märkte das veränderte Unternehmensverhalten honorieren. Gerade diese hatten wir ja als den wichtigsten Faktor für den längerfristigen Erfolg entsprechender Initiativen identifiziert.

Gleichzeitig aber mussten wir konstatieren, dass insbesondere Firmen aus denjenigen Branchen Anstrengungen in Richtung einer verstärkten Nachhaltigkeitsorientierung unternehmen, die sich in besonderem Masse der Problematik der Legitimation ihres Handelns ausgesetzt sehen. Hierzu zählen insbesondere alle multinationalen Konzerne – aufgrund der besonders grossen Tragweite der von ihnen zu verantwortenden Entscheidungen und damit ihrer deutlichen Wahrnehmbarkeit als quasi-öffentliche Institutionen (vgl. Ulrich/Fluri 1995, 57) – sowie Unternehmen, deren Produkte ein grosses Risikopotenzial in bezug auf Gesundheit, Sicherheit und die Schädigung der natürlichen Umwelt aufweisen. Im Falle der Chemiebranche ist dies offensichtlich, im Falle der Bekleidungsindustrie ergibt es sich aus den Produktionsbedingungen in den Ländern der Dritten Welt, in die zumeist aus Kostengründen die Kleidungsproduktion ausgelagert wird.

Zahlreiche kleine und mittlere Betriebe, die in den meisten Industrieländern traditionell das »Rückgrat« der Wirtschaft bilden, erkennen hingegen nicht die Chancen, die sich aus einer bewussten Verantwortungsübernahme ergeben. Sie mit einzelnen Kampagnen anzusprechen gestaltet sich insofern schwierig, als diese häufig nur Teilaspekte eines nachhaltigen Wirtschaftens beinhalten. So konzentriert sich der Sozialstandard SA8000 wie gesagt nur auf Aspekte der Arbeitssicherheit und -bedingungen sowie des Gesundheitsschutzes, die vor allem in Ländern der Dritten Welt, kaum aber in den Industrieländern unzureichend berücksichtigt werden. Für ein Unternehmen, das keine Tochtergesellschaften oder Produktionsstätten in entsprechenden Weltregionen aufweist, ist der Standard mithin kaum von Belang. Die Öko-Audit-Verordnung der Europäischen Union wiederum bezieht sich ausschliesslich auf Fragen des Umweltmanagements und der Umweltbetriebsprüfung. Soziale Aspekte des Wirtschaftens werden darin nicht berücksichtigt und zertifiziert.

Als ein weiteres Hindernis für die Umsetzung von Initiativen, die an die Verantwortung von Unternehmen appellieren, erweist sich darüber hinaus die bereits wiederholt angesprochene *mangelnde Kooperationsbereitschaft* von Unternehmen auf der einen, Nichtregierungsorganisationen auf der anderen Seite. Dies zeigt sich exemplarisch anhand des Instruments des »Unternehmenstests«, das 1992 vom Institut für Markt-Umwelt-Gesellschaft in Zusammenarbeit mit Verbraucherschutzverbänden entwickelt wurde (vgl. imug 1997). Der Test wird von seinen Initianten einerseits als ein Instrument der Verbraucherinformation, andererseits als ein Anreizsystem für Unternehmen verstanden: »Dem Projekt [...] liegt die Einschätzung zugrunde, dass es in der Bundesrepublik noch nicht ausreichend gelungen ist, Unternehmen zur praktischen Wahrnehmung ihrer gesellschaftspolitischen, insbesondere ihrer sozialen und ökologischen Verantwortung zu bewegen. Für ein derartiges Unternehmensverhalten sind noch zu wenige marktwirtschaftliche Anreize vorhanden. Um diese Anreize zu schaffen, sollen die Unternehmen einer sachlichen und transparenten Prüfung unterzogen werden« (imug 1999, 254). Diese findet auf Basis eines Rasters statt, das die Bewertungsdimensionen Informationsoffenheit, Verbraucherinteressen, Arbeitnehmerinteressen, Frauenförderung, Behinderteninteressen sowie Umweltengagement umfasst.

Wenngleich im Vorfeld der Untersuchung Vertreter der Industrie konsultiert und in einen Beirat aufgenommen wurden, verzichtete die Projektleitung bewusst auf eine Aufnahme von Unternehmensvertretern der betroffenen Branche, »um Interessenkonflikten vorzubeugen« (imug 1997, 160). Dieser Schritt wird indes nicht weiter begründet. Allerdings berichtet das Institut für Markt-Umwelt-Gesellschaft über einen anfänglich unbefriedigenden Projektverlauf, der auf den

Widerstand von betroffenen Unternehmen und ihren Branchenverbänden zurückgeführt wurde. In Folge dieser Auseinandersetzung sei jedoch »eine konstruktive Art des Umgangs gefunden worden« (imug 1997, 162), wenngleich zahlreiche Streitpunkte nicht ausgeräumt werden konnten. Es mag aus Sicht einer Gruppierung wie der Trägervereinigung des Projekts »Unternehmenstest« legitim erscheinen, Vertreter der von einer Untersuchung betroffenen Unternehmen prinzipiell nicht in den Analyseprozess einzubeziehen. Dies jedoch führt weder zu einem Dialog, der auf Verständigung zwischen den beteiligten Partnern ausgerichtet ist und wechselseitiges Vertrauen schafft, noch erscheint es geeignet, die Wirksamkeit des Prozesses im Sinne der im Projekt definierten Schaffung eines Anreizes zu einem verantwortlicheren Handeln von Unternehmen zu erhöhen.

5.3.4 Die Entwicklung von Nachhaltigkeitsindikatoren am Beispiel des »Corporate Sustainability Reporting«

Ein Weg, um die aufgezeigten Probleme überwinden zu können, zeigt sich mit Blick auf die in den vergangenen Jahren zunehmenden Anstrengungen der Entwicklung eines *Systems umfassender Nachhaltigkeitsidikatoren zur Evaluierung und Messung des Grades der ökonomischen, ökologischen und sozialen Verantwortung*, die ein Unternehmen tragen sollte. Dabei wurden in der Regel bestehende Konzepte und Instrumente wie beispielsweise Umweltmanagementsysteme (ISO 14001 ff., EMAS etc.), Sozialmanagementsysteme (SA8000, AA1000 etc.) Öko- und Sozialbilanzen oder Öko-, Sozial- und Nachhaltigkeitsratings ausgewertet[89] und in umfassendere Systeme des nachhaltigen Managements übertragen. Eines der derzeit weitestreichenden und in Unternehmen anschlussfähigsten Konzepten ist das von Stefan Schaltegger und Thomas Dyllick entwickelte Konzept einer »Sustainability Balanced Scorecard« (Schaltegger/Dyllick 2002). Eine wichtige Rolle spielen darüber hinaus Bewertungsverfahren von Banken und Investmenthäusern, die Unternehmen zunehmend nach sozialen und ökologischen Kriterien überprüfen und Ratings anfertigen, um die seit einigen Jahren stetig wachsende Nachfrage nach »ethischen Invest-

---

[89] Die umfassendste Abklärung der Nützlichkeit bestehender Konzepte und Instrumente mit Blick auf ein umfassendes »Nachhaltigkeitsmanagement«, legten Schaltegger et al. (2002) jüngst vor.

ments« durch institutionelle und private Investoren decken zu können. Ein wichtiges Ereignis war hierbei die Einführung des »Dow Jones Sustainability Group Index« durch die SAM Sustainability Group, Zürich, im Jahre 1999. Das Volumen der Nachhaltigkeitsfonds im deutschsprachigen Raumens wuchs nach Angaben der in der Schweiz in diesem Bereich führenden Bank Sarasin von 300 Mio. Euro (1998) über 2,4 Mrd. Euro (2001) auf schliesslich 3,3 Mrd. Euro (2003).[90]

An der Entwicklung von Indikatorensystemen zur Beurteilung der »Nachhaltigkeit« von Unternehmen beteiligt sind neben Wissenschaftlern und Unternehmen – darunter insbesondere Banken – auch Unternehmensverbände wie das World Business Council for Sustainable Development, Organisationen der Vereinten Nationen (u.a. das United Nations Environment Programme oder die International Labour Organisation), nationalstaatliche Einrichtungen sowie Gruppierungen der Zivilgesellschaft, darunter zahlreiche NGOs aus den unterschiedlichsten Bereichen (Umweltschutz, Menschenrechte, Arbeitnehmerrechte etc.). Bereits haben einige der genannten Organisationen einzelne oder gemeinsam verfasste Publikationen vorgelegt, in denen die grundsätzliche Herausforderung, vor denen Unternehmen mit Blick auf ihre Einbindung in den Prozess einer nachhaltigen Entwicklung stehen, ausführlich dargelegt werden (z.B. WIR/UNEP/WBCSD 2002). Die meisten der vorliegenden Texte betonen dabei, wie bereits angedeutet, explizit die Bedeutung der Ausrichtung eines Unternehmens an der Idee der Nachhaltigkeit als einen Schlüssel zum (ökonomischen) Erfolg (vgl. z.B. Dyllick/Hockerts 2002; WBCSD 2001 Hardtke/Prehn 2001). Darin wird das offensichtliche Bestreben sichtbar, die »Semantik des Forderns und Drängens« auf eine »Semantik des Überzeugens« umzustellen. Der Vorteil derartiger Veröffentlichungen liegt neben dem Verzicht auf eine »Kampfrhetorik« darin, dass sie seitens ihrer Autoren bewusst als ein *rein informativ-erzieherisches Instrument* eingesetzt werden, das auf eine hohe *Akzeptanz* stösst. Dieses dient gleichsam als Basis für die Entwicklung der genannten Indikatoren. Wenngleich der Diskurs um ein einheitliches Indikatorensystem zur Beurteilung der Nachhaltigkeitsleistung von Unternehmen bereits seit einigen Jahren im Gange ist, liegt bis heute noch kein System vor, das von Unternehmen als verbindlich angese-

---

[90] Vgl. http://www.sarasin.ch/sarasin/show/main/public/1,1015,2000894-0-2,00.html.

hen würde. Eine Ausnahme bildet der Bereich der Berichterstattung, auf den wir uns aus diesem Grund im Folgenden konzentrieren werden. Ende der 1980er Jahre hatten einige multinationale Konzerne begonnen, ihre ökologischen Leistungen in speziellen Umweltberichten der Öffentlichkeit zu präsentieren.[91] Diese neuartigen Berichte verbreiteten sich danach rasch. So legten im Jahr 1998 bereits 35% der 250 grössten Unternehmen des »Fortune Global 500« Umweltberichte vor; weitere 32% veröffentlichten Broschüren zur Umweltthematik oder integrierten das Thema in ihren Geschäftsbericht (Kolk/Walhain/van de Wateringen 2001). Der Hintergrund war im Übrigen letztlich ein ökonomischer: Umweltberichte vermögen die Einsicht eines Unternehmens in veränderte gesellschaftliche Ansprüche und Bedürfnisse zu spiegeln (vgl. Fichter 1998, 17) und dienen dem Unternehmen darüber hinaus zum Aufbau eines Verständigungspotenzials mit seinen Stakeholders. J. Emil Morhardt, Sarah Baird und Kelly Freeman differenzierten jüngst die Gründe für eine verstärkte Publikationstätigkeit noch weiter aus. Sie nennen als wesentlichste Aspekte:

- das Streben nach einer Erfüllung gesetzlicher Bestimmungen und der Reduktion möglicher Kosten künftiger Regelungen durch aktive Vorleistungen,
- die Bemühung um eine Übereinstimmung ihrer Aktivitäten mit Umwelt-Kodexen, speziell dann, wenn Sanktionen für deren Nichterfüllungen drohen,
- die Bemühung um eine Reduktion der Betriebskosten sowie
- das Streben nach einer Verbesserung der Stakeholderbeziehungen (Morhardt/Baird/Freeman 2002, 215 f.).

Als weitere Gründe werden das Bemühen um eine verbesserte *Wahrnehmung der Umweltaktivitäten* eines Unternehmen und damit die Wahrung bzw. *Verbesserung von Wettbewerbschancen* sowie die Erkenntnis genannt, dass durch ein durch die Reports ausgewiesenes aktives Umweltmanagement und/oder die bewusste Übernahme einer gesellschaftlichen Verantwortung die *Legitimität des Unternehmens* gesichert wird. Eine weitgehend identische Begründung nennt das World Business Council for Sustainable Development (WBCSD 2002, 15).

---

[91] Vgl. hierzu die historische Übersicht, welche die Stratos Inc. in ihrer Untersuchung kanadischer Nachhaltigkeitsberichte erstellt hat (Stratos 2001).

Diese Berichterstattungspraxis führte einerseits zur Entwicklung von Rahmenrichtlinien[92] für Umweltberichte, die heute bereits in grosser Zahl vorliegen[93], brachte aber andererseits im Kontext der bereits angesprochenen Überlegungen zu integrierten Nachhaltigkeitsindikatoren alsbald die Frage hervor, ob die im Geschäftsbericht eines Unternehmens enthaltenen ökonomischen und die im Umweltbericht aufgezeigten ökologischen Angaben nicht durch Informationen zu *sozialen Leistungen* eines Unternehmens ergänzt werden sollten.[94] Zwar gab es historisch bereits einmal Versuche, nicht nur Systeme für soziale Indikatoren des Unternehmensverhaltens zu entwickeln, sondern diese auch in der Berichterstattungspraxis zu berücksichtigen. Diese Forderungen nach einer systematischen »gesellschaftsbezogenen Rechnungslegung« bzw. einer »Sozialbilanzierung« durch Unternehmen, die im deutschsprachigen Raum in einem Minimalkatalog des Vorstandes des Deutschen Gewerkschaftsbundes (DGB) vom 12. Juli 1979 gipfelten, der insgesamt zehn Punkte umfasste (Wysocki 1981, 169) und im Übrigen grosse Ähnlichkeiten mit dem 1977 in Frankreich per Gesetz eingeführten »bilan social« aufwies (Vogelpoth 1980), verschwand allerdings rasch wieder von der politischen Agenda.

Berichte dieser »einseitigen«, sich nur auf den Aspekt der Ökonomie oder der Ökologie beziehenden Art erreichten damit nur die vierte von fünf Stufen eines Modells, das das Umweltprogramm der Verein-

---

[92] Im Jahre 1993 wurden durch die von Unternehmen ins Leben gerufene Public Environmental Reporting Initiative (PERI) die ersten Richtlinien herausgegeben; im Jahr 2000 publizerte die australische Regierung als erste ein »Framework for Public Environmental Reporting« (Stratos 2001, 3).

[93] Gemäss einer Untersuchung des Wirtschaftsprüfungs- und Beratungsunternehmens KPMG in Zusammenarbeit mit der Universität Amsterdam legten im Jahre 1999 insgesamt 267 von 1100 befragten Unternehmen aus elf Ländern Umweltberichte vor (Vgl. KPMG Environmental Consulting 1999).

[94] Der Begriff »Umwelt« wird in den mit diesem Suffix versehenen Berichten nämlich als die *natürliche respektive ökologische* – nicht etwa die natürliche *und* soziale – Umwelt interpretiert. Daran ändert auch nichts, dass er in neuesten Konzepten des Umweltmanagements zu erweitern versucht wird im Sinne von »human living conditions« (Schaltegger, Burritt and Petersen 2003: 18), womit die Gesellschaft zumindest indirekt der Umwelt zugeschlagen wird. Die Auswirkungen eines Unternehmens auf seine Stakeholders und die Gesellschaft werden im Corporate Environmental Management weiterhin primär als indirekte Auswirkungen des Unternehmens auf den Menschen durch seinen Einfluss auf die ökologische Umwelt wahrgenommen und thematisiert. Dieselbe Schwäche zeichnet im Übrigen auch das oft zitierte »Natural Step Framework« (Nattrass/Altomare 1999) aus.

ten Nationen (UNEP) bereits im Jahre 1993 skizzierte (vgl. Schönborn/Steinert 2001, 64). Dieses weist als fünfte Stufe – charakterisiert mit dem Terminus »Sustainability« – eine Verknüpfung ökologischer, sozialer und ökonomischer Aspekte in der Umweltberichterstattung von Wirtschaftsunternehmen aus[95] und lieferte damit schon früh erste Anstösse zur Erweiterung der betrieblichen Umweltberichterstattung.[96]

Aufgrund der historischen Entwicklung der Berichterstattungspraxis von Unternehmen präsentiert sich heute ein recht »buntes Bild« was das Verständnis des Terminus Nachhaltigkeitsbericht angeht. Gemäss Daub et al. (2003) kann ein Bericht dann als ein *Nachhaltigkeitsbericht im engeren Sinne* bezeichnet werden, wenn er als ein der Öffentlichkeit zugänglicher Bericht Auskunft über den aktuellen Stand eines Unternehmens bei seiner Bewältigung der »vier Herausforderungen unternehmerischer Nachhaltigkeit« (Schaltegger/Dyllick 2002, 32) geben kann. Er muss m.a.W. sowohl qualitative als auch quantitative Angaben dazu enthalten, ob und inwiefern es einem Unternehmen in einer bestimmten Berichtsperiode gelungen ist, eine Steigerung der Öko- und Sozio-Effektivität sowie eine Verbesserung der Öko- und Sozio-Effizienz zu erreichen und diese Aspekte in einem nachhaltigen Management zu integrieren (Daub et al. 2003, 27). Entsprechend lautet die Definition des World Business Council for Sustainable Development (WBCSD): »We define sustainable development reports as public reports by companies to provide internal and external stakeholders with a picture of corporate position and activities on economic, environmental and social dimensions« (WBCSD 2002, 7). Noch stärker auf den Aspekt der Ausgewogenheit der Berichterstattung hebt die Definition der KPMG in deren aktuellen »International Survey of Corporate Sustainability Reporting« ab. Sie definiert Nachhaltigkeitsberichte als »reports that include quantitative and qualita-

---

[95] Im Jahre 1997 erreichte die britische Handelskette »The Body Shop« als einziges diese fünfte Stufe, wie der Benchmark Survey der englischen Beratungsagentur »SustainAbility« ergab, der von dieser gemeinsam mit der UNEP publiziert wurde (Vgl. SustainAbility/UNEP 1997).

[96] Bereits 2000 wies die Jury der »European Environmental Reporting Awards« auf die weitere Entwicklung hin: »Der nächste Schritt nach der Umwelt- und Sozialberichterstattung ist der Nachhaltigkeitsbericht, der die ökologische, soziale und wirtschaftliche Leistung integriert und bewertet, um einen alles umfassenden Bericht zu produzieren« (zit. n. Schönborn/Steinert 2001, 63).

tive information on their financial/economic, social/ethical and environmental performance in a balanced way« (KPMG/WIMM 2002, 7). Als Nachhaltigkeitsberichte im weiteren Sinne können demnach alle anderen Berichtsformen angesehen werden, die Stakeholders mit Informationen über die ökonomische Leistung eines Unternehmens hinaus versorgen.

Ein aktueller Einteilungsvorschlag findet sich in einem internationalen Survey der KPMG, der eine Bestandesaufnahme der Reports der 250 grössten Unternehmen des »Global Fortune 500« (GFT250) sowie der 100 grössten Unternehmen aus 19 Ländern (Top100) leistete (KPMG/WIMM 2002, 5 ff.). Danach lassen sich vier Typen von Berichten unterscheiden (in Klammern die Anteile der von KPMG untersuchten Berichte in Prozent):

- Umweltberichte – Environment Health&Safety (GFT250: 73%, Top100: 65%).
- Nachhaltigkeitsberichte – Sustainability (GFT250: 14%, Top100: 12%).
- Kombinierte Umwelt- und Sozialberichte – Environmental and Social (GFT250: 10%, Top100: 11%).
- Sozialberichte – Social (GFT250: 3%, Top100: 12%).

Die sich gegen Ende der 1990er Jahre durchsetzende Überlegung, dass die Berichterstattung von Unternehmen alle drei Dimensionen der Nachhaltigkeit beinhalten sollte, führte im Jahre 1997 zur Gründung der »Global Reporting Initiative« (GRI) durch das United Nations Environment Programme (UNEP) und die US-amerikanische Non-Profit-Organisation CERES (Coalition for Environmentally Responsible Economies). Von Beginn an wurden dabei Wirtschaftsverbände und Unternehmen an der Initiative beteiligt. So nehmen im Lenkungsausschuss der GRI neben Vertretern des UNEP sowie verschiedener Nichtregierungsorganisationen (u.a. Amnesty International, WWF und Greenpeace) und Institute (u.a. KPMG, Association of Chartered Certified Accountants) auch Delegierte von Wirtschaftsverbänden und Unternehmen Einsitz. Hieraus wird nicht nur die klare Absicht deutlich, allfällige Richtlinien kooperativ zu entwickeln. Übergeordnetes Ziel der Initiative war es von Beginn an, einen *Leitfaden für Nachhaltigkeitsberichte* zu entwerfen, weiterzuentwickeln und zu verbreiten, der die drei Aspekte der Nachhaltigkeit – Wirtschaft, Ökologie und Soziales – beinhaltet. Am augenfälligsten wird die Idee der Gemeinsamkeit beim Blick auf die konkreten Teilzielsetzungen sowie die Adressaten der Ergebnisse. So beabsichtigt die Initiative nicht nur, zu einer transparenten und verbindlichen Aussage über die Auswirkungen von Unternehmensleistungen im sozialen und ökologischen Raum zu gelangen. Sie legt zugleich fest, dass ihre diesbezüglichen Erkenntnisse einerseits zur Versorgung von Anspruchsgruppen mit verlässlichen Informationen beitragen sollen, die auf deren Bedürfnisse und Interessen abgestimmt sind und somit zu einem kontinuierlichen Dialog beitragen, andererseits in Form eines *praktikablen Management-Werkzeugs* gegossen werden müssen, das es wiederum Unternehmen ermöglicht, ihre Fortschritte hinsichtlich eines sozial- und umweltverträglichen Verhaltens evaluieren zu können (Global Reporting Initiative 2002, 1). Schliesslich soll der Leitfaden auch kompatibel sein zu Programmen und Standards wie dem Global Compact oder Umwelt- und/oder Sozialmanagementsystemen, die alle eine Berichterstattung der Unternehmen über ihre Aktivitäten einfordern.

Das Programm dieser Initiative wird mithin explizit von einem *Beratungsgedanken* getragen. Die Guidelines verstehen sich als ein »technisches Dokument«. Dies erzeugt ein hohes Mass an *Akzeptanz*, was sich daran erkennen lässt, dass sich heute die überwiegende Zahl der Unternehmen, die bereits einen Nachhaltigkeitsbericht vorgelegt haben, an den Richtlinien der Global Reporting Initiative orientieren (vgl. Stratos 2001, 9). Gestärkt wird dieser Aspekt der Akzeptanz zusätzlich durch die Tatsache, dass sich die Anwendbarkeit des Leitfadens keineswegs nur auf Wirtschaftsunternehmen beschränken soll. Als Adressaten werden explizit auch andere Organisationen wie z.B. Behörden und gemeinnützige Organisationen genannt (GRI 2002, 9). Damit entspricht der Leitfaden einer wiederholt vorgetragenen Forderung von Unternehmensvertretern, dass auch ausserhalb des Wirtschaftssystems tätige Organisationen im Sinne eines sozial verantwortlichen Handelns überprüft werden müssten. Folgt man den Überlegungen wirtschaftsethischer Provenienz, muss diese Forderung insofern als legitim erachtet werden, als auch Aktivitäten solcher Gruppen soziale und ökologische Auswirkungen für Dritte zeitigen. Insbesondere treten auch Gewerkschaften, NGOs oder Körperschaften der öffentlichen Verwaltung als Arbeitgeber auf und unterliegen insofern diesbezüglich denselben Kriterien wie Unternehmen.

Ein weiterer Aspekt, der den GRI-Leitfaden gegenüber anderen hier vorgestellten Initiativen auszeichnet, findet sich in der hohen Dichte konkret ausformulierter *Prinzipien* sowie *qualitativer Charakteristika* der anvisierten Berichterstattung. Unter *Prinzipien* subsumiert die Global Reporting Initiative dabei insbesondere die folgenden Aspekte:

- die Betrachtung einer berichterstattenden Organisation als Einheit, d.h. im Falle von ökonomischen Organisationen konkret die Einbeziehung aller Standorte und Tochterunternehmen
- die exakte Festlegung der Reichweite von im Bericht einer Organisation angegebenen Aktivitäten
- die Periodizität der Berichterstattung
- die Vollständigkeit der Berichterstattung unter Einbezug sowohl der für die Organisation als auch der für ihre externen Anspruchsgruppen relevanten Aspekte sowie
- die Zurückhaltung hinsichtlich des Einbezugs geplanter, jedoch nicht realisierter Fortschritte einer Organisation in ökonomischer, ökologischer und sozialer Hinsicht (GRI 2000, 22 ff.).

Insbesondere letztgenannter Aspekt verweist auf die Ernsthaftigkeit der GRI-Beteiligten, wird in ihm doch zumindest implizit zum Ausdruck gebracht, dass Organisationen das Instrument der Berichterstattung nicht als reines Public-Relations- bzw. – schärfer formuliert – Propaganda-Instrument betrachten sollten. Ziel einer Nachhaltigkeitsberichterstattung soll und kann nicht sein, einen bunten Prospekt zu produzieren, der den Lesern eine »heile Welt« vorgaukelt. Vielmehr geht es um eine transparente Offenlegung erreichter wie nicht erreichter Ziele einer Organisation. Dies mag im ersten Augenblick geradezu geschäftsschädigend klingen, ist jedoch Grundvoraussetzung dafür, dass die Nachhaltigkeitsberichterstattung von jenen, an die sie gerichtet ist, ihrerseits ernstgenommen werden kann. Die *qualitativen Charakteristika* rekurrieren wiederum direkt auf die Idee einer Einbeziehung von Stakeholders einer Organisation als gleichberechtigte Partner im Prozess der Berichterstattung. Die Global Reporting Initiative benennt konkrete Aspekte wie Relevanz, Verlässlichkeit, Verständlichkeit, Vergleichbarkeit, Aktualität und Verifizierbarkeit der in einer Nachhaltigkeitsberichterstattung gemachten Angaben als unerlässlich und führt diese erklärend aus (GRI 2002, 24 ff.).

Das Kernstück der »Sustainability Reporting Guidelines« bilden die sogenannten »Performance Indicators« (GRI 2002, 44. ff). Sie dienen einer Messung der erreichten Ziele eines Unternehmens mit Hilfe von Zahlen und Fakten. Dabei wird von dem Grundgedanken ausgegangen, dass Unternehmen sowohl in einer ökonomischen Dimension, als auch in einer ökologischen und sozialen Einfluss auf andere gesellschaftliche Gruppen (Stakeholders) und Systeme nehmen. Damit wird der Gedanke einer »Unternehmensumwelt« um einen wichtigen zusätzlichen Aspekt erweitert: Die »Unternehmensumwelt« umfasst in diesem Sinne nun nicht mehr alleine einen sozio-ökonomischen Raum, der – aus Unternehmenssicht – aus mehr oder minder relevanten Stakeholders besteht, die verschiedene Ansprüche an das Unternehmen richten. Sie besteht in dieser Lesart vielmehr *auch* aus Systemen, die nicht von benennbaren Stakeholders repräsentiert werden.

Damit geht die Global Reporting Initiative sogar noch einen Schritt weiter als moderne Managementtheorien, die nach wie vor primär auf dem Gedanken der *Interessenharmonisierung* ausgerichtet sind. So verstehen beispielsweise Peter Ulrich und Edgar Fluri das »quasi-öffentliche Unternehmen« zwar als eine Einheit, die »aus ihrem Verhältnis zur gesamten gesellschaftlichen Umwelt und nicht allein aus ihren Eigentumsverhältnissen heraus zu verstehen [ist]«, führen dann aber weiter aus: »Die Unternehmung wird als multifunktionale und dementsprechend pluralistisch legitimierte Wertschöpfungseinheit gesehen, die sozioökonomische Funktionen für verschiedene Anspruchsgruppen wie Arbeitnehmer, Kapitalgeber, Kunden, Staat und Öffentlichkeit erfüllt« (Ulrich/Fluri 1995, 60). Der in den Richtinien der GRI explizit genannte Systemgedanke lässt sich nun wiederum verknüpfen mit unseren Überlegungen im Rahmen unserer Auseinandersetzung mit dem Diskurs der Globalisierung: Wir hatten darin erstens von *unterschiedlichen Dynamiken der einzelnen gesellschaftlichen Teilsysteme* im Globalisierungsprozess gesprochen und dabei gleichzeitig auf das unterschiedliche *Mass ihrer Aktivität respektive Reaktivität* verwiesen. Politik und Rechtssystem, so hatten wir festgehalten, folgen dem Wirtschaftssystem im Sinne einer Verarbeitung der von ihm vollzogenen bzw. initiierten Handlungen. Zweitens hatten wir transnationale Konzerne als einen der wichtigsten Akteure des sozioökonomischen Wandels benannt.

Aus den von der Global Reporting Initiative herausgegebenen Leitlinien für eine Nachhaltigkeitsberichterstattung spricht m.a.W. die Erkenntnis, dass die Bedeutung von Unternehmen und dabei insbesondere multinationaler Konzerne nicht nur von allen bedeutsamen Gruppierungen im Kontext einer nachhaltigen Entwicklung erkannt worden ist, sondern dass diese zugleich bereit sind, mit Unternehmen zu kooperieren, ohne deren grundlegenden Zweck in Frage zu stellen. Das Bestreben von Unternehmen, sich im globalen Wettbewerb mit allen ihnen zur Verfügung stehenden Mitteln zu positionieren, wird hier nicht mehr als per se negativ betrachtet, sondern als Faktum hingenommen. Erst dieser Perspektivwechsel erlaubt es der Initiative, Unternehmen zu einer Verantwortungsübernahme anzuhalten. Dabei wird insbesondere vom World Business Council for Sustainable Development, das seinerseits inzwischen einen Leitfaden für die Erarbeitung von Nachhaltigkeitsberichten vorgelegt hat, der sich in weiten Teilen an die Sustainability Reporting Guidelines der GRI anlehnt (WBCSD 2002), wiederholt betont, dass eine Verantwortungsübernahme nicht alleine aus ethischen, sondern zugleich aus ökonomischen Überlegungen heraus als sinnvoll zu erachten sind. Die Argumente reichen dabei von Einsparungspotenzialen bei innovativer Anwendung der Öko-Effizienz-Strategie über die Verbesserung der Kundenbeziehungen bis hin zu der Erschliessung neuer Märkte in Entwicklungs- und Schwellenländern (vgl. WBCSD 2001, 15 ff., 24 ff., 41 ff.) und korrespondieren insofern mit anderen ähnlich gelagerten Argumentationen, die wir bereits vorgeführt hatten.

Die angesprochenen »Performance Indicators«[97] beziehen sich basierend auf der Grundannahme eines prinzipiellen Einflusses von Unternehmen auf allen drei Ebenen der sogenannten »Triple-bottom-line« auf *messbare Faktoren einer Einflussnahme*. Im ökonomischen Teil wird hierbei zunächst getrennt zwischen *direkten und indirekten finanziellen Einflüssen*, wobei sich erstere auf konkret benennbare *Stakeholders* richten, letztere auf *Systeme*. Direkte finanzielle Einflüsse hat ein Unternehmen auf seine Kunden, Lieferanten, Angestellten, Kapitalgeber und den öffentlichen Sektor (Steuern); indirekte Einflüsse nimmt ein Unternehmen über (positive oder negative) Externalitäten. Alle Finanzflüsse sollen gemäss den Vorgaben der Richtlinien gemessen und in der Nachhaltigkeitsberichterstattung transparent gemacht werden. Im ökologischen Teil wird unterschieden zwischen *Kernindikatoren* (»Core indicators«) und *zusätzlichen Indikatoren*, die sich allesamt auf »lebendige und nicht-lebendige« natürliche Systeme (namentlich das Ökosystem, Luft, Boden und Wasser) beziehen. Kernindikatoren beinhalten vor allem Verbräuche und Emissionen durch das Unternehmen selbst oder die von ihm bereitgestellten Produkte

---

[97] Vgl. im folgenden Global Reporting Initiative 2002, 45 ff.

und Dienstleistungen, zusätzliche Indikatoren erfassen spezifische Sonderleistungen, die ein Unternehmen gegenüber seiner ökologischen Umwelt geleistet hat – darunter beispielsweise Angaben zu vom Unternehmen renaturierten Flächen oder Initiativen zur Nutzung regenerativer Energien. Mit den »*Social performance indicators*« werden schliesslich alle Leistungen erfasst, die ein Unternehmen in den sozialen Strukturen[98] erbringt, in die es eingebettet ist. Machten diese in der ersten Ausgabe der »Sustainability Reporting Guidelines« (GRI 2000) nur wenige Abschnitte aus, so entwickelte die Global Reporting Initiative inzwischen einen umfassen Katalog von Kriterien zur *sozialen Verantwortung* von Unternehmen. Darin aufgelistet sind alle Beziehungen eines Unternehmens zu seinen Mitarbeiter nicht-monetärer Art (u.a. Gesundheitsschutz und Sicherheit sowie Fort- und Weiterbildung), Menschenrechte (insbesondere Fragen der Nichtdiskriminierung von Minderheiten, Kinderarbeit und Zwangsarbeit), Produktverantwortung (Gesundheitsschutz der Konsumenten, Produktkennzeichnung, Werbung und Datenschutz) sowie die Integration des Unternehmens respektive seiner Standorte in die lokalen sozio-kulturellen und politischen Strukturen.

Betrachtet man sich die Dichte dieses Indikatorensystems, so liegt die Vermutung nahe, dass ein Unternehmen, welches tatsächlich anstreben sollte, zu allen Bereichen nützliche Angaben zu liefern, letztlich nicht umhin kommt, seine Managementsysteme grundlegend umzustellen. Unterstützt wird dieser Prozess seit jüngstem durch Ratings der Vollständigkeit und Qualität von Nachhaltigkeitsberichten. Die erste Untersuchung dieser Art wurde im Jahr 2000 von der Londoner Beratungsfirma SustainAbility, gemeinsam mit dem United Nations Environment Programme (SustainAbility/UNEP 2000) vorgelegt, die bereits in den Jahren zuvor Ratings zur Umweltberichterstattung von Unternehmen angefertigt hatte. im Jahre 2001 folgte die erste länderspezifische Bestandesaufnahme der Berichterstattungspraxis und -qualität in Kanada durch das Beratungsunternehmen Stratos (2001), das inzwischen ebenfalls eine Nachfolgestudie vorgelegt hat (Stratos 2003). Die bislang umfassendste Länderstudie publizierten Daub et al. 2003 mit einer Aktualisierung 2004; in ihnen wurde die

---

[98] Der Bericht spricht von »social systems«. Er wurde hier als »soziale Strukturen« übersetzt, um Verwechslungen mit dem Luhmann`schen Begriff des sozialen Systems zu vermeiden.

Nachhaltigkeitsberichterstattung der 100 (2003) bzw. 250 (2004) grössten Unternehmen der Schweiz untersucht. Alle Bewertungssyteme orientieren sich dabei mehr oder minder an den Richtlinien der GRI.

Nicht zuletzt aufgrund dieser neueren Entwicklungen verwandelt sich die Initiative zunehmend von einem *informativ-erzieherischen* in ein *anreizorientiertes Instrument*, das darüber hinaus – stärker noch als das Responsible-Care-Programm der chemischen Industrie – sukzessive auch einen *regulativen Charakter* gewinnt. Dieser wird allerdings nicht dadurch erzielt, dass (staatliche) Zwangsmassnahmen erfolgen, sondern vielmehr durch den Umstand, dass sich die Berichterstattungspraxis in der beschriebenen Art nach und nach als ein *internationaler Benchmark* etabliert, an dem sich eine zunehmende Zahl von Unternehmen orientieren müssen, wollen sie nicht über kurz oder lang in Wettbewerbsnachteile geraten.

Die Tatsache schliesslich, dass die Thematik zunehmend öffentlich wird – woran die Unternehmensverbände durch Publikationen, Veranstaltungen und Seminare einen nicht unwesentlichen Anteil haben – trägt ihrerseits zu einer Verschärfung der Problematik all jener Unternehmen bei, die sich in dieser noch frühen Phase nicht in den Diskurs einbringen. Sie setzen sich damit dem erhöhten Risiko aus, dass der Druck, welcher derzeit noch vorwiegend durch das Lenkungssystem Öffentlichkeit ausgeübt wird, allmählich auch durch die Lenkungssysteme Politik und Markt gegen Unternehmen gerichtet wird. Spätestens, wenn sich die Nachhaltigkeitsberichterstattung als dominierende und zu einem späteren Zeitpunkt gegebenenfalls international genormte Berichterstattungspraxis etabliert hat, worauf die beschriebenen Entwicklungen hindeuten, wird der Aufwand für ihre Einführung ungleich grösser. Vor diesem Hintergrund verwundert es nicht, dass bereits über 2000 Unternehmen weltweit eine Nachhaltigkeitsberichterstattung aufgenommen haben, die sich vollständig oder teilweise an den Richtlinien der GRI orientiert.[99]

Die Entwicklung von Nachhaltigkeitsindikatoren und -standards in der soeben beschriebenen kooperativen Art und Weise ist zweifellos ein vielversprechender Weg zur Integration von Unternehmen in den Prozess einer nachhaltigen Entwicklung, zumindest dann, wenn man nach dem Grad der Wirkung fragt. Führt man sich vor Augen, dass die endgültige Fassung der »Sustainability Reporting Guidelines« erst

---

[99] Siehe http://www.globalreporting.org/about/faq2.asp#Q4.

im Jahre 2002 fertig gestellt wurde und somit erst im Jahre 2003 ihren Niederschlag in den Berichterstattungsprozessen von Unternehmen finden konnte, darf sie zudem als ein *neuartiges Instrument* bezeichnet werden.

5.3.5 Das Problem der Umsetzung und des Prozessmonitoring durch unabhängige Institutionen

Die Zahl der Unternehmen, welche sich an einem der beschriebenen Programme wie dem Global Compact oder dem Responsible Care Programm beteiligen, sich um ein Label wie das der Clean Clothes Campaign bewerben, ein zertifiziertes Umwelt-, Sozial- oder nachhaltiges Management einführen und/oder eine systematische Berichterstattung über ihre Performance in ökonomischer, ökologischer und sozialer Hinsicht aufnehmen, steigt kontinuierlich. Den Unternehmen ist dabei bewusst, dass es sich bei ihren Bemühungen um ein »Work in progress« handelt, zumal einige zentrale Fragen noch nicht zufriedenstellend beantwortet und einige Probleme noch nicht gelöst wurden. Ein erster Problemkreis betrifft die *Umsetzung* einzelner Programme bzw. Initiativen in die unternehmerische Praxis, ein zweiter das *Prozessmonitoring* und die *externe Verifikation* (vgl. Leisinger 2002).

Wenngleich an dieser Stelle nicht alle Probleme gezeigt werden sollen und können, denen sich ein Unternehmen bei der Umsetzung eines Programms stellen muss, soll hier doch zumindest auf die wichtigsten Aspekte eingegangen werden. Ziel ist es, die Tragweite zu verdeutlichen, die eine stärkere Berücksichtigung von »Nachhaltigkeit« im Management insbesondere dann erreicht, wenn Unternehmen sowohl einen grösseren Beitrag zu einer nachhaltigen Entwicklung leisten als auch ihre Systeme hin zu einer nachhaltigeren, d.h. sozial- und ökologieverträglicheren Funktionsweise, verändern wollen. Über konkrete Einzelfälle liegt inzwischen eine grosse Zahl an Publikationen vor: So haben, um einige lesenswerte Beispiele zu nennen, Stefan Schaltegger und Thomas Dyllick die Vorgehensweise und Problemstellungen bei der Einführung einer Sustainability Balanced Scorecard beschrieben (Schaltegger/Dyllick 2002), Arnd Hardkte und Marco Prehn exemplarisch die Erfolgspotenziale der Einführung nachhaltiger Managementstrukturen vorgeführt (Hardtke/Prehn 2001), das Institut für ökologische Wirtschaftsforschung zusammen mit dem imug Institut den Prozess der Einführung einer Nachhaltigkeitsberichterstattung in vier deutsche Unternehmen begleitet (IÖW/ imug 2002), Michael Warner und Rory Sullivan an neun Fällen konkrete Beispiele für strategische Allianzen zwischen Regierungen, Unternehmen und zivilgesellschaftlichen Gruppen zur Verwirklichung nachhaltiger Entwicklungsprojekte gezeigt (Warner/Sullivan 2004) und Klaus Leisinger die mit dem Beitritt des Unternehmens Novartis zum Global Compact verbundenen Probleme und Lösungen vorgestellt (Leisinger 2002, 409 ff; 2003, 114 ff.). Die nachfolgende Zusammenstellung bezieht sich stellenweise explizit auf diese Quellen und basiert zusätzlich auf Erkenntnissen, die der Verfasser als Leiter des bislang weltweit umfangreichsten Projekts der Analyse der Quantität und Qualität der Nachhaltigkeitsberichterstattung in einem Land in Experteninterviews mit Managerinnen und Managern aus 25 Schweizer Unternehmen sammeln konnte (vgl. Daub et al. 2003, 2004; Daub 2004).

Gleich, ob ein Unternehmen ein nachhaltiges Management einführen, bestimmten ethischen Prinzipien systematisch folgen oder über seine Performance in ökonomischer, ökologischer und sozialer Hinsicht integriert berichten möchte – der erste Schritt ist stets derselbe: die Geschäftsführung muss sich der ethischen Verantwortung ihres Unternehmens bewusst werden und sich schriftlich dazu bekennen (WBCSD 2002, 44). Nicht umsonst kann ein Unternehmen beispielsweise nur dann dem Global Compact beitreten, wenn sich das Top-Management explizit zur Unterstützung und Verfolgung der zehn Prinzipien verpflichtet.[100] Häufig kommt der Anstoss dabei aus dem mittleren Management, beispielsweise durch die oder den Umweltbeauftragte(n) oder die Kommunikationsabteilung. Gerade letztere hat aufgrund ihrer Aufgabenstellung der strategischen Frühaufklärung (vgl. Steger/Winter 1996) relativ häufiger als andere Abteilungen eines Unternehmens mit Stakeholders aus einem nicht-ökonomischen Umfeld zu tun. Ein Hindernis stellt dieser Schritt insbesondere dann dar, wenn die Geschäftsführung die Folgen, welche mit einer derartigen Entscheidung verbunden ist, nicht einschätzen kann. Denn, so selbstverständlich das Bekenntnis eines modernen, »aufgeklärten« Managers zu grundlegenden ethischen Prinzipien sein mag (Leisinger 2003, 114), so nachvollziehbar erscheint sein Zögern in Anbetracht eines hohen Masses an Unsicherheit, welche Auswirkun-

---

[100] Vgl. http://www.unglobalcompact.org/Portal/Default.asp.

gen seine Entscheidung zeitigen. Sollte beispielsweise die geplante Umsetzung eines Programms aus welchen Gründen auch immer scheitern, könnte der Geschäftsführung ihre Initiative negativ ausgelegt werden – im schlimmsten Falle als eine »Alibiübung« zur strategischen Abwehr einer vermeintlichen Verantwortungszumutung (vgl. Göbel 1992, 21; Zajitschek 1997). Insfern gilt es also alleine schon aus Gründen betriebswirtschaftlicher Klugheit, die Entscheidung für das Eintreten eines Unternehmens in ein Projekt sorgfältig abzuwägen.

Nach diesem ersten Schritt müssen konkrete Umsetzungsprozesse angestossen werden, wofür insbesondere personelle und finanzielle Ressourcen bereitgestellt werden müssen. Wie ich andernorts am Beispiel der Durchführung eines Leitbildprozesses ausführlich dargelegt habe (vgl. Daub 2003, 77 ff.), werden diese Kosten seitens vieler Unternehmen häufig unterschätzt. Dies hängt nicht zuletzt eng mit der soeben angedeuteten Tatsache zusammen, dass manchen Unternehmen die Tragweite dessen zu wenig bewusst ist, was sie sich mit der Umsetzung eines Programms oder einer Massnahme aufbürden. Zu erkennen ist dies besonders gut an der Nachhaltigkeitsberichterstattung: Etliche Unternehmen sind erst vor kurzer Zeit dazu übergegangen, aus ihrer vormaligen Umweltberichterstattung eine integrierte Nachhaltigkeitsberichterstattung zu entwickeln. Dabei zeigt es sich, dass häufig vorschnell und unter Einsatz zu geringer Mittel agiert wurde: die Berichterstattung wurde offensichtlich konzeptionell nicht verändert, sondern einzig durch einige Angaben zur »sozialen Performance« des Unternehmens ergänzt (Daub et al. 2003). Nicht immer gelingt es den Unternehmen dabei überzeugend zu kommunizieren, dass dieser Schritt Konsequenz einer überlegten Strategie und nicht eine schlichte Anpassung an bzw. Reaktion auf eine aktuelle Entwicklung ist, die offensichtlich zu spät erkannt wurde.

In diesem Kontext wird eine weitere Problematik sichtbar: In vielen Fällen fehlt es sowohl in den Unternehmen selbst als auch in Beratungsunternehmen am notwendigen Know-how. Nicht umsonst sehen der Global Compact oder das Programm Responsible Care einen Schwerpunkt ihrer Arbeit in der Initiierung von Lern- und Kommunikationsprozessen, um dieses Knowledge-Gap zu schliessen. Mit Blick auf den Beratungssektor muss kritisch angemerkt werden, dass er zwar inzwischen einige Unternehmen und Agenturen hervorgebracht hat, die sich auf die Umsetzung bestimmter Programme und Massnahmen (z.B. die Einführung von Umweltmanagementsystemen) spezialisiert haben, dass auf der anderen Seite indes viele Beratungsunternehmen im Bereich des nachhaltigen Managements Dienstleistungen anbieten, wofür ihnen das notwenige Know-how fehlt. So haben etliche PR- und Kommunikationsberatungsfirmen inzwischen ihr Portfolio auf die Nachhaltigkeitsberichterstattung ausgeweitet ohne einen überzeugenden Nachweis erbracht zu haben, dass sie auch in der Lage sind, diese neue Form der Berichterstattung inhaltlich betreuen zu können.

Die relative Neuheit der Idee eines nachhaltigen Managements bedingt indes nicht nur, dass es in vielen Bereichen noch an dem notwendigen Know-how fehlt. Es bewirkt auch, dass die Zahl der Initiativen und Programme extrem hoch ist und diese sich hinsichtlich ihrer Ausrichtung sowie der ihnen zugrunde liegenden Prinzipien und Standards teilweise stark unterscheiden (McIntosh et al. 2003). So existiert beispielsweise bis heute keine Einigkeit darüber, in welcher konkreten Form eine Nachhaltigkeitsberichterstattung vorgelegt werden soll. Einige Beratungsunternehmen und Rating-Institutionen fördern und fordern die Publikation eines eigenständigen, singulären Nachhaltigkeitsberichts (vgl. SustainAbility/UNEP 2002), während andere die Veröffentlichung ökologischer und sozialer Daten und Fakten als Bestandteil einer integrierten Berichterstattung ansehen und darauf hinweisen, das insbesondere kleine und mittlere Unternehmen personell und finanziell nicht in der Lage sind, jährlich einen zusätzlichen Bericht zu erstellen (Daub 2004).

Mit letzterem Hinweis wird ein weiterer Problemkreis angesprochen. Die personellen und finanziellen Kosten, die mit einer Teilnahme an bestimmten Programmen oder der Initiierung eines eigenständigen Projekts verbunden sind, können insbesondere kleine und mittlere Unternehmen (KMU) überfordern. Gerade, wenn ein Programm oder eine Initiative durch ein Unternehmen ernsthaft in Angriff genommen werden soll, sind diese finanziellen Belastungen – wie gezeigt – nicht zu unterschätzen. Dabei muss zusätzlich in Erwägung gezogen werden, dass sich zahlreiche KMU in jüngerer Vergangenheit oder gegenwärtig nach ISO9001 zertifizieren liessen und lassen, womit bereits grössere Mittel gebunden werden. Zwar liegen bereits erste Ansätze zur Etablierung eines nachhaltigen Managementsystems vor, die sich explizit auch an KMU richten (z.B. die Sigma-Guidelines – British Standards Institution 2003); diese stellen aber noch zu wenig deren begrenzte finanzielle Möglichkeiten in Rechnung.

Ein letzter Aspekt, den es im Kontext der Umsetzungsfrage kritisch zu reflektieren gilt, bezieht sich auf die Frage der Integration von

Stakeholders. In allen der von uns vorgestellten Programme und Initiativen wird dezidiert gefordert, dass Unternehmen bei ihren Bemühungen um eine Steigerung der Nachhaltigkeit ihrer Managementsysteme sowie ihrer Beiträge zu einer nachhaltigen Entwicklung Anspruchsgruppen (Stakeholders) einbinden sollen (WBCSD 1999, 3; imug 1997, 112) – am dezidiertesten im Assurance Standard AA1000 (AccountAbility 2003). Allerdings liegen derzeit noch keine überzeugenden Konzepte zur Beantwortung der Fragen vor, *welche* Stakeholders für ein Unternehmen generell oder aber für einen konkreten Konfliktfall zwischen einem Unternehmen und bestimmten Gruppen aus der sozialen Umwelt als relevant zu betrachten sind, *wie* sie systematisch in Entscheidungsprozesse einbezogen werden können und sollen, nach welchen Kriterien Konfliktfälle entschieden werden und *was* nach Abschluss eines Diskurses geschieht; dies hat Albert Löhr jüngst am Beispiel eines Konfliktes des Unternehmens Puma eindrücklich gezeigt (Löhr 2004). Dies verweist noch einmal aus einer anderen Perspektive auf die Bedeutung, die Lern- und Kommunikationsprozessen zukommt.

Der zweite eingangs vorgestellte Problemkreis betrifft das *Monitoring und die externe Verifizierung*. Es versteht sich von selbst, dass die Erfüllung bestimmter Kriterien durch ein Unternehmen von externer Seite überprüft werden muss, wobei diese Verifizierung nicht alleine der Kontrolle dient, sondern im Falle eines positiven Ergebnisses zusätzlich die Glaubwürdigkeit des Unternehmens erhöht (vgl. Leisinger 2002, 427). Entsprechend sehen nahezu alle der erwähnten Standards wie z.B. SA8000 oder ISO14001 aber auch Programme wie der Global Compact oder Responsible Care eine Überprüfung durch unabhängige Instanzen bzw. Revisoren vor. Selbst für den Teilbereich der Berichterstattung wurden wie erwähnt inzwischen Indikatorensysteme zur Messung deren Qualität und Aussagekraft entwickelt. Gerade vor dem Hintergrund der Tatsache, dass viele Vertreter von Nichtregierungsorganisationen in den Bemühungen von Unternehmen die bereits angesprochenen »Alibiübungen« sehen und teilweise sogar die Einbindung von Unternehmen in Programme prinzipiell ablehnen, weil sie darin die Gefahr eines »greenwash« erkennen (Calder 2003, 3), muss wiederum an die Glaubwürdigkeit der Revisoren ein hoher Anspruch gerichtet werden. Darüber hinaus müssen transparente Verfahren entwickelt werden, m.a.W. also auch das »Wie?« eines Verifikationsprozesses geklärt sein inklusive der Fragestellung, wer die Arbeit der externen Revisoren finanziert.

Für beide Aspekte können und sollen hier keine abschliessenden Antworten gegeben werden. Gleichwohl erscheint es sinnvoll, sich über die in der Realität heute am häufigsten vorkommenden Optionen Gedanken zu machen, um deren Vor- und Nachteile herauszuarbeiten zu können. Wir werden uns dabei auf zwei potenzielle externe Revisoren konzentrieren: zum einen Wirtschaftsprüfungs- und -beratungsunternehmen, die in der Praxis häufig Revisionen durchführen und dabei ihre »traditionelle« Rolle ausweiten, zum anderen Nichtregierungsorganisationen, die als »Sprachrohre« der kritischen Öffentlichkeit ebenfalls häufig als unabhängige Prüfer fungieren (Ball/Owen/Gray 2000). An diesen beiden Beispielen lassen sich die zentralen Probleme sichtbar machen, die es im Kontext der Verifikation zu beachten gilt.

In Anbetracht der Tatsache, dass einige der *Wirtschaftsprüfungs- und -beratungsunternehmen* inzwischen eine führende Rolle bei der Entwicklung und Weiterentwicklung von Standards und Indikatorensystemen zur Messung des Grades eines sozial und/oder ökologisch verantwortlichen Handelns eines Unternehmens spielen[101] und somit über ein grosses Know-how verfügen, scheinen sie für diese Funktion geradezu prädestiniert zu sein. Dagegen spricht allerdings ein gewichtiges Argument, das so auch häufig von NGOs vorgetragen wird: die wirtschaftliche Abhängigkeit der Revisoren von dem von ihnen betreuten Unternehmen ist derart hoch, dass eine wirklich neutrale Prüfung kaum stattfinden kann (vgl. Leisinger 2002, 427). Hinzu kommt, dass Skandale wie jüngst um den US-amerikanischen Konzern Enron die Glaubwürdigkeit der Wirtschaftsprüfungsunternehmen nicht gerade erhöht (Assländer 2004). Geradezu sträflich gegen das Gebot der Neutralität verstossen Wirtschaftsprüfungs- und -beratungsunternehmen dann, wenn sie auf der einen Seite Unternehmen bei der Umsetzung eines Standards oder Programms beraten und auf der anderen Seite Einsitz nehmen in Gremien, die Auszeichnungen und Preise für besonders vorbildliche Leistungen vergeben. So berät, um ein aktuelles Beispiel aus der Schweiz zu wählen, PricewaterhouseCoopers zahlreiche Unternehmen bei der Entwicklung oder Optimierung einer Nachhaltigkeitsberichterstattung und nimmt gleichwohl in einem Gremium Einsitz, das unter Federführung der

---

[101] So nehmen zahlreiche Vertreter derartiger Organisationen Einsitz in »technical committees« von Initiativen und Standards wie dem AA1000 oder der GRI.

»Schweizerischen Vereinigung für ökologisch bewusste Unternehmensführung« alle zwei Jahre Preise für die besten Umwelt- und Nachhaltigkeitsberichte vergibt.[102] Der Nachweis einer tatsächlichen Unabhängigkeit dürfte in diesem Falle schwerlich gelingen.

Auch der Einsatz von *Nichtregierungsorganisationen* als externe Prüfer macht in Anbetracht des Umstandes, dass sie häufig über ein gutes Know-how in denen von ihnen berabeiteten Themenfeldern verfügen und zudem ihre Neutralität weniger in Frage zu stehen scheint als bei den erstgenannten Prüfern, zunächst Sinn. Allerdings gilt es auch hierbei einige kritische Aspekte nicht aus den Augen zu verlieren. Ein erster betrifft die Stellung, welche eine NGO gegenüber einem Unternehmen einnimmt. Albert Löhr nennt in seiner bereits zitierten Arbeit drei mögliche Rollen, die NGOs in Zukunft gegenüber Unternehmen einnehmen können: im ersten Falle einer zu starken Annäherung an Unternehmen sieht Löhr die Gefahr einer *Instrumentalisierung* der Organisation, die zu einer Art »House NGO« verkommen könnte, im zweiten Falle einer starken Besinnung der NGO auf ihre Wurzeln als *»Campaigners«* schieden diese für jede Art eines Dialogs – und damit natürlich auch für die Funktion als externe Revisoren – aus; nur in einem dritten Fall der Entwicklung einer NGO zu einem »independent body of both professional expertise and ethically sound demands on corporate action« erkennt Löhr eine Rolle, die für konstruktive Dialoge ausbaubar erscheint (Löhr 2004, 28). Doch selbst jene NGOs, die Löhr der dritten Gruppe zurechnet, haben eine natürliche Scheu gegenüber ihrem Einsatz als neutrale Prüfer des von einem Unternehmen Erreichten. Insbesondere dann, wenn sie einem Unternehmen tatsächlich ein vorbildliches Verhalten testieren müssen, gerät ihr Ruf als neutrale Kritiker in Gefahr (Leisinger 2002, 428). Nicht zuletzt aus diesem Grund besteht immer die Gefahr, dass sie entweder auf Basis eines zuvor festgelegten Prüfverfahrens zu »hart« und damit letztlich ungerecht prüfen oder aber die Ansprüche an ein Unternehmen dermassen in die Höhe schrauben, dass es den Forderung beim besten Willen nicht mehr gerecht werden kann.

Hinsichtlich der Prüfverfahren – durch welche Organisation auch immer sie angewendet werden mögen – wurde einer Problematik in der Literatur bis heute noch zu wenig Aufmerksamkeit geschenkt: eine fundierte Prüfung kann letztlich nur erfolgen, wenn ein Unterneh-

---

[102] Siehe http://www.oebu.ch/de/artikel.php?id=24

men dazu bereit ist, den Prüfern Einblick in seine Prozesse und Verfahren zu geben. Dabei stellt sich die Frage, wie vermieden werden kann, dass hierbei Geschäftsgeheimnisse verletzt werden, die der Prüfer im schlimmsten Falle gegen das Unternehmen verwenden könnte. Die Banken und Investmenthäuser, die Unternehmen auf ökologische, soziale und/oder allgemein »ethische« Aspekte überprüfen, um feststellen zu können, ob sie in einen Ethikfonds aufgenommen werden können, und die dabei in besonderem Masse auf detaillierte und glaubwürdige Informationen angewiesen sind, vermeiden konsequent, auf diese Problematik einzugehen. So enthält beispielsweise die Beschreibung des Analyseprozesses der in der Schweiz führenden Bank für »ethisches Investment«, Sarasin, zwar den Hinweis darauf, dass ein Teil der beschafften Informationen aus Unternehmensbesuchen und –kontakten stamme; detaillierter geht das Unternehmen auf seine Vorgehensweise allerdings nicht ein.[103] Selbst ein Ansatz, der auf Basis einer Stakeholderanalyse herausfinden wollte, inwiefern ein Unternehmen von diesen gestellte Ansprüche erfüllt hat, ist zu einem grossen Teil vom Zugang der Prüfer zum untersuchten Unternehmen abhängig – so z.B. wenn Mitarbeiter oder Kapitaleigner befragt werden sollen.

Trotz all dieser Unwägbarkeiten, die in Zukunft in diskursiven Verfahren im Rahmen von Programmen und Initiativen sukzessive einer Lösung zugeführt werden sollten, erscheint ein externes Monitoring sowie eine Verifikation der Leistungen von Unternehmen der einzig gangbare Weg, um Fortschritte sichtbar zu machen. Unternehmen kann dabei wie erwähnt ein grosses Interesse an derlei Überprüfungen unterstellt werden, ist doch nur so ihre Glaubwürdigkeit gewährleistet, die wiederum die Grundlage für jeglichen ökonomischen Nutzen bildet, den sich Unternehmen aus den beschriebenen Prozessen immer auch erhoffen.

---

[103] Die Informationen entstammen einer aktuellen Broschüre der Bank Sarasin zu ihren nachaltigen Anlagefonds; sie sind einzusehen und herunterzuladen unter http://www.sarasin.ch/sarasin/show/main/public/1,1015,2000894-0-2,00.html.

6. Ein abschliessendes Resümee

Auf Basis unserer vorstehenden Analysen kann zusammenfassend konstatiert werden, dass die Chancen für die Entwicklung *wirksamer* – und dies bedeutet: erfolgreicher – Instrumente zur Wahrnehmung und Umsetzung der sozialen, ökologischen und ökonomischen Verantwortlichkeit von Wirtschaftsunternehmen nur dann realistischerweise steigen können, wenn einige *grundlegende Bedingungen* erfüllt sind. Diese sollen in diesem abschliessenden Kapitel noch einmal im Gesamtzusammenhang der Arbeit diskutiert und zusammengefasst werden. Damit wird zum einen eine Antwort auf unsere einleitend formulierte, *forschungsleitenden Frage* gegeben, welche Voraussetzungen erfüllt sein müssen, um die Kapazitäten von Unternehmen und dabei insbesondere multinationaler Konzerne im Prozess einer nachhaltigen Entwicklung nutzen zu können. Zum anderen wird die Reflexion der Bedingungen systematisch auf die Hauptzielsetzung dieser Arbeit rekurrieren, die den Beweis führen sollte, dass Unternehmen nur dann bereit sind, sich in den Prozess der Realisierung einer nachhaltigen Entwicklung kooperativ einzubringen, wenn sie daraus positive ökonomische Konsequenzen ableiten können bzw. zumindest keine negativen ökonomischen Folgen gewärtigen müssen.

Als wohl bedeutsamsten Aspekt, der zum Gelingen des genannten Prozesses beiträgt, hatten wir im vorigen Kapitel die Idee der *Partnerschaft* herausgearbeitet, die auf dem Prinzip eines offenen *Dialogs* basieren sollte. Anhand einiger konkreter Beispiele wurde dabei gezeigt, dass Initiativen und Programme, die auf eine stärkere Verantwortungsübernahme von Wirtschaftsunternehmen hinwirken sollen, dann *nicht* ihre volle Wirkung entfalten können, wenn sie von ihren Initianten *monologisch* gestaltet wurden.

Dies erweist sich vor allem hinsichtlich *poltischer Massnahmen* auf nationaler Ebene als problematisch. Wendet nämlich der Nationalstaat prioritär regulative Instrumente zur Durchsetzung seiner Ansprüche an *ohne* dabei dem Aspekt einer Einbindung der von seinen Entscheidungen Betroffenen genügend Aufmerksamkeit zu schenken, verstärkt er einen Prozess, den wir im Zusammenhang mit der Globalisierungsthematik erörtert hatten: All jene Unternehmen, die international operieren, nutzen dann möglicherweise verstärkt ihre »transnationale Entzugsmacht« (Beck 1998b, 18), um sich dem Zugriff der nationalstaatlichen Ordnungsmacht sukzessive zu entziehen und spielen Staaten durch die Wahl ihres Produktions-, Investitions- und Steuerstandortes gegeneinander aus. Sie tun dies nicht zuletzt, weil gesetzliche Vorgaben auf nationaler Ebene im Kontext eines globalen Marktes und internationaler Konkurrenz für sie vermehrt zu Wettbewerbsnachteilen führen, da sie sich an Normen orientieren müssen, die andere Akteure zu unterlaufen verstehen. So wird tatsächlich ein Kreislauf erzeugt, der Züge eines »Machtkampfes« aufweist und somit letztlich auch gegen eine der grundlegenden Überzeugungen verstösst, die in der Agenda 21 festgehalten sind: die Überzeugung nämlich, dass nur jene Aktionen von Erfolg gekrönt sein können, die partnerschaftlich angegangen und von dem Willen getragen werden, eine *gemeinsame Lösung* anstehender Probleme zu finden. Gerade in Anbetracht der vielfältigen Abhängigkeitsverhälnisse zwischen Unternehmen und Staaten, die wir bereits ausführlich beschrieben hatten, erscheint hier ein Umdenken des Staates weg von regulativen, hin zu anderen Instrumenten geboten.

Gleichsam als Nebeneffekt könnte der Staat mit einem derartigen Vorgehen erreichen, dass künftig über die prinzipielle ethische Rechtfertigungspflicht unternehmerischen Handelns stärker reflektiert würde. Denn wie wir im Zusammenhang mit unserer Reflexion des ordnungsethischen Paradigmas der Wirtschaftsethik gezeigt hatten, besteht eine praktische Schwäche des Konzepts ja gerade darin, dass eine Verortung der Moral in der Rahmenordnung (vgl. Homann/Blome-Drees 1992, 35) tendenziell zu einem Abbruch des Diskurses führt. Weniger Gesetze auf der einen, grössere Anreize auf der anderen Seite erzielten also m.a.W. einen doppelten Effekt.

Die mangelnde Orientierung an dem Gedanken eines gemeinsamen, partnerschaftlichen Vorgehens führte wie gezeigt auch dazu, dass viele Initiativen von *Nichtregierungsorganisationen* bei Unternehmen ablehnende Reaktionen auslösen. Aus Sicht der Unternehmen berücksichtigen Gruppierungen der Zivilgesellschaft zu wenig die *realen Sachzwänge* des ökonomischen Handelns, was nach Ansicht vieler Wirtschaftsvertreter auf ihre prinzipiell anti-ökonomische Haltung zurückzuführen ist. Wie am Beispiel des »Unternehmenstests« des Instituts für Markt-Umwelt-Gesellschaft (imug) deutlich gemacht wurde, resultiert daraus eine Konstellation der Rivalität von Ansprüchen, die einen konstruktiven Dialog verunmöglicht. Die angesprochene Haltung der NGOs ist zu weiten Teilen aus ihrer historischen Entwicklung begründbar, entstanden sie doch in den 1970er Jahren aus den neuen sozialen Bewegungen bzw. sozialen Bewegungsorganisationen (»social movement organizations«) heraus, die gemäss Friedhelm Hengsbach von der Kritik an einer »Ökonomie ohne Moral« geeint wurden (Hengsbach 1991, 72 f.). Dieses Motiv taucht heute wieder bei der erst seit wenigen Jahren existierenden Bewegung der Globalisierungsgegener bzw. -kritiker auf. Zwar lassen sich inzwischen Anzeichen ausmachen, die auf eine Veränderung der Grundhaltung einiger NGO-Vertreter im Sinne ihrer Öffnung für einen echten Dialog hindeuten, die meisten Initiativen basieren indes noch auf der Leitidee einer tendenziell kämpferischen Auseinandersetzungspraxis (vgl. Löhr 2004).

Die Tatsache, dass das Zustandekommen eines *echten Dialogs* bzw. einer *partnerschaftlichen Verbindung* zwischen den genannten Gruppen äusserst schwierig ist, mag auch dazu beigetragen haben, dass einige Unternehmen respektive Unternehmensverbände selbst aktiv wurden und zum Mittel der *Selbstverpflichtung* griffen. Deren Schwächen ergeben sich – wie gezeigt – vor allem daraus, dass sie höchst branchenspezifisch sind und nur bedingt in andere, weniger dem öffentlichen Druck ausgesetzte Branchen ausstrahlen können. Zudem entspringen die in die Wege geleiteten Massnahmen häufig *primär* der Überlegung, den öffentlichen Druck systematisch abzuwenden, um negative Einflüsse externer Gruppierungen auf die Wirtschaftstätigkeit eines Unternehmens respektive einer Branche zu vermeiden. Damit weisen diese Initiativen zwangsläufig Charakteristika jenes industriegesellschaftlichen Legitimationsmusters auf, das ökonomisches Gewinnhandeln als ethisch prinzipiell richtig, angemessen und gerecht betrachtet (vgl. Zajitschek 1997, 42), welches wir im Kontext unserer Reflexionen zur Wirtschaftsethik ausführlich behandelt hatten. Allerdings zeigt sich in den zurück liegenden Jahren – z.B. auch im vorgestellten Programm »Responsible Care« der chemischen Industrie –, dass sich aus der Umsetzung von Programmen häufig Erkenntnisse ergeben, die ein Umdenken von der Idee einer »Risikominimierung« hin zu einer »Chancennutzung« erzeugen.

Vor dem hier aufgezeigten Hintergrund liegt nun die Vermutung nahe, dass Initiativen gleich welcher Art prinzipiell dann grössere Chancen auf Erreichung des Ziels eines veränderten, d.h. am Prinzip der Nachhaltigkeit orientierten Verhaltens von Wirtschaftsunternehmen haben, wenn sie von Beginn an im Geiste einer *Partnerschaft zwischen Unternehmen respektive Wirtschaftsverbänden, Nichtregierungsorga-*

nisationen und/oder staatlichen Behörden sowie allen wichtigen Anspruchsgruppen in einem partizipativen und dem Prinzip eines »echten Dialogs« folgenden Verfahren entwickelt und umgesetzt werden. Wie an den Beispielen des Global Compact, der Initiative »Responsible Care« der chemischen Industrie sowie der Entwicklung von Indikatoren für die Nachhaltigkeitsberichterstattung durch die Global Reporting Initiative deutlich wurde, steht und fällt der langfristige Erfolg mit dem Aspekt der *Verständigung* zwischen den beteiligten Partnern, da nur so wechselseitiges *Vertrauen* in die Ernsthaftigkeit des jeweils anderen geweckt werden kann (vgl. Hansen 1998, 141).

Neben dem Aspekt der Partnerschaft und des Dialogs hatten wir des Weiteren herausgearbeitet, dass Programme und Initiativen insbesondere dann seitens der betroffenen Unternehmen positiv aufgenommen und entsprechend konsequent mitgetragen werden, wenn sie darin Chancen erkennen, ihre Wettbewerbsposition stärken oder ausbauen, m.a.W. also *ökonomische Vorteile* erzielen zu können. Dies kann beispielsweise mit Blick auf den Ökologieaspekt dadurch gelingen, dass eine Optimierung von Umweltmanagementsystemen in Folge eines Programms zur Verbesserung der ökologischen Performance zu marktfähigen, ökologieorientierten Leistungsangeboten führt (vgl. Meffert/Kirchgeorg 1998). Auch durch eine Optimierung der sozialen Performance können sich Unternehmen Wettbewerbsvorteile erarbeiten, indem sie z.B. systematisch ihre Attraktivität für hochqualifizierte Arbeitskräfte erhöhen (vgl. WBCSD 1999, 4) oder Märkte in Entwicklungs- und Schwellenländern systematisch entwickeln (WBCSD 2001, 41).

Es sei an dieser Stelle noch einmal ausdrücklich darauf hingewiesen, dass hiermit weder explizit noch implizit zum Ausdruck gebracht werden soll, dass sich Gruppierungen in der sozialen Umwelt von Unternehmen bei ihren Versuchen, ihre Forderungen und Ansprüche durchzusetzen, an der Eigenlogik der Wirtschaftssystems in dem Sinne orientieren sollten, dass sie dem Unternehmen *kurzfristige* Vorteile in Aussicht stellen. Zwar gilt gemäss der Analysen der Systemtheorie, dass sich Unternehmen erst dann sozial- und ökologieorientierter verhalten, wenn ihnen der Markt als primärer Orientierungshorizont ökonomischer Entscheidungsträger (vgl. Luhmann 1996a, 91 ff.) zu erkennen gibt, dass sich dies auszahlt. Damit ist indes keinerlei temporale Festlegung verbunden. Kann man Unternehmen m.a.W. verdeutlichen, dass ihnen ein verändertes Verhalten in *zukünftigen Märkten* Wettbewerbsvorteile verschaffen wird, weil diese beispielsweise zunehmend von Kunden dominiert sein werden, die sich bei ihren Kaufentscheidungen vermehrt an »ethischen« Produktattributen orientieren werden, wird man ebenfalls Anschlussfähigkeit finden.

Dies bedeutet nun positiv gewendet, dass all diejenigen Forderungen und Appelle an die Adresse einzelner Unternehmen oder Manager *nicht* aus systemimmanenten Gründen verhallen (Luhmann 1996a, 324 ff.), die *nicht alleine* auf *moralischen*, sondern vielmehr *auch* auf *ökonomische Argumenten* abgestützt sind. Man könnte mithin so weit gehen zu behaupten, dass nur diejenigen Initianten mit ihren Initiativen und Programmen einen dauerhaften Erfolg erzielen können, die in der Lage sind, ihre Anliegen *auch* ökonomisch zu begründen. Dies wiederum sollte auch ihr Ziel sein, was mit Blick auf die Leitideen einer nachhaltigen Entwicklung deutlich wird: der Schutz der natürlichen Umwelt und die Erfüllung grundlegender sozialer Erfordernisse ist danach nur zu gewährleisten, wenn ein bestimmtes Mass ökonomischen Wachstums erreicht wird. Erfolgreiches Wirtschaften sollte mithin nicht per se als negativ empfunden werden, sondern als wichtige Voraussetzung zur Erfüllung der Zielsetzungen einer nachhaltigen Entwicklung und damit letztlich auch der eigenen Ziele der entsprechenden Initianten (Staat, NGOs usw.).

Wie im vorigen Kapitel gezeigt, wurde dieser Zusammenhang inzwischen von einigen gesellschaftlichen Gruppen erkannt. Diese setzen entsprechend vermehrt auf den Faktor der *Anreizorientierung*, dem im soeben beschriebenen Kontext ein besonders hoher Stellenwert zukommt. Im einfachsten Falle heisst dies, dass die erfolgreiche Mitwirkung eines Unternehmens an einer Initiative respektive einem Programm – wiederum aus höcht pragmatischen Erwägungen heraus – prinzipiell mit einem aussagekräftigen *Zertifikat* belohnt werden sollte, um ihm zu ermöglichen, dieses zur Erhöhung seiner Glaubwürdigkeit und seinem Reputationsaufbau zu nutzen. Dies ist zum Beispiel bei der Clean Clothes Campaign der Fall. Die Umstellung der Ausrichtung eines Unternehmens gemäss des Prinzips der Nachhaltigkeit muss m.a.W. zu *Rückkopplungseffekten* führen, die dem Unternehmen Aufschluss über die Marktakzeptanz der eingeleiteten Neuausrichtung geben.

Neben den Aspekten der Einbindung von Unternehmen in einen Dialog und die Schaffung von Anreizen hat es sich mit Blick auf die Wirksamkeit von Instrumenten im beschriebenen Sinne in der Vergangenheit als sinnvoll erwiesen, *Standards* für ein soziales und/oder ökologisches Unternehmensverhaltens zu entwickeln. Wir hatten dies im Zusammenhang mit unseren Ausführungen zu der aufkommenden Praxis einer unternehmerischen Nachhaltigkeitsberichterstattung behandelt. Diese sollten sich aus praktischen Erwägungen in ihrer grundlegenden Konzeption an bereits bestehenden Industriestandards orientieren, die bereits erfolgreich etabliert wurden. Dies belegt der ansatzweise Erfolg des sogenannten »Sozialstandards SA8000«, der von seinen Initianten bewusst an vorhandene DIN/ISO-Standards angelehnt wurde (vgl. Schönborn/Steinert 2001, 40/41). Inhaltlich wiederum sollten diese Standards explizit auf die Idee einer nachhaltigen Entwicklung rekurrieren. Hierfür sprechen mehrere Argumente: Wie in Kapitel 3.2 ausführlich dargestellt, hat sich das Konzept einer nachhaltigen Entwicklung seit seiner Fundierung durch die Ausführungen im Bericht der Brundtland-Kommission (Hauff 1987) erstens als ein *Frame of reference* etabliert, an dem sich alle nachfolgenden Bemühungen zur Schaffung einer künftigen »globalen Weltordnung« orientierten. Zweitens betont das Konzept explizit die Bedeutung sowohl ökonomischer als auch ökologischer und sozialer Aspekte einer »gemeinsamen Zukunft« und öffnet so den Blick auf übergeordnete Zusammenhänge. Drittens schliesslich behalten Standards, die auf Basis der Leitideen einer nachhaltigen Entwicklung basieren, prinzipiell die »Weltgesellschaft« im Blick: sie integrieren mithin sowohl intergenerationale als auch intragenerationale Fragestellungen und beanspruchen internationale Gültigkeit. Insbesondere letzterer Aspekt ist für Unternehmen von grosser Bedeutung. Denn nur dann, wenn Standards international gültig sind, können Unternehmensleistungen in sozialer und ökologischer Hinsicht mit jenen konkurrierender Unternehmen im nationalen und internationalen Wettbewerb verglichen werden. Die *Vergleichbarkeit* wiederum ist Voraussetzung dafür, eine überdurchschnittliche Performance auch im Rahmen der Kommunikationspolitik zum Aufbau eines Legitimations- und Glaubwürdigkeitspotenzial nutzen zu können.

Als wichtigsten Nachteil einer internationalen Standardisierung muss die daraus resultierende »Weichheit« der Kriterien gesehen werden. Dies wird mit Blick auf den Sozialstandard SA8000 deutlich, der ja explizit als ein *internationaler Standard* konstruiert wurde: Die meisten der Indikatoren des SA8000 wie das Verbot von Kinderarbeit, der Gesundheitsschutz der Mitarbeiterinnen und Mitarbeiter oder die Forderung nach Organisationsfreiheit können in den westlichen Industrienationen als weitestgehend erfüllt angesehen werden. Daraus die Schlussfolgerung abzuleiten, dass Unternehmen in Industrieländern hinsichtlich der sozialen Dimension die »Beste aller Welten« böten, wäre allerdings verfehlt. Dies wiederum führt zu der Frage, inwieweit Kriterienkataloge für ein ökologisch und/oder sozial verträgliches Unternehmensverhalten die gesellschaftlichen und kulturellen Gegebenheiten in einem Land oder einer Region stärker in ihre Überlegungen einbeziehen müssen. So könnte beispielsweise ein Standard je nachdem, in welchem Land oder welcher Region er zur Anwendung gebracht wird, anders ausgestaltet sein. Dagegen spricht indes, dass er dann keine internationale Verbindlichkeit mehr aufwiese und somit das Vergleichbarkeitskriterium nicht mehr gewährleistet wäre. Zudem könnte eine stärkere Berücksichtigung der genannten Dimensionen wiederum zur Folge haben, dass auch jene aus einer sozialethischen Perspektive als inhuman zu wertenden Handlungen wie beispielsweise die Einbeziehung von Kindern in die Arbeitswelt oder die rechtliche Minderstellung von Frauen in manchen Regionen als traditionelle und damit aus Kriterienkatalogen auszuklammernde »Kulturnorm« definiert würden. Wenngleich die Beantwortung der Frage nach der Berücksichtigung kultureller und sozialer Gegebenheiten den Rahmen dieser Abhandlung sprengen würde, muss festgehalten werden, dass sie in jedem Fall dann abzulehnen sind, wenn sie mit den allgemeinen Menschenrechten unvereinbar sind (Leisinger 1995, 148).

In diesem Zusammenhang lässt sich konstatieren, dass die Auswirkungen der systematischen Einbindung von Wirtschaftsunternehmen in den Rahmen der Weltordnungspolitik, wie dies die Vereinten Nationen wiederholt gefordert haben (vgl. UNDP 1999, 125), generell in denjenigen Ländern wesentlich grösser und bedeutsamer sind, die in technisch-ökonomischer Sicht als weniger weit entwickelt gelten und zudem Defizite im Bereich der Governance aufweisen. In dem Masse, in welchem es gelingt, Unternehmen zur Wahrnehmung ihrer Corporate Social Responsibility zu bewegen, vermögen sie entsprechend zu ökonomischen wie auch sozialpolitischen Reformen in Ländern der Dritten Welt beizutragen – wenngleich sie sich dabei immer bewusst sein müssen, sich auf dem schmalen Grad zwischen einem Handeln als ökonomischer und politischer Akteur zu bewegen. Wenn Konzerne an ihren Standorten weltweit mithin Fragen der Menschen- und Bürgerrechte ebenso wie Aspekte des Gesundheits- und Umweltschutzes erörtern und Massnahmen umsetzen – ob im Kontext der genannten Standards oder nicht – wirken sie immer auch in ihre soziokulturelle Umwelt ein. Umso wichtiger erscheint es im Übrigen, dass

Unternehmen ihre diesbezüglichen Erfahrungen in die Entwicklung der genannten Standards einfliessen lassen und andererseits, dass sie dem Aspekt des »community involvements« (vgl. ICCA 2001, 33), also der Einbeziehung lokaler sozialer Gruppen, eine wichtige Bedeutung zumessen. Nicht selten führt letzteres im Übrigen dazu, dass Unternehmen Kooperationen mit lokalen Gruppen eingehen und deren politische Forderungen zumindest indirekt stützen.

Resümierend lässt sich mit Blick auf unser Thema der Bedeutung von Wirtschaftsunternehmen im Prozess der nachhaltigen Entwicklung festhalten, dass deren Kapazitäten zur mittelfristigen Ausrichtung des kapitalistischen Wirtschaftssystems an der Leitidee des nachhaltigen Wirtschaftens nur dann voll zum Tragen gebracht werden können, wenn die beiden übergeordneten Kriterien der *Integration* sowie der *Anschlussfähigkeit* erfüllt werden. Beide ergeben sich aus der Eigenlogik des Wirtschaftssystems, das – im Sinne Niklas Luhmanns verstanden als relativ autonomes und funktional spezialisiertes Teilsystem (Luhmann 1996a, 43 ff.) – stattfindende Kommunikationen nur gemäss seiner eigenen beobachtungsleitenden Grundunterscheidungen interpretieren und somit Kommunikationsversuche »von aussen« nur dann verstehen kann, wenn diese sich an seiner Eigenrationalität orientieren (vgl. Luhmann 1997, 759). Wir hatten dies bereits ausführlich dahingehend interpretiert, dass moralische Forderungen und Ansprüche, die gesellschaftliche Gruppen an Wirtschaftsunternehmen richten, nur dann in ihrer (ökonomischen) Tragweite verstanden werden können, wenn sie durch eine Unternehmensführung im Sinne von wirtschaftllichen Chancen und Risiken interpretierbar gemacht werden. Angenommen und verarbeitet werden sie mit anderen Worten dann, wenn Unternehmen erkennen, dass die Implementierung sozial-ökologischer Aspekte in ihre Geschäftsstrategien betriebswirtschaftlich sinnvoll ist und zu einem höheren Mass an *Erwartungssicherheit* führt.

Die Bedingungen für die Wirksamkeit und damit der Erfolg von Instrumenten, die Wirtschaftsunternehmen zu einer Wahrnehmung und Umsetzung ihrer sozialen, ökologischen und ökonomischen Verantwortlichkeiten im Prozess einer nachhaltigen Entwicklung anmieren sollen, werden abschliessend noch einmal kurz zusammengefasst:

- Instrumente sollten prinzipiell gemeinsam, d.h. im Sinne einer Kooperation aller gesellschaftlicher Gruppen unter Einbindung von Vertretern der Wirtschaftsunternehmen entwickelt werden.

- Die Kooperationen sollten sich von der Idee eines prinzipiell ergebnisoffenen Dialogs leiten lassen, in dem alle Ansprüche und Forderungen gleichgewichtig und gleichberechtigt zum Tragen kommen.
- Sie sollten darüber hinaus so beschaffen sein, dass Unternehmen darin ökonomische Anreize erkennen können, um mittel- und langfristig Wettbewerbsvorteile erzielen zu können.
- Sie sollten des Weiteren unter Berücksichtigung des globalen Kontextes entwickelt werden, damit die »Trittbrettfahrer-Problematik« vermieden wird, indem sich Unternehmen in Ländern mit geringeren (Umwelt- und Sozial-)Standards Marktvorteile verschaffen. Sinnvoll erscheint in diesem Zusammenhang die Entwicklung globaler Standards.
- Die genannten Standards sollten wiederum an den in der Agenda 21 formulierten Leitideen einer nachhaltigen Entwicklung orientiert sein, die auf diese Weise eine Konkretisierung respektive Operationalisierung erfahren.
- Schliesslich sollten die Standards ein möglichst hohes Mass an Verbindlichkeit aufweisen und letztlich für alle Organisationen gelten, deren Handlungen ökologische und soziale Folgen verursachen; hierzu zählen nicht nur Wirtschaftsunternehmen sondern auch Organisationen des Staates und der Zivilgesellschaft.

Der Gesellschaft – und dabei sowohl den politischen Organisationen als auch denen der Zivilgesellschaft – muss zur Verwirklichung der Leitidee einer nachhaltigen Entwicklung mithin daran gelegen sein, *in Kooperation mit Wirtschaftsunternehmen zu normativ verbindlichen Prinzipien der sozialen Ordnung der (im Entstehen begriffenen) Weltgesellschaft* zu gelangen. Dazu aufgerufen, das bereits mehrfach zitierte »ordnungspolitische Vakuum« zu füllen, das der Prozess der Globalisierung hervorgebracht hat, sind dabei in erster Linie die Bürgerinnen und Bürger der westlichen Industrienationen, die von den ökonomischen Entwicklungen seit dem Zeitalter der Industrialisierung am meisten profitierten und somit zugleich eine hohe Verantwortung gegenüber den weiteren sozialen, ökonomischen und ökologischen Entwicklungen zu tragen haben.

Anhang 1

Personen- und Sachregister

Agenda 21 12, 13, 23, 49, 73, 76, 81, 82, 83, 88, 93, 94, 96, 149, 151, 152, 165, 178, 181, 187, 189, 222, 229
Agenda, lokale 76
Akteure
 globale 52
 ökonomische 28, 38, 49, 51, 63, 65, 107, 109, 116, 136, 137, 163, 227
 politische 28, 135, 227
 soziale 17, 20, 28, 62, 104, 129, 142
 staatliche 159
Akzeptanzproblem 109, 114
Allmende 83, 86, 88
America Online (AOL) 60
Amnesty International 182, 195, 204
Annan, K. 167, 180, 181, 184
Anreizsystem 155, 198
Anspruchsrechte
 soziale 92
 wirtschaftliche 92
Apple 61
Arbeitgeberorganisationen 193
Arbeitnehmer 147, 162, 193, 207
 Arbeitnehmerinteressen 198
 Arbeitnehmerrechte 97, 200
Arbeitsbedingungen 11, 193

Arbeitskräfte 66, 71, 122, 193, 224
Arbeitslosenquote 69
Arbeitslosigkeit 45, 65, 66, 67, 173
Arbeitsplätze 29, 62, 67, 68, 69, 70, 71, 98, 153, 175
Arbeitsplatzrückgang 68
Arbeitsteilung 126, 129
 innerorganisatorische 125
 soziale 123, 125, 126, 127
Arbeitsverhaltenskodex 193
Aristoteles 164
Armut 12, 66, 71, 79, 80
Artenvielfalt 12
Arthur D. Little 137
Assurance Standard AA1000 184, 199, 215
Atombombe 11
Atomkraft 76
Attac 160
Automation 44, 62, 67
Avon Products 195
Baird, S. 201
Banken 47, 199, 200, 218
Banthien, H. 156
Bausinger, H. 58
Beck, U. 11, 27, 30, 58, 65, 66, 67, 112, 121, 134, 174
Behinderteninteressen 198
Berichterstattung, gesellschaftsbezogene 97
Berlusconi, S. 162

231

Berufsrolle 122
Bewässerungsprojekte 85
Bewegungen, soziale 112, 161, 163, 165, 166, 170, 223
Bewegungsorganisationen, soziale 112, 166, 223
Bildung 92, 151
Bildungssektor 146
Biochemie 62
Biotechnologie 121
Blome-Drees, F. 107, 118, 119, 121
Boeing 147, 148
Boykott 139, 140
Brent Spar 110, 140, 168
Bretton-Woods 46
Brock, D. 27, 35, 52, 145
Brundtland-Bericht 73, 76, 78, 81
Brundtland-Kommission 12, 13, 76, 79, 94, 226
Bruttoinlandsprodukt 42, 43, 50, 69, 71
Bürger 11, 135, 150, 162, 164, 229
   Bürgerinitiativbewegungen 75
   Bürgerkrieg 79
   Bürgerrechte 98, 227
Burton, J. W. 34, 35, 36
Bush, G. W. 87
Canadian Chemical Producers' Association (CCPA) 186
Carlowitz, H. C. v. 74
Celera 148
China 70, 196
Clean Clothes Campaign 180, 186, 192, 193, 194, 195, 196, 211
Club of Rome 12, 76

Colbert, J. B. 74
Community development 138
Corporate Citizenship 21
Corporate Responsiveness 21
Corporate Social Responsibility 21, 96, 97, 150, 179, 192, 227
Datenschutz 209
Daub, C.-H. 203, 209
Demokratie 146
Deregulierung 42
Deregulierungspolitik 42
Desertifikation 12
Deutscher Gewerkschaftsbund (DGB) 202
Deutschland 43, 48, 67, 76, 147, 153, 154, 156, 157, 158, 188
Dialogorientierung 194, 195, 196
Dickens, P. 28
Dienstleistungen 12, 40, 43, 44, 53, 61, 63, 75, 98, 99, 105, 116, 128, 131, 140, 151, 152, 156, 209, 214
Dienstleistungssektor 42, 45, 49, 68
Differenzierung
   funktionale 36, 106, 119, 122, 126, 130, 131, 132
   Rollendifferenzierung 125, 126, 127
   segmentäre 126
   stratifikatorische 132
Digitalisierung 62
Dilemma 22, 107, 110, 114, 117, 121, 133
Direktinvestitionen 28, 39, 48, 70, 174
Diskurs

ethischer 115
globaler 32
Globalisierungsdiskurs 15, 28, 29, 30, 31, 32, 35, 55, 69, 113, 134, 144, 160, 171, 174, 175, 207
Menschenrechtsdiskurs 92, 151
Metadiskurs 13, 73
multithematischer 32
normativer 20
öffentlicher 17, 103, 105, 137, 164, 171, 175, 176
politischer 104, 151
wirtschaftsethischer 105, 119, 134, 152
wissenschaftlicher 14, 162
Dreiwegekatalysator 154
Dritte Welt 22, 23, 70, 88, 160, 183, 196, 197, 198, 227
Durkheim, E. 33, 122, 125, 126, 127, 129, 130
Dyllick, T. 139, 140, 141, 168, 199, 211
Effizienzrevolution 14, 81
Eigenlogik
des Mediensystems 65, 171, 172, 176
des Wirtschaftssystems 105, 108, 110, 122, 132, 141, 144, 192, 224, 228
gesellschaftlicher Teilsysteme 22, 119, 128, 130, 132, 133, 228
Eliten 90
EMAS 199
Emissionsrechte 88
Energieverbrauch 99
Engels, A. 173
Enron 216

Entgrenzung 27, 56, 57, 64
Enträumlichung 35, 51
Entscheidungsträger
ökonomische 24, 65, 107, 113, 115, 117, 133, 139, 141, 142, 170, 175, 224
politische 167
Entwicklung
menschengerechte 79, 152
menschliche 13, 73, 80
nachhaltige 12, 13, 14, 17, 18, 19, 23, 24, 25, 56, 72, 73, 76, 78, 80, 81, 83, 87, 88, 89, 92, 93, 94, 95, 96, 97, 99, 100, 101, 104, 105, 106, 113, 134, 138, 141, 143, 144, 145, 150, 151, 152, 160, 165, 166, 167, 171, 176, 177, 178, 179, 180, 181, 182, 186, 189, 190, 200, 207, 210, 211, 215, 221, 225, 226, 228, 229
sozio-ökonomische 15, 19, 27, 33, 78, 229
Entwicklungshilfe 182
Entwicklungskrise 90
Entwicklungsländer 13, 29, 33, 45, 69, 71, 80, 85, 86, 87, 89, 90, 94, 95, 147, 152, 208
Entwicklungspolitik 89
Entzeitlichung 35, 51
Entzugsmacht, transnationale 134, 222
Erdgipfel 76, 82
Erwartungssicherheit 105, 118, 129, 170, 177, 228
Erwerbstätige 45, 66, 158
Ethik 20, 107, 108, 117, 120, 133

Individualethik 110, 115, 117
Institutionenethik 21, 105, 110, 117, 118, 132, 133, 134, 138, 145, 152
Unternehmensethik 107, 109, 110, 111, 112, 114, 115, 119
Wirtschaftsethik 96, 107, 109, 110, 111, 112, 114, 115, 117, 118, 119, 138, 145, 222, 223
Ethikfonds 218
Europäische Kommission 150
Europäische Union 42, 84, 88, 148, 155, 194, 198
EU-Wettbewerbskommission 148
Exporte 43, 44, 47, 50, 51, 71, 86
Exportstrategien, internationale 51
FAO 84
Fidelity 47
Finanzderivate 47
Finanzinstitute 47
Finanzkapital 47
Finanzpolitik 48, 70, 160
Finanzsektor 47
Finanzströme 46, 47, 48, 208
Finanzwesen, öffentliches 90
Finanzwirtschaft 40
Firmenübernahmen 53
Fischbestände 86
Fischereiwirtschaft 84
Fluorchlorkohlenwasserstoffe 12
Fluri, E. 207
Forstwirtschaft, nachhaltige 75

Fort- und Weiterbildung 98
Fortschritt
  ökologischer 95, 149
  ökonomischer 58, 94, 149
  sozialer 149
  technologischer 56, 81, 121
Frankreich 43, 48, 74, 202
Frauenförderung 100, 198
Freeman, K. 201
Freizeit 57
Frieden 92
Friedman, M. 103, 118
Frischwasserressourcen 85
Fusionen 52, 53, 54, 145
Gefangenendilemma 107
General Agreement on Tarriffs and Trade (GATT) 42, 44
Gerechtigkeit
  intergenerationale 12, 24, 79, 80
  intragenerationale 12, 24, 79, 80
  soziale 24, 79, 152
Gerichtswesen 90
Geschäftsbericht 201, 202
Gesellschaft
  alteuropäische 122, 127, 132
  archaische 126
  Bürgergesellschaft 165
  bürgerliche 164
  globale 18, 19, 23, 24, 27, 37, 64, 82, 135, 152
  Industriegesellschaft 121, 125, 161
  Industriegesellschaft 62
  Informationsgesellschaft 62, 63
  Massengesellschaft 111
  moderne 21, 31, 32, 33, 35, 36, 106, 111, 119, 121, 122,

123, 126, 127, 128, 129, 130, 131, 132, 134, 163
nachindustrielle 68
pluralistische 104, 105, 108
Risikogesellschaft 11, 121
Ständegesellschaft 130
vormoderne 31, 33, 125, 127, 129
Weltgesellschaft 15, 19, 20, 22, 27, 28, 31, 32, 33, 34, 35, 36, 37, 55, 65, 134, 137, 178, 226
Wohlstandsgesellschaft 152
Gesundheit 94, 189, 190, 197
Gesundheitsschutz 193, 196, 198, 209, 226, 227
Gewalt
 hoheitliche 139
 intermediäre 164
 staatliche 166
Gewerkschaften 93, 151, 205
Gewinnmaximierung 109, 117
Giddens, A. 56, 116
Glaubwürdigkeit 110, 156, 197, 215, 216, 218, 225, 226
Global Compact 17, 100, 180, 181, 182, 183, 184, 185, 186, 189, 205, 211, 212, 213, 215, 224
Global Reporting Initiative (GRI) 180, 204, 205, 206, 207, 209, 210, 224
Globalisierung 11, 13, 15, 18, 19, 27, 28, 29, 32, 34, 35, 37, 38, 39, 40, 41, 44, 46, 49, 51, 52, 53, 54, 55, 56, 58, 60, 64, 65, 69, 70, 71, 72, 73, 83, 86, 118, 133, 134, 135, 145, 146, 148, 149, 161, 172, 173, 174, 175, 176

Globalisierung II 35
Globalisierungseffekte 71
Globalisierungsgegner 160, 170, 223
Globalisierungskritik 99
Globalisierungsprozess 12, 15, 16, 17, 18, 19, 27, 28, 30, 37, 39, 40, 41, 48, 49, 51, 54, 56, 64, 65, 66, 67, 73, 113, 121, 134, 161, 162, 163, 174, 207, 229
Globalisierungsskeptiker 27, 38, 145
Globalisierungstheorie 27, 28, 30, 31
Globalität 37, 58, 174
Glokalisierung 54, 59
Good governance 23, 83, 89, 90, 92, 152, 183
Greenpeace 110, 140, 169, 204
Grossbritannien 43, 48
Grundlagenforschung 148
Gruppe von Lissabon 146
Gruppen
 Anspruchsgruppen 20, 97, 139, 140, 169, 170, 187, 190, 205, 206, 207, 215, 224
 Interessengruppen 162, 187
 intermediäre 129, 161, 162
 marktrelevante 136
 subpolitische 16, 21, 25
 Verursachergruppen 154
 zivilgesellschaftliche 76, 142, 160, 171, 186, 193, 200, 212
Guidelines for Multinational Enterprises 95, 96, 149, 181
Güter 40, 53, 75, 98, 116, 128, 131, 140, 151, 152

Fertiggüter 45
Handelsgüter 43
Naturgüter 78
Umweltgüter 158
Güterexporte 43
Habermas, J. 41, 105, 122, 163
Handel
   Aussenhandel 44
   Derivatehandel 47
   Emissionsrechtehandel 88
   internationaler 15, 28, 38, 39, 41, 43, 45, 48, 55, 70, 174
   substitutiver 45
   Welthandel 43, 46, 51, 68, 69
   Zertifikatehandel 88
Handelsbeziehungen, internationale 42, 123
Handelsstrategien, internationale 51
Hardtke, A. 137, 211
Heimat 58, 59
Hengsbach, F. 114, 223
Herrschaft, bürokratische 129
Hiroshima 11
Hirsch-Kreinsen, H. 51
Hirst, P. 38
Holding 49
Homann, K. 107, 118, 119, 121
Humangenetik 121
Humankapital 156
Hunger 92
Identität
   kollektive 30
   lokale 60
Indien 70, 147
Indikatorensysteme 200, 209, 215, 216
Indonesien 70

Industrialisierung 67, 75, 229
Industrie
   Bekleidungsindustrie 193, 196, 197
   Chemieindustrie 24, 157, 180, 186, 187, 188, 189, 190, 191, 192, 193, 197, 210, 224
   Fischereiindustrie 84
   Goldindustrie 49
   Hausindustrie 124
   Industrieproduktion 121
   Informationstechnologieindustrie 62
   Kommunikationsindustrie 59
   Medienindustrie 62
   Ölindustrie 49
   Sportkleidungsindustrie 193
   Stahlindustrie 49
   Telekommunikationsindustrie 62
   umwelttechnische 159
Industriearbeit 68
Industriearbeiter 67
Industrieländer 11, 13, 14, 29, 33, 45, 57, 63, 64, 66, 67, 69, 71, 80, 81, 86, 87, 99, 112, 113, 147, 151, 152, 154, 158, 197, 198, 226, 229
Industrieproduktion 67
Informationssysteme 28, 40
Initiative Verantwortliches Handeln 188
Innovationen, technologische 35, 47, 51, 59, 64, 68, 69, 121
Insitut für ökologische Wirtschaftsforschung (IÖW) 211

Institut für Markt-Umwelt-Gesellschaft 198, 211, 222
Institutionen
　der Zivilgesellschaft 165, 171
　Entwicklungsinstitutionen 89
　Finanzinstitutionen 89
　internationale 40, 146
　ökonomische 166, 167
　politische 24, 41
　quasi-öffentliche 197
　Rating-Institutionen 214
　staatliche 90, 91, 156, 157, 166
　subpolitische 24
　wissenschaftliche 182
Instrumente einer Nachhaltigkeitspolitik
　anreizorientierte 25, 142, 143, 155, 156, 194, 210
　informativ-erzieherische 25, 142, 143, 155, 168, 170, 192, 200, 210
　partizipative 25, 142, 143, 155
　planerische 142, 143, 145, 153, 154, 221
　regulative 25, 142, 143, 144, 145, 152, 153, 154, 155, 187, 221
Integrationsangebote 100
Interessenverbände 151
International Chamber of Commerce (ICC) 182
International Confederation of Trade Unions (ICFTU) 182
International Council of Chemical Associations (ICCA) 157, 180, 186, 187

International Labour Organisation (ILO) 193, 200
International Union for the Conservation of Nature (IUCN) 76
Internationaler Währungsfonds (IWF) 71, 160
Internationalisierung 28, 29, 37, 38, 39, 48, 168
Internet 60, 62, 63, 168
Investitionsklima 71
Investmentfonds 47
Irak 114
ISO14001 195, 196, 199, 215
ISO9001 195, 196, 214
Italien 162
IuK-Technologien 35, 51, 55, 59, 60, 61, 62, 63, 147
Japan 43, 46, 48, 87
Jenner, G. 45
Joint Ventures 52
Kanada 87, 209
Kapitaleigner 123
Kapitalismus 38, 59, 64, 124
Kapitalmarktliberalisierung 71
Kapitalströme 46, 47
Kaufkraftparitäten 70
Kinderarbeit 182, 184, 195, 209, 226, 227
Klasse 30, 123
Kleine und mittlere Unternehmen (KMU) 49, 197, 214
Klima 11, 57, 72, 83
　Klimagipfel 14, 86
　Klimavorsorge 157
　Klimawandel 173
Kneer, G. 163, 164, 165
Kneschaurek, F. 68

Kohlendioxid 12
Kollektivverhandlungen 182
Kommunikationsmedium, symbolisch generalisiertes 131
Kommunikationsnetze 28, 40, 55, 61, 62
Kommunikationspolitik 156, 168, 170, 196, 226
Konstruktivismus 132, 172, 176
Konsum 12, 152
  Konsumbedürfnisse 112
  Konsumentscheidungen 135
  Konsumgewohnheiten 81
  Konsumleitbild 99
  Konsumverhalten 112
  nachhaltiger 81
Konsumenten 99, 156, 162, 168, 197, 209
Konzerne
  horizontale 49
  Mischkonzerne 49, 53
  multinationale 14, 15, 17, 18, 19, 23, 24, 28, 40, 44, 48, 49, 50, 51, 52, 54, 64, 93, 96, 100, 135, 138, 142, 144, 145, 146, 148, 150, 175, 178, 182, 195, 196, 197, 201, 207, 221, 227
  vertikale 49
Korea 70
Korporationen 103, 115, 116, 175
Korruption 90, 182, 184
KPMG 204
Kriminalität 29
Kultur 32
  globale 54
  lokale 54
  nationale 187
  okzidentale 127
  regionale 54
  Unternehmenskultur 54, 100
Kyoto 14, 86, 87, 88
Label 155, 156, 194, 196, 211
Labeling 156
Landwirtschaft 86
Lasertechnik 62
Lebensqualität 13, 92, 152
Lebensstandard 92
Legitimation 39, 82, 112, 114, 139, 149, 162, 190, 197
Legitimationsansprüche, öffentliche 109, 114
Legitimationsmuster, industriegesellschaftliches 223
Legitimationsproblem 109, 114, 150, 170, 173, 190
Legitimität 20, 93, 101, 107, 169, 178, 201
Leisinger, K. M. 92, 93, 98, 137, 212
Leistungswettbewerb 109, 121, 128
Lenkungssysteme 139, 140, 141, 160, 168, 172, 176, 177, 210
Lohnnebenkosten 66
Lohnniveau 45
Löhr, A. 113, 215, 217
Lokalität 174
Ludwig XIV. 74
Luhmann, N. 21, 35, 36, 37, 106, 108, 120, 130, 131, 132, 173, 228
Macht 18, 34, 40, 89, 91, 92, 104, 127, 128, 129, 130, 134, 135, 161, 166, 178

Machterhalt 173
Machterweiterung 173
Machtgleichgewicht 15, 135, 136
Machthaber 183
Machtkampf 222
Machtverschiebung 144, 146
Machtzuwachs 19
Organisationsmacht 52, 145
Regulierungsmacht 135
Selektionsmacht 52, 145
Magnetschwebetechnologie 147
Malaysia 70
Management
 lean 45
 nachhaltiges 180, 199, 203, 211, 212, 214
 öffentliches 90
 Produktmanagement 94
 Ressourcenmanagement 91
 Supply Chain Management 185
 umweltbewusstes 94
 Umweltmanagement 155, 198, 201
Manager 21, 106, 108, 109, 110, 137, 138, 172, 212, 225
Manufaktur 123, 124
Marketing 53, 99, 196
Markt
 Arbeitsmarkt 45, 66
 Binnenmarkt 150
 Derivatemarkt 47
 Devisenmarkt 40
 Finanzmarkt 15, 28, 39, 41, 46, 47, 48, 50, 52, 55, 63, 70, 160, 174
 Geldmarkt 40

 globale Marktöffnung 15, 134
 Kapitalmarkt 15, 28, 38, 39, 40, 41, 46, 48, 52, 55, 63, 71, 174
 Markterfolge 23
 Marktöffnung 42
 Marktstrategien 22
 Offshoremarkt 52
 Weltmarkt 45, 66, 71
Marktwirtschaft 108, 110, 112, 117, 118, 121
Marrakesch 42
Marx, K. 67, 125, 164
Massenmedien 12, 59, 158, 162, 167, 168, 171, 172, 173, 175, 176, 177
Massenwohlstand 113
Mattel 196
McDonaldisierung 54
McDonnell Douglas 147
McGrew, A. G. 30
McLuhan, M. 54
Medien
 Medienberichterstattung 161
 Medienöffentlichkeit 172
 Mediensektor 161
Meeresfischerei 84
Meinungsbildung, öffentliche 171, 176
Meinungsbildungsprozess 162
Meinungsfreiheit 164
Meister, H.-P. 156
Menschenrechte 12, 23, 79, 89, 90, 92, 93, 97, 99, 137, 180, 181, 182, 200, 209, 227
Menschenrechtsorganisationen 195

239

Menschenrechtsverletzungen 50, 100, 151
Merkantilismus 124, 127
Mexiko 44
Microsoft 61
Mikroelektronik 62
Mobilität 56, 57, 59, 121
Modernisierung 127, 159
Modernisierungstheorie 31, 33
Moore, W. E. 33
Moral 21, 104, 107, 108, 110, 111, 112, 113, 114, 115, 117, 118, 119, 121, 124, 130, 131, 132, 134, 138, 152, 156, 175, 223
Moralbewusstsein 108
Moralphilosophie 118, 127
Moralvorstellungen 104, 134
Morhardt, J. E. 201
Multinationalisierung 39, 48
Nachhaltigkeit 73, 74, 75, 78, 79, 80, 93, 98, 137, 146, 149, 160, 178, 196, 200, 204, 205, 211, 223, 225
Nachhaltigkeitsbericht 100, 143, 203, 204, 208, 209, 214, 217
Nachhaltigkeitsberichterstattung 204, 206, 207, 208, 209, 210, 212, 213, 214, 216, 226
Nachhaltigkeitsindikatoren 143, 199, 210, 224
Nachhaltigkeitspolitik 142, 151, 152, 177
Nachhaltigkeitsstrategie, europäische 150
Nachrichten 167, 172, 173, 174, 176
NAFTA 42

Nahrungsmittelknappheit 85
Nahrungsmittelproduktion 85
Nationalstaat 14, 15, 30, 33, 35, 36, 38, 40, 55, 64, 65, 113, 142, 144, 145, 146, 160
Network-Economy 35, 62
Nichtdiskriminierung 151, 182
Nichtregierungsorganisationen 17, 82, 101, 138, 140, 143, 161, 165, 166, 167, 168, 169, 170, 171, 172, 178, 180, 182, 193, 195, 197, 198, 204, 215, 216, 217, 222, 224
Nixon, R. 46
Normen
  Arbeitsnormen 182, 184
  ethische 20, 110, 114
  globale 82
  handlungsleitende 18, 135
  Mindestnormen 193
  moralische 21, 104, 107, 108, 117, 118, 122, 134
  Prozess der Normengewinnung 23
  Rechtsnormen 83, 84, 118, 135
  soziale 98, 101, 105, 112, 134, 141, 175
  Umweltnormen 134
Novartis 212
OECD 44, 69, 95, 96, 149
Öffentlichkeit 14, 24, 41, 105, 110, 112, 113, 139, 140, 165, 168, 169, 170, 172, 176, 188, 189, 201, 207, 210
Öko-Audit 155, 156, 194, 198
Ökologie 204
Ökologiebewegung 75
Ökosystem 13, 28, 40, 72, 208
Ölkrise 112

Ordnung, soziale 166, 229
Ordnungsmacht 15, 134, 144, 222
Organisationen
der Zivilgesellschaft 93, 162, 165, 166
formale 129
gemeinnützige 205
internationale 91, 160
ökonomische 21
politische 23, 143, 146, 149, 150
subpolitische 23
supranationale 100
wirtschaftliche 23
Organisationsfreiheit 226
Ortspolygamie 58
Ostblock 88, 111, 163
Outsourcing 63
Ozonschicht 12, 57
Papierverbrauch 86
Paradigma
differenzierungstheoretisches 21, 122
individualethisches 109, 115
institutionenethisches 115, 119, 133, 138
tugendethisches 114
wirtschaftsethisches 113
Paradigmenwechsel 33
Parsons, T. 33
Pensionskassen 47
Personal Computer 61
Philippinen 70
Pieterse, J. N. 29
Planwirtschaft 113
Pluralisierung 119, 127, 132
Politik, internationale 28, 40
Prehn, M. 137, 211

PricewaterhouseCoopers 216
Privatisierung 90
Product Stewart 190, 193
Product Stewartship 187, 190
Produkte 12, 44, 54, 94, 99, 105, 156, 159, 188, 189, 190, 197, 208
Produktionswirtschaft 40
Produktivität 67, 71, 78, 152, 156
Produktkennzeichnung 157, 209
Profitmaximierung 128
Protestbewegungen 112
Public-Private-Partnerships 90
Puma 215
Rahmenbedingungen 138, 139
Rahmenordnung 138
Rationalisierung 45, 127
Rationalisierungsprozess 128
Rationalismus 128
Rationalität, ökonomische 21, 105, 106, 118
Rechnungslegung, gesellschaftsbezogene 202
Rechnungsprüfung, öffentliche 90
Recht
Rechte, politische 92
Rechtsdurchsetzung 71
Rechtsordnung 90, 110, 115, 118, 143, 164
Rechtsstaat 134, 165
Rechtswesen 90
Reebok 195
Regenwald 11, 83
Reich, R. 15, 49
Reichtum 66, 123
Religion 128
Rentabilität 20, 107, 121, 169

Reputationsaufbau 22, 156, 225
Responsible Care 24, 157, 180, 186, 187, 190, 191, 192, 193, 194, 210, 211, 213, 215, 224
Ressourcen
  erneuerbare 83, 152
  natürliche 74, 76, 77, 84, 86, 116
  nicht-erneuerbare 80, 152
  Ressourcenverbrauch 80, 84, 152
Revolution, industrielle 75, 122
Richter, D. 37
Rio de Janeiro 24, 76, 82, 96, 150
Robertson, R. 59
Rohstoffverbrauch 99
Rückkopplungseffekte 197
Ruh, H. 116
Rüstungsexporte 114
Sachzwänge, ökonomische 67, 110, 222
Sahara 23, 71, 90
Sarasin 218
Saudi Arabien 85
Schaltegger, S. 199, 211
Schicht 30, 112
Schmidt, S. J. 162
Schutzwald 74
Schutzzölle 124
Schweiz 68, 210, 212, 216, 218
Schwellenländer 29, 44, 45, 48, 63, 70, 80, 88, 208, 224
Selbstverpflichtung der Wirtschaft 117, 186, 192, 223
Sennett, R. 58
Shell 110, 140, 169, 204

Simmel, G. 33
Smith, A. 123, 124, 125, 126, 127, 129
Solidarität, internationale 92
Souveränität
  nationale 83
  staatliche 82, 88, 92
Sozialbericht 100, 204
Sozialbilanz 199, 202
Sozialmanagementsysteme 199, 205
Sozialstandard SA8000 180, 184, 195, 196, 197, 198, 215, 226
Sozialsysteme 28
Sozialwissenschaften 19, 27, 30, 41
Soziologie 28, 30, 31, 32, 34, 111, 119, 122, 127, 128, 129, 130
Spencer, G. H. 125, 126
Spielregeln des Marktes 106, 109, 110, 128, 133, 137, 143
Spieltheorie 107
Stakeholderanalyse 218
Stakeholders 97, 98, 100, 110, 116, 141, 150, 169, 173, 178, 185, 187, 191, 201, 204, 206, 207, 208, 212, 215
Standort
  Investitionsstandort 52, 145, 222
  Produktionsstandort 22, 50, 52, 145, 222
  Schliessung 174
Standortentscheidung 145
Standortmerkmale 52
Standortwahl 52
Steuerstandort 52, 145, 222
Verlagerung 175

Steuergesetzgebung 52
Steuern 98
Stratos Inc. 209
Strukturanpassungsprogramme 89
Strukturfunktionalismus 33, 34
Studentenunruhen 34
Suffizienzrevolution 81
Sullivan, R. 138, 212
SustainAbility 209
Sustainability Balanced Scorecard 211
Sustainable consumption 99
System
  globales 17, 21, 33
  Kommunikationssystem 36
  Kunstsystem 130
  Mediensystem 59, 60, 65, 172, 173, 174, 175, 176
  politisches 15, 36, 41, 91, 104, 130, 161, 164, 168, 207
  Rechtssystem 36, 37, 113, 130, 207
  selbstreferenzielles 35, 36, 132
  Sozialsystem 40
  wirtschaftliches 15, 25, 28, 36, 37, 38, 49, 51, 52, 61, 64, 65, 101, 104, 105, 107, 108, 109, 110, 113, 116, 117, 119, 121, 122, 125, 128, 130, 131, 132, 137, 146, 162, 173, 176, 178, 205, 207, 228
  Wissenschaftssystem 112
System/Umwelt-Differenz 36, 131
Technologietransfer 149

Teilhabe, kulturelle 92
Teilsysteme 21, 28, 36, 37, 51, 101, 104, 105, 106, 119, 120, 122, 128, 130, 131, 132, 133, 134, 172, 207, 228
Thailand 70
The Body Shop 195
Thielemann, U. 108
Thompson, G. 38
Tochtergesellschaften 49, 94, 178, 198, 206
Tourismus 56, 58
Toys R Us 195
Transportinfrastruktur 55
Transporttechnologie 44, 51, 55, 57, 58, 59
Treibhauseffekt 12
Treibhausgase 11, 87
Triade 46
Trinkwasser 84
Triple-bottom-line 208
Trittbrettfahrer-Problem 22, 118, 134
Tschernobyl 11
Tunesien 44
Tyrell, H. 125
Überbevölkerung 12
Überfischung 12, 84
Ulrich, P. 108, 207
Umwelgefährdung 189
Umwelt
  des Unternehmens 108, 110, 207, 209
  natürliche 13, 73, 78, 79, 95, 99, 112, 151, 152, 159, 170, 190, 197
  soziale 95, 100, 150, 196
  sozio-kulturelle 227
Umwelt-Audit 154, 155
Umweltbelastung 155, 188

Umweltbericht 100, 201, 202, 204, 209
Umweltberichterstattung 159, 203, 213
Umweltbetriebsprüfung 155, 198
Umweltbewusstsein 157
Umweltdienstleistungen 158
Umweltgifte 86
Umweltkatastrophe 190
Umweltleitlinien 188
Umweltmanagementsysteme 99, 155, 156, 159, 199, 213, 224
Umweltpolitik 159
Umweltprobleme 82, 151
Umweltpsychologie 157
Umweltqualität 154
Umweltschutz 92, 94, 95, 98, 99, 100, 149, 152, 153, 156, 158, 159, 180, 181, 182, 184, 200, 227
Umweltschutzausgaben 158
Umweltschutzorganisationen 84, 110, 140
Umweltsoziologie 157
Umweltveränderungen, globale 13
Umweltverbrauch 80
Umweltverschmutzung 99
Umweltverträglichkeit 190
Umweltverträglichkeitsprüfung 155
Umweltzeichen Blauer Engel 156
Umweltzerstörung 151
UNCED 13, 76
UNCTAD 49, 96
UNDP 91, 178
UNEP 200, 203, 204, 209

Unternehmensführung 21, 110, 112, 114, 117, 169, 188, 228
Unternehmensnetzwerke 14
Unternehmenspolitik 51, 169
Unternehmenstest 198, 199, 222
Unternehmensverfassung 100
Uruguay-Runde 42
USA 43, 45, 46, 48, 87, 147, 148
Verantwortung
  ethische 212
  gesellschaftspolitische 14, 20
  globale 106, 135
  individuelle 114, 115, 133
  moralische 104, 116
  ökologische 105, 116, 170, 198, 199, 221, 228
  ökonomische 73, 97, 103, 115, 116, 133, 221, 228
  philantrophische 116
  Produktverantwortung 187, 190, 193, 209
  soziale 19, 97, 105, 112, 116, 139, 150, 169, 170, 195, 199, 209, 221, 228
  unternehmerische 97, 98, 105, 116, 118, 138, 149, 150, 184, 198
Verantwortungsbewusstsein 167, 188
Verantwortungszumutung 20, 103, 213
Verband der Chemischen Industrie (VCI) 24, 157, 188
Verbände, internationale 180, 182
Verbrauch fossiler Energieträger 83

Verbraucher 178, 188, 193
Verbraucherinformation 198
Verbraucherinteressen 95, 149, 198
Verbraucherschutzverbände 198
Vereinigungsfreiheit 182
Vereinte Nationen 14, 17, 41, 49, 80, 100, 165, 167, 180, 181, 182, 183, 187, 200, 203, 227
Verwaltung, öffentliche 90
Volkskunde 58
Volkssouveränität 93
Volkswirtschaft 39
Wachstum 267
  des Dienstleistungssektors 68
  Exportwachstum 69
  ökonomisches 43, 44, 68, 71, 75, 78, 80, 84, 151, 225
  qualitatives 80, 113
  quantitatives 113, 135
  Wohlstandswachstum 112
Wald 74, 86
Wallerstein, I. 34
Wanderungsströme, illegale 29
Warner, M. 138, 212
Wasserreserven 85
Wasserverbrauch 84
WBCSD 96, 97
Weber, M. 33, 104, 120, 127, 129, 134
Wechselkurse 46
Wechselkursschwankungen 46
Weingart, P. 173
Weltbank 71, 85, 90, 91

Weltbevölkerung 13, 42, 84, 85
Welthandelsorganisation (WTO) 42
Weltkapitalströme 46
Weltordnung 14
Weltsystem 35
Weltwirtschaft 15, 39, 42, 48, 51, 84, 123
Weltwirtschaftskonferenz 49
Werbewirtschaft 162
Werbung 53, 121, 209
Werkstofftechnologie 62
Wertepluralismus 119, 127
Wertschöpfung 50, 51
Wertsphären 119, 127, 129
Wertvorstellungen 112
Westeuropa 46
Wettbewerb, globaler 146, 148, 208
Wettbewerb, Positionierung im 99, 156
Wettbewerbsfähigkeit 66, 147, 158
Wettbewerbsnachteile 159, 210
Wettbewerbssystem 112, 113
Wettbewerbstheorie, neoklassische 115
Wettbewerbsverzerrungen 148
Wettbewerbsvorteile 18, 149, 224, 229
Wettbewerbswirtschaft 115
Wirtschaften, nachhaltiges 18, 23, 190, 198, 228
Wirtschafts- und Unternehmensverbände 96, 97, 157, 166, 186, 192, 193, 199, 200, 204, 210, 223

Wirtschaftsbeziehungen, internationale 39
Wirtschaftsblöcke 38, 42
Wirtschaftsliberalismus 123, 124
Wirtschaftspolitik 48, 70
Wirtschaftswissenschaften 19, 34, 38, 40
Wohlstand 75, 78, 80, 123
Wohlstandsmodell, neues 14
World Business Council for Sustainable Development (WBCSD) 21, 101, 150, 169, 179, 189, 200, 208
World Investment Report 52
World Resources Institute 182
World Wide Fund for Nature (WWF) 182, 204
Worldwatch Institute 85
Zajitschek, S. 116
Zinssicherungsgeschäfte 46
Zivilgesellschaft 91, 142, 143, 161, 162, 163, 164, 165, 166, 167, 171, 200, 222, 229
Zulieferer-Abnehmer-Beziehungen 51
Zunftwirtschaft 124
Zwangsarbeit 182
Zweiter Weltkrieg 11, 33, 35, 61, 63, 68

Anhang 2

Literaturverzeichnis

Abramovitz, J. N. (1998): Langfristiger Erhalt der weltweiten Wälder, in: Worldwatch Institute, Hrsg., Zur Lage der Welt 1998: Daten für das Überleben unseres Planeten, Frankfurt am Main, 43-79.

AccountAbility (2003): Assurance Standard AA1000, hg. v. Institute of Social and Ethical Accountability, London.

Achleitner, P. M. (1985): Sozio-politische Strategien multinationaler Unternehmungen. Ein Ansatz gezielten Umweltmanagements, Bern/Stuttgart.

Ackerman, R. W./Bauer, R. A. (1976), Corporate social responsiveness: The modern dilemma, Cambridge, Massachusetts.

Actares (2002): Vergleich der Nachhaltigkeitsberichte von sechs Schweizer Grossunternehmen nach den Vorgaben der Global Reporting Initiative, Luzern/Genf.

Adam, M. (2000), Die Entstehung des Governance-Konzepts bei Weltbank und UN, in: Entwicklung und Zusammenarbeit Nr. 10, 272-274.

Afheldt, H. (1995): Wohlstand für niemand? Die Marktwirtschaft entlässt ihre Kinder, München.

Albrow, M. (1998): Abschied vom Nationalstaat: Staat und Gesellschaft im globalen Zeitalter, Frankfurt am Main.

Albrow, M./King, E., Hrsg. (1990): Globalization, Knowledge and Society, London.

Altvater, E./Mahnkopf, B. (1997a): Grenzen der Globalisierung. Ökonomie, Ökologie und Politik in der Weltgesellschaft, 2. Aufl., Münster.

- (1997b): Markt und Demokratie in Zeiten von Globalisierung und ökologischer Krise, in: ders., Hrsg., Vernetzt und verstrickt: Nicht-Regierungs-Organisationen als gesellschaftliche Produktivkraft, Münster, 239-256.

Assländer, M. S. (2004): Lessons from Enron, Präsentation am EGOS colloquium, Ljubljana, 1.-3. Juli 2004.

Avenarius, H. (1995): Public Relations. Die Grundform der gesellschaftlichen Kommunikation, Darmstadt.

Baecker, D. (1988): Information und Risiko in der Marktwirtschaft, Frankfurt am Main.

Ball, A. / Owen, D. L. / Gray, R. (2000): Externat Transparency or Internat Capture? The Role of Third-Party Statements in adding Value to Corporate Environmental Reports, in: Business Strategy and the Environment 9, 1-23.

Bausinger, H. (1971): Volkskunde. Von der Altertumsforschung zur Kulturanalyse, Berlin/Darmstadt/Wien.

Beck, U. (1999): Globalisierung als Unterscheidungsmerkmal der Zweiten Moderne, in: G. Schmidt und R. Trinczek, Hrsg., Ökonomische und soziale Herausforderungen am Ende des zwanzigsten Jahrhunderts, Soziale Welt, Sonderband 13, Baden-Baden, 535-549.

- (1998): Was ist Globalisierung. Irrtümer des Globalismus – Antworten auf Globalisierung, 4. Aufl., Frankfurt a. M.

- Hrsg. (1998b): Politik der Globalisierung, Frankfurt a. M.

- Hrsg. (1998c): Perspektiven der Weltgesellschaft, Frankfurt a. M.

- (1996): Weltrisikogesellschaft, Weltöffentlichkeit und globale Subpolitik. Ökologische Fragen im Bezugsrahmen fabrizierter Unsicherheiten, in: A. Diekmann und C. C. Jaeger, Hrsg., Umweltsoziologie, KZfSS, Sonderheft 36, Opladen, 119-147.

- (1986): Risikogesellschaft. Auf dem Weg in eine andere Moderne, Frankfurt am Main.

Beck, U./Giddens, A./Lash. S. (1996): Reflexive Modernisierung. Eine Kontroverse, Frankfurt a. M.

Becker, J./Salamanca, D. (1997): Globalisierung, elektronische Netze und der Export von Arbeit, in: Aus Politik und Zeitgeschichte, B 42/97, 31-39.

Bell, D. (1975): Die nachindustrielle Gesellschaft, Frankfurt a. M.

Bendel, K. (1993): Funktionale Differenzierung und gesellschaftliche Rationalität. Zu Niklas Luhmanns Konzeption des Verhältnisses von Selbstreferenz und Koordination in modernen Gesellschaften, in: Zeitschrift für Soziologie, Jg. 22, Heft 4, 261-278.

Bentele, G./Steinmann, H./Zerfass, A., Hrsg. (1996): Dialogorientierte Unternehmenskommunikation. Grundlagen – Praxiserfahrungen – Perspektiven, Berlin.

Berger, P. L./Berger, B./Kellner, H. (1987): Das Unbehagen in der Modernität, Frankfurt am Main/New York.

Berger, P. L./Luckmann, T. (1980): Die gesellschaftliche Konstruktion der Wirklichkeit. Eine Theorie der Wissenssoziologie. Mit e. Einleitung zur deutschen Ausg. v. Helmuth Plessner. Frankfurt a.M.

Berle, A. A./Means, G. C. (1932): The Modern Corporation and Private Property, New York. Boatright J. (2003): Ethics and the conduct of Business, Fourth Edition, New Jersey: Prentice Hall

BIZ (2004): Bank für internationalen Zahlungsausgleich: 74. Jahresbericht 2004, Basel.

Boatright, J. (2003): Ethics and the conduct of Business, 4. Aufl., New Jersey.

Bohnet, A./Schratzenstaller, M. (2001): Gewinner und Verlierer der Globalisierung aus (intra-)nationaler Sicht, in: List Forum für Wirtschafts- und Finanzpolitik, Band 27, Heft 1, 1-21.

Booth, D. (1998): Environmental Consequences of Growth. Steady-state Economics as an Alternative to Ecological Decline, London.

Bornschier, V. (1980): Transnationale Wirtschaft im Weltsystem, in: G. Hischier, R. Levy und W. Obrecht, Hrsg., Weltgesellschaft und Sozialstruktur. Festschrift zum 60. Geburtstag von Peter Heintz, Diessenhofen.

Braithwaite, J./Drahos, P. (2000): Global Business Regulation, Cambridge.

Brandt, A. et al., Hrsg. (1988): Ökologisches Marketing, Frankfurt a. M./New York.

Brause, M./Rath, M. (1994), Implementierung-Geltung-Gültigkeit. Anmerkungen zu einer »ökonomischen Theorie der Moral«, in: Ethik und Sozialwissenschaften 5, 17-19.

Breuel, B., Hrsg. (1999): Agenda 21 – Vision: Nachhaltige Entwicklung, Frankfurt am Main/New York.

British Standards Institution (2003): The Sigma Guidelines: Putting Sustainable Development into Practice – a Guide for Corporations, London.

Brock, D. (1997): Wirtschaft und Staat im Zeitalter der Globalisierung. Von nationalen Volkswirtschaften zur globalen Weltwirtschaft, in: Aus Politik und Zeitgeschichte, B 33-34/97, 12-19.

Brock, D./Junge, M. (1995): Die Theorie gesellschaftlicher Modernisierung und das Problem gesellschaftlicher Integration, in: Zeitschrift für Soziologie, Jg. 24, Heft 3, 165-182.

Brown, L. R. (2000): Herausforderungen des neuen Jahrhunderts, in: Worldwatch Institute, Hrsg., Zur Lage der Welt 2000: Prognosen für das Überleben unseres Planeten, Frankfurt a. M., 41-68.

– (1998): Die Zukunft des Wachstums, in: Worldwatch Institute, Hrsg., Zur Lage der Welt 1998: Daten für das Überleben unseres Planeten, Frankfurt a. M., 13-42.

Brozus, L./Take, I./Wolf, K. D. (2003): Vergesellschaftung des Regierens? Der Wandel nationaler und internationaler politischer Steuerung unter dem Leitbild der nachhaltigen Entwicklung. Opladen.

Bundesamt für Statistik (BfS)/Bundesamt für Umwelt, Wald und Landschaft (BUWAL) (2004): Umweltstatistik Schweiz 2004, Neuchâtel.

Bundesamt für Statistik (2000): Der ökoindustrielle Sektor in der Schweiz: Schätzung der Anzahl Beschäftigter und des Umsatzes 1998, Neuchâtel.

Bundesministerium für Wirtschaft (1998): Informationsgesellschaft in Deutschland: Daten und Fakten zu Anwendung und Wettbewerbsfähigkeit (Abschlussbericht), Bonn.

Bundesumweltministerium (1997): Auf dem Weg zu einer nachhaltigen Entwicklung in Deutschland: Bericht der Bundesregierung anlässlich der Sondergeneralversammlung der Vereinten Nationen für Umwelt und Entwicklung 1997 in New York, Bonn.

BUND/Misereor (1996): Zukunftsfähiges Deutschland. Ein Beitrag zu einer global nachhaltigen Entwicklung, Studie des Wuppertal Instituts für Klima, Umwelt, Energie, Basel/Boston/Berlin.

BUND/Ökumenische Initiative eine Welt (2002): Die Erd-Charta, deutsche Übersetzung v. 8.5.2001, 3. Aufl., San José.

Burton, J. W. (1972): World Society, Cambridge.

Butz, C./Plattner, A. (1999): Nachhaltige Aktienanlagen: Eine Analyse der Rendite in Abhängigkeit von Umwelt- und Sozialkriterien, Sarasin Studie, Basel.

Calder, F. (2003): Summary Report of Partnerships Sessions, Global Compact Policy Dialogues: Supply Chain Management and Partnerships, 12.-13. Juni 2003, UN Headquarters, New York.

Carroll, A. B. (1999): Corporate Social Responsibility – Evolution of a Definitional Construct, in: Business&Society, Vol 38 No. 3, 1999, 268-295.

– (1993): Business and Society: Ethics and Stakeholder Management, Cincinatti.

Charter, M./Polonsky, M J., Hrsg. (1999): Greener Marketing. A Global Perspective of Greener Marketing Practice, 2. Aufl., Sheffield.

Constanza, R. (1992): Ökologisch tragfähiges Wirtschaften: Investieren in natürliches Kapital, in: R. Goodland u.a., Nach dem Brundtland-Bericht. Umweltverträgliche wirtschaftliche Entwicklung, Bonn, 85-93.

Cooley, C. H. (1956): Social Organization. A Study of the Larger Mind, in: The Two Major Works of Charles H. Cooley: Social Organization; Human Nature and the Social Order. With an Introduction by Robert Cooley Angell. Glencoe (Original 1909).

Cottrell, G./Rankin, L. (2000): Creating business value through corporate sustainability. Sustainability strategies and reporting for the gold industry, Bericht von PWC für das Jahrestreffen des US Gold Institute in Palm Springs vom 17.-18. April 2000.

Crane, A./Matten, D. (2004): Business ethics. A european perspective, New York.

Dahrendorf, R. (1998): Anmerkungen zur Globalisierung, in: U. Beck, Hrsg., Perspektiven der Weltgesellschaft, Frankfurt am Main, 41-54.

Daly, H. E. (1991): Steady-state Economics, 2. Aufl., Washington.

Daub, C.-H. (2004): Der Geschäftsbericht der neuen Generation, in: Marketing&Kommunikation, Dossier 07/08 2004.

- (2004b): Sozialintegrative Funktionen nachhaltiger Unternehmen, in: U. Mäder und C.-H. Daub, Hrsg., Soziale Arbeit: Beiträge zu Theorie und Praxis, Basel, 153-170.

- (2004c): Nachhaltiges Management: Stand, Entwicklung, Perspektiven: Neue Philosophie auf dem Vormarsch, in: Umwelt Focus 8/04, 10-13.

- (2004d): Assessing the quality of Sustainability Reporting: an alternative methodological approach, in: Proceedings of the 9th European Roundtable on Sustainable Consumption and Production, Bilbao, Spanien, 12.-14. Mai 2004.

- (2003): Spannungsfeld Unternehmenskommunikation. Perspektiven im Zeitalter der Globalisierung, 4. Aufl., Basel.

- (1999): Medien und Konsumenten als Machtfaktoren im Kampf um ethisches Verhalten in der Wirtschaft, in: Forum Wirtschaftsethik 3/99, 7-11.

- (1998): Shareholder value. Entschärfung eines Reizwortes, in: Marketing&Kommunikation, Nr. 2/98, 26-27.

- (1998b): Unternehmenskommunikation in einer brisanten Phase, in: Public Relations Forum 4/98, 204-208.

- (1998c): Shareholder value. Entschärfung eines Reizwortes, in: Marketing&Kommunikation, Nr. 2/98, 26-27.

- (1996): Intime Systeme. Eine soziologische Analyse der Paarbeziehung, Basel.

Daub, C.-H. et al. (2004): Auf dem Weg zum nachhaltig integrierten Geschäftsbericht, Basel.

- (2003): Nachhaltigkeitsberichterstattung Schweizer Unternehmen 2002, Basel.

DEFRA (2001): Environmental Reporting: General Guidelines, hg. v. Department for Environment, Food and Rural Affairs (UK), London.

Daub, C.-H./Karlsson, Y./Philippi, S. (2004): Corporate Sustainability Reporting in Europe: a comparison of the first European national benchmark survey in Switzerland with the assessment of the Dow Jones STOXX 50 companies, in: Proceedings of the Inter-Disciplinary CSR Research Conference, Nottingham, England, 22.-23. Oktober 2004.

Dicken, P. (1992): Global Shift: The Internationalization of Economic Activity, New York/London.

Die Gruppe von Lissabon (1998): Grenzen des Wettbewerbs. Die Globalisierung der Wirtschaft und die Zukunft der Menschheit, Darmstadt.

DIHK (2004): Für Ausbildungsplätze – gegen Ausbildungsplatzabgabe: Daten, Fakten, Argumente, Berlin/Brüssel.

Dorer, J. (1994): Public Relations-Forschung im Wandel? Öffentlichkeitsarbeit im Spannungsfeld zwischen Verwissenschaftlichung und Professionalisierung der Berufspraxis, in: Publizistik, Heft 1 1994, S. 13-26

Duerr, H. P. (1993): Obszönität und Gewalt. Der Mythos vom Zivilisationsprozess Bd. 3, Frankfurt am Main.

Dunfee, T./Robertson, D. (1988): Integrating Ethics into the Business School Curriculum, Journal of Business Ethics 7, 847-859.

Dunlap, R. E./Mertig, A. E. (1996): Weltweites Umweltbewusstsein, Eine Herausforderung für die sozialwissenschaftliche Theorie, in: A. Diekmann und C. C. Jaeger, Hrsg., Umweltsoziologie, KZfSS, Sonderheft 36, Opladen, 193-218.

Durkheim, E. ([1897] 1995): Der Selbstmord, übers. v. S. und H. Herkommer, 5. Aufl., Frankfurt am Main.

- ([1893] 1992): Über soziale Arbeitsteilung. Studie über die Organisation höherer Gesellschaften, Frankfurt am Main. Emile Durkheim, (Original unt. d. Titel »Le suicide«, 1897).

Dyllick, T. (1990): Management der Umweltbeziehungen – Öffentliche Auseinandersetzungen als Herausforderung, Wiesbaden.

Dyllick, T./Hockerts, K. (2002): Beyond the business case for corporate sustainability, in: Business Strategy and the Environment 11, 130–141.

Dyllick, T./Belz, F./Schneidewind, U., Hrsg. (1997): Ökologie und Wettbewerbsfähigkeit, München/Wien/Zürich.

Eder, K. (1988): Wertwandel. Ein Beitrag zur Diagnose der Moderne?, in: H. O. Luthe und H. Meulemann, Hrsg., Wertwandel – Faktum oder Fiktion. Bestandsaufnahmen und Diagnosen aus kultursoziologischer Sicht, Frankfurt a. M./New York, 257-294.

Engels, A./Weingart, P. (1997): Die Politisierung des Klimas. Zur Entstehung von anthropogenem Klimawandel als politischem Handlungsfeld, in: P. Hiller und G. Krücken, Hrsg., Risiko und Regulierung. Soziologische Beiträge zu Technikkontrolle und präventiver Umweltpolitik, Frankfurt, 90-115.

Enquete-Kommission, Hrsg. (1994): Enquete-Kommission »Schutz des Menschen und der Umwelt« des 12. Deutschen Bundestages, Die Industriegesellschaft gestalten. Perspektiven für einen nachhaltigen Umgang mit Stoff- und Materialströmen, Bonn.

Etzioni, A. (1996): The New Golden Rule: Community and Morality in a Democratic Society, New York.

Europäische Kommission (2002): Die soziale Verantwortung der Unternehmen. Ein Unternehmensbeitrag zur nachhaltigen Entwicklung, Luxemburg.

– (2002): Europäische Rahmenbedingungen für die soziale Verantwortung der Unternehmen, Grünbuch, Luxemburg.

European Communication Council (1999): Die Internet-Ökonomie. Strategien für die digitale Wirtschaft, von A. Zerdick, A. Picot, K. Schrape u.a., ECC Report, Heidelberg/New York.

Faulstich, W. (1992): Grundwissen Öffentlichkeitsarbeit. Kritische Einführung in Problemfelder der Public Relations, Bardowick.

Featherstone, M., Hrsg. (1990): Global Culture. Nationalism, Globalization and Modernity, London.

Fichter, K. (1998): Umweltkommunikation und Wettbewerbsfähigkeit. Wettbewerbstheorien im Lichte empirischer Ergebnisse zur Umweltberichterstattung von Unternehmen, Marburg.

Fichter, K./Clausen, J. (1998): Schritte zum nachhaltigen Unternehmen. Zukunftsweisende Praxiskonzepte des Umweltmanagements, Heidelberg.

Fischer, S. (2000): Globalisierung: Bedrohung oder Chance? Vortrag an der Konferenz »Promoting Dialogue: Global Challenges and Global Institutions« an der American University in Washington, D.C. am 13. April 2000.

Flavin, C. (2001): Reiche Welt, arme Welt, in: Worldwatch Institute, Hrsg., Zur Lage der Welt 2001: Prognosen für das Überleben unseres Planeten, Frankfurt am Main, 47-70.

Flavin, C./Dunn S. (1998): Reaktionen auf die drohende Klimaveränderung, in: Worldwatch Institute, Hrsg., Zur Lage der Welt 1998: Daten für das Überleben unseres Planeten, Frankfurt am Main, 144-173.

Foerster, H. von (1990): Kausalität, Unordnung, Selbstorganisation, in: K. W. Kratky und F. Wallner: Grundprinzipien der Selbstorganisation, Darmstadt, 77-95.

- (1985): Sicht und Einsicht. Versuche zu einer operativen Erkenntnistheorie, Braunschweig/Wiesbaden.

Forrester, V. (1997): Der Terror der Ökonomie, Wien.

Freeman, R. E. (1984): Strategic Management. A Stakeholder Approach, London.

Freeman, R. E./McVea, J. (2001): A Stakeholder Approach to Strategic Management, in: M. A. Hill, R. E. Freeman und J. S. Harrison, Hrsg., The Blackwell Handbook of Strategic Management, Oxford, 189-207.

French, H. (2000): Ökologische Globalisierung, in: Worldwatch Institute, Hrsg., Zur Lage der Welt 2000: Prognosen für das Überleben unseres Planeten, Frankfurt am Main, 252-279.

- (1998): Bewertung internationaler Kapitalströme in die Entwicklungsländer, in: Worldwatch Institute, Hrsg., Zur Lage der Welt

1998: Daten für das Überleben unseres Planeten, Frankfurt am Main, 205-237.

Friedman, M. (1970): The Social Responsibility of Business Is to Increase Its Profits, New York Times Magazine, 13. September 1970.

- (1962): Capitalism and Freedom, Chicago.

Friedrichs, J. (1997): Globalisierung – Begriff und grundlegende Annahmen, in: Aus Politik und Zeitgeschichte, B 33-34/97, 3-11.

Frischtak, L. L. (1994): Governance Capacity and Economic Reform in Developing Countries, Washington D.C., World Bank Technical Paper 254.

Fukuyama, F. (1992): Das Ende der Geschichte: Wo stehen wir? Aus. d. Amerik. v. Helmut Dierlamm, Ute Mihr u. Karlheinz Dürr, München.

Galbraith, J. K. (1992): The Culture of Contentment, Boston.

- (1963): Gesellschaft im Überfluss, übers. v. R. Mühlfenzl, München/Zürich.

Gardner, G./Halweil, B. (2000): Unterernährung und Überernährung, in: Worldwatch Institute, Hrsg., Zur Lage der Welt 2000: Prognosen für das Überleben unseres Planeten, Frankfurt am Main, 126-156.

Geiger, T. (1964): Vorstudien zu einer Soziologie des Rechts, Neuwied.

- (1963): Demokratie ohne Dogma. Die Gesellschaft zwischen Pathos und Nüchternheit. München.

Giddens, A. (1997): Jenseits von Links und Rechts, Frankfurt am Main.

- (1996): Leben in einer posttraditionalen Gesellschaft, in: U. Beck, A. Giddens, S. Lash, Reflexive Modernisierung, Frankfurt am Main, 113-194.

- (1995): Konsequenzen der Moderne, Frankfurt am Main.

- (1988): Die Konstitution der Gesellschaft. Grundzüge einer Theorie der Strukturierung, m. e. Einführung von H. Jonas, Frankfurt am Main/New York.

- (1985): The Nation-State and Violence. Volume Two of A Contemporary Critique of Historical Materialism, Cambridge.

Global Compact Office, Hrsg. (2004): Preliminary Report on the Global Compact Leaders Summit, New York.

Global Reporting Initiative (GRI) (2002): Sustainability Reporting Guidelines, Boston.

- (2000): Leitfaden für Nachhaltigkeitsberichte zu wirtschaftlicher, ökologischer und sozialer Leistung, vorläufige Übersetzung der Sustainability Reporting Guidelines on Economic, Environmental and Social Performance, Boston.

Glunk, F. R. (1998): Das MAI und die Herrschaft der Konzerne. Die Veränderung der Welt durch das Multilaterale Abkommen über Investitionen, München.

Göbel, E. (1992): Das Management der sozialen Verantwortung, Berlin.

Gorz, A. (1994): Kritik der ökonomischen Vernunft, Hamburg.

Grefe, C./Greffrath, M./Schumann, H. (2003): attac. Was wollen die Globalisierungskritiker, Berlin.

Grober, U. (1999): Der Erfinder der Nachhaltigkeit, in: Die Zeit Nr. 48 vom 25.11.1999, S. 98.

Habermas, J. (1998): Jenseits des Nationalstaats? Bemerkungen zu Folgeproblemen der wirtschaftlichen Globalisierung, in: U. Beck, Hrsg., Politik der Globalisierung, Frankfurt a. M., 67-84.

- (1992) Faktizität und Geltung. Beiträge zur Diskurstheorie des Rechts und des demokratischen Rechtsstaats, 2. Aufl., Frankfurt a. M.

- (1988a): Theorie des kommunikativen Handelns, Bd. 1 (Handlungsrationalität und gesellschaftliche Rationalisierung), 4. durchges. Aufl., Neuwied und Berlin.

- (1988b): Theorie des kommunikativen Handelns, Bd. 2 (Zur Kritik der funktionalistischen Vernunft), Frankfurt a. M.

- (1969): Strukturwandel der Öffentlichkeit. Untersuchungen zu einer Kategorie der bürgerlichen Gesellschaft, 4. Aufl., Neuwied und Berlin.

Hansen, U. (1998): Implikationen von Responsible Care für die Betriebswirtschaftslehre, in: H. Steinmann und G. R. Wagner, Hrsg., Umwelt und Wirtschaftsethik, Stuttgart, 130-145.

Hansen, U./Niedergesäss, U./Rettberg, B. (1996): Dialogische Kommunikationsverfahren zur Vorbeugung und Bewältigung von Umweltskandalen, in : G. Bentele, H. Steinmann und A. Zerfass, Hrsg., Dialogorientierte Unternehmenskommunikation. Grundlagen – Praxiserfahrungen – Perspektiven, Berlin, 307-331.

Hardtke, A./Prehn, M., Hrsg. (2001): Perspektiven der Nachhaltigkeit. Vom Leitbild zur Erfolgsstrategie, Wiesbaden.

Hauff, V. (1987): Unsere gemeinsame Zukunft. Der Brundtland-Bericht der Weltkommission für Umwelt und Entwicklung, Greven.

Hauser, H./Schanz, K.-U. (1995): Das neue GATT: Die Welthandelsordnung nach Abschluss der Uruguay-Runde, 2. Aufl., München.

Heijl, P. M. (1996): Konstruktion der sozialen Konstruktion: Grundlinien einer konstruktivistischen Sozialtheorie, in: S. J. Schmidt, Hrsg., Der Diskurs des Radikalen Konstruktivismus, 7. Aufl., Frankfurt am Main, 303-339.

Hengsbach, F. (1997): »Globalisierung« aus wirtschaftsethischer Sicht, in: Aus Politik und Zeitgeschichte, B 21/97, 3-12.

- (1991): Wirtschaftsethik. Aufbruch-Konflikte-Perspektiven, Freiburg/Basel/Wien.

Henseling, C./Eberle, U./Griesshammer, R. (1999): Soziale und ökonomische Nachhaltigkeitsindikatoren, hg. v. Öko-Institut, Freiburg.

Hildyard, N. (1994): Wie Füchse als Wächter von Hühnern. Die Rio-Konferenz und ihre Akteure, in: W. Sachs, Hrsg., Der Planet als Patient. Über die Widersprüche globaler Umweltpolitik, Basel/Boston/Berlin, 43-62.

Hillmann, K.-H. (1989): Wertwandel. Zur Frage soziokultureller Voraussetzungen alternativer Lebensformen, 2., bibliogr. erg. Aufl., Darmstadt.

- (1988): Allgemeine Wirtschaftssoziologie, München.

Hirsch-Kreinsen, H. (1999): Regionale Konsequenzen globaler Unternehmensstrategien, in: G. Schmidt und R. Trinczek, Hrsg., Ökonomische und soziale Herausforderungen am Ende des zwanzigsten Jahrhunderts, Soziale Welt, Sonderband 13, Baden-Baden, 115-137.

Hirst, P./Thompson, G. (1998): Globalisierung? Internationale Wirtschaftsbeziehungen, Nationalökonomien und die Formierung von Handelsblöcken, in: U. Beck, Hrsg., Politik der Globalisierung, Frankfurt am Main, 85-133.

– (1996): Globalization in Question: The International Economy and the Possibilities of Governance, Cambridge.

Höffe, O. (1993): Moral als Preis der Moderne. Ein Versuch über Wissenschaft, Technik und Umwelt, Frankfurt am Main.

– (1985): Strategien der Humanität: Zur Ethik öffentlicher Entscheidungsprozesse, Frankfurt am Main.

Holland, S. (1987): The Global Economy, London.

Holmes, S. (1985): Differenzierung und Arbeitsteilung im Denken des Liberalismus, iIn: N. Luhmann, Hrsg., Soziale Differenzierung. Zur Geschichte einer Idee, Opladen, 9-41.

Homann, K. (1994): Ethik und Ökonomik. Zur Theoriestrategie der Wirtschaftsethik, in: ders., Hrsg., Wirtschaftsethische Perspektiven I: Theorie, Ordnungsfragen, internationale Institutionen, Berlin, 9-30.

Homann, K./Blome-Drees, F. (1992): Wirtschafts- und Unternehmensethik, Göttingen.

Homann, K./Pies, I. (1994): Wirtschaftsethik in der Moderne: Zur ökonomischen Theorie der Moral, in: Ethik und Sozialwissenschaften 5, 3-12.

Homolka, W. (1999): Bürger-Initiative als Motor globaler Veränderung, Rede beim Neujahrsempfang der Evangelischen Akademie in Tutzing, veröffentlicht unter http://www.greenpeace.de.

Horkheimer, M. (1947): Zur Kritik der instrumentellen Vernunft, in: ders. (1974), Zur Kritik der instrumentellen Vernunft, Frankfurt am Main.

Horkheimer, M./Adorno, T. W. (1969): Dialektik der Aufklärung. Philosophische Fragmente, Frankfurt am Main.

Huber, J. (1999): Weltumweltpolitik zwischen Ökologie und Ökonomie, in: G. Schmidt und R. Trinczek, Hrsg., Ökonomische und soziale Herausforderungen am Ende des zwanzigsten Jahrhunderts, Soziale Welt, Sonderband 13, Baden-Baden, 193-212.

Hyden, G. (1992): Governance and Politics in Africa, Boulder, Co.

IISD (2000): International Institute for Sustainable Development, Annual Report 1999/2000, Winnipeg.

ICCA (2004): Responsible Care Status Report 2002, hg. v. International Council of Chemical Associations (ICCA).

ILO (2004): Eine faire Globalisierung: Chancen für alle schaffen, hg. von der Weltkommission für die soziale Dimension der Globalisierung, Genf.

imug – Institut für Markt, Umwelt, Gesellschaft, Hrsg. (1999): Der Unternehmenstester Lebensmittel: Ein Ratgeber für den verantwortlichen Einkauf, Reinbek bei Hamburg.

– Hrsg. (1997): Unternehmenstest. Neue Herausforderungen für das Management der sozialen und ökologischen Verantwortung, München.

IMF (2000): Der IWF und Umweltfragen, IMF Working Paper, WP/00/44, in: http://www.imf.org.

Inglehart, R. (1977): The Silent Revolution. Changing Values and Political Styles Among Western Publics, Princeton.

IÖW/imug, Hrsg. (2002): Nachhaltigkeitsberichterstattung - Praxis glaubwürdiger Kommunikation für zukunftsfähige Unternehmen, Berlin.

– (2001): Der Nachhaltigkeitsbericht. Ein Leitfaden zur Praxis glaubwürdiger Kommunikation für zukunftsfähige Unternehmen, Berlin.

Jacobs, M. (1991): The Green Economy. Environment, Sustainable Development and the Politics of the future, London.

Irwin, D. A. (2002): Free Trade under Fire, Princeton.

Jänicke, M. (1998): Umweltpolitik. Global am Ende oder am Ende global?, in: U. Beck, Hrsg., Perspektiven der Weltgesellschaft, Frankfurt am Main, 332-344.

Janett, D. (1997): Vielfalt als Strategievorteil: Zur Handlungskompetenz von Nicht-Regierungs-Organisationen in komplexen sozialen Umwelten, in: E. Altvater, Hrsg., Vernetzt und verstrickt: Nicht-Regierungs-Organisationen als gesellschaftliche Produktivkraft, Münster, 145-173.

Jaspers, K. (1958): Die Atombombe und die Zukunft des Menschen. Politisches Bewusstsein in unserer Zeit, München.

Jenner, G. (1997): Die arbeitslose Gesellschaft. Gefährdet Globalisierung den Wohlstand?, Frankfurt a. M.

Jochimsen, R. (1997): Eher Schiedsrichter als Störenfried: Internationale Finanzmärkte und nationale Wirtschaftspolitik, in: Internationale Politik und Gesellschaft Nr. 4/1997, 399-411.

Jonas, H. (1987): Technik, Medizin und Ethik. Zur Praxis des Prinzips Verantwortung, Frankfurt am Main.

Jones, T. M. (1995): Instrumental Stakeholder Theory: A Synthesis of Ethics and Economics, in: Academy of Management Review 20, 404-437.

Kägi, W. (1998): Geschäfte im Treibhaus, in: Die Zeit Nr. 46 vom 5.11.1998, 37.

Kapp, K. W. (1963): Social Costs of Business Enterprise, 2. überarb. u. erg. Aufl., Bombay u.a.

Kastenholz, H./K.-H. Erdmann/M. Wolff, Hrsg. (1996): Nachhaltige Entwicklung – Zukunftschancen für Mensch und Umwelt, Berlin/Heidelberg.

Kaufmann, F. X. (1989): Über die soziale Funktion von Verantwortung und Verantwortlichkeit, in: E.-J. Lampe, Hrsg., Verantwortlichkeit und Recht, Opladen, 205-224.

Keating, M. (1993): Agenda für eine nachhaltige Entwicklung. Eine allgemein verständliche Fassung der Agenda 21 und der anderen Abkommen von Rio, veröffentlicht v. Centre for Our Common Future, Genf.

Kepplinger, H. M. (1995): Die Bedeutung der Fernsehbilder für das Realitätsverständnis der Fernsehzuschauer, in: B. Franzmann u.a., Hrsg., Auf den Schultern von Gutenberg. Medienökologische Perspektiven der Fernsehgesellschaft, Berlin/München, 246-251.

Kettner, M. (1994): Praktizierbarkeitsbedingungen des Richtigen und ökonomische Rationalität – unversöhnt, in: Ethik und Sozialwissenschaften 5, 37-40.

Kirchgeorg, M. (1990): Ökologieorientiertes Unternehmensverhalten, Wiesbaden.

Klages, H. (1988): Wertedynamik. Über die Wandelbarkeit des Selbstverständlichen, Zürich.

Klemmer, P./Meuser, T., Hrsg. (1995): EG-Umweltaudit. Der Weg zum ökologischen Zertifikat, Wiesbaden.

Knaus, A./O. Renn (1998): Den Gipfel vor Augen. Unterwegs in eine nachhaltige Zukunft, Marburg.

Kneer, G. (1997): Zivilgesellschaft, in: ders., Hrsg., Soziologische Gesellschaftsbegriffe. Konzepte moderner Zeitdiagnosen, München, 228-251.

Kneer, G./Nassehi, A. (1993): Niklas Luhmanns Theorie sozialer Systeme. Eine Einführung, München.

Kneschaurek, F. (1999): Weltwirtschaft im Umbruch. Probleme, Analysen, Perspektiven, Zürich.

Knobloch, U. (1994): Theorie und Ethik des Konsums. Reflexion auf die normativen Grundlagen sozialökonomischer Konsumtheorien, Bern/Stuttgart/Wien.

Koch, C. (1995): Die Gier des Marktes. Die Ohnmacht des Staates im Kampf der Weltwirtschaft, München.

Köhnen, H. (1995): Ehrenwerte Geschäfte – zweifelhafte Methoden. Verhaltenskodizes – Persilschein oder Mittel zur Organisierung?, in: express, Zs. f. sozialistische Betriebs- und Gewerkschaftsarbeit, zit. in: http://www.labournet.de/diskussion/gewerkschaft/koehnen.html.

Kolk A./Walhain S./van de Wateringen S. (2001): Environmental reporting by the Fortune Global 250: exploring the influence of nationality and sector, in: Business Strategy and the Environment 10, 15-28.

Korff, R. (1996): Globale Integration und lokale Fragmentierung. Das Konfliktpotential von Globalisierungsprozessen, in: L. Clausen, Hrsg., Gesellschaften im Umbruch, Verhandlungen des 27. Kongresses der Deutschen Gesellschaft für Soziologie, Frankfurt am Main/New York, 309-323.

Koslowski, P. (1988): Prinzipien der ethischen Ökonomie. Grundlegung der Wirtschaftsethik und der auf die Ökonomie bezogenen Ethik, Tübingen.

KPMG/WIMM (2002): KPMG International Survey of Corporate Sustainability Reporting 2002, Amsterdam.

– (1999): KPMG International Survey of Environmental Reporting 1999, Amsterdam.

Krebs, A. (1996): Ökologische Ethik I: Grundlagen und Grundbegriffe, in: J. Nida-Rümelin, Hrsg., Angewandte Ethik. Die Bereichsethiken und ihre theoretische Fundierung, Stuttgart, 346-385.

Kriesi, H./Giugni, M. G. (1996), Ökologische Bewegungen im internationalen Vergleich. Zwischen Konflikt und Kooperation, in: A. Diekmann und C. C. Jaeger, Hrsg., Umweltsoziologie, KZfSS, Sonderheft 36, Opladen, 324-349.

Krugmann, P. (1998): Angriff auf die Wohlstandsfestung?, in: B. v. Oetinger, Hrsg., Strategien für die neue Weltwirtschaft, München/Wien, 42-56.

Kruse, P./Stadler, M. (1994): Der psychische Apparat des Menschen, in: K. Merten, S. J. Schmidt und S. Weischenberg, Hrsg., Die Wirklichkeit der Medien. Eine Einführung in die Kommunikationswissenschaft, Opladen, 20-42.

Kuttner, R. (2001): Die Rolle der Regierungen in der globalen Wirtschaft, in: W. Hutton und A. Giddens, Hrsg., Die Zukunft des globalen Kapitalismus, Frankfurt, 177-196.

Lahusen, C. (1997): Die Organisation kollektiven Handelns – Formen und Möglichkeiten internationaler Kampagnen, in: E. Altvater, Hrsg., Vernetzt und verstrickt: Nicht-Regierungs-Organisationen als gesellschaftliche Produktivkraft, Münster, 175-194.

Lash, S./Urry, J. (1994): Economies of Signs & Space, London.

Lazarsfeld. P. F. et al. (1948): The Peoples Choice, New York.

Lay, R. (1989): Ethik für Manager, Düsseldorf / Wien / New York.

Leidig, G. (1999): Management ökologischer Risikopotentiale in Industrieunternehmen und Nachhaltigkeitsprinzip, in: C. Bosshardt, Problembereiche interdisziplinärer Forschung, Bern u.a., 235-254.

Leisinger, K. M. (2004): Business and human rights, in: M. McIntosh, S. Waddock und G. Kells, Hrsg., Learning To Talk: Corporate Citizenship and the development of the UN Global Compact, Sheffield, 77-100.

- (2003): Opportunities and Risks of the United Nations Global Compact, in: The Journal of Corporate Citizenship Issue 11, 113-131.

- (2002): Globalisierung mit menschlichem Antlitz: Die Möglichkeiten und Grenzen des United Nations Global Compact bei Novartis, in: Zeitschrift für Wirtschafts- und Unternehmensethik Jg. 3, Heft 3, 406-437.

- (1997): Unternehmensethik. Globale Verantwortung und modernes Management, München.

- (1995): Gouvernanz oder: »Zu Hause muss beginnen, was leuchten soll im Vaterland«, in: K. M. Leisinger und V. Hösle, Hrsg., Entwicklung mit menschlichem Antlitz: Die Dritte und die Erste Welt im Dialog, München, 114-172.

Leisinger, K. M./Schmitt, K. (2003): Corporate Ethics in a Time of Globalization, 2. Aufl., Basel/Colombo.

Leisinger, K. M./Schmitt, K./Pandya-Lorch, R. (2002): Six Billion and Counting: Population Growth and Food Security in the 21st Century, Washington.

Leist, A. (1996): Ökologische Ethik II: Gerechtigkeit, Ökonomie, Politik, in: J. Nida-Rümelin, Hrsg., Angewandte Ethik. Die Bereichsethiken und ihre theoretische Fundierung, Stuttgart, 386-457.

Le Monde diplomatique, Hrsg. (2003): Atlas der Globalisierung, dt. Ausgabe, Berlin.

Lenk, H./Maring, M. (1996): Wirtschaftsethik – ein Widerspruch in sich selbst?, in: H. Lenk u.a., Hrsg., Ethik in der Wirtschaft. Chancen verantwortlichen Handelns, Stuttgart.

Levitt, T. (1993): The Globalization of Markets, in: Harvard Business Review, 61/3, 92-102.

Lob, H./Oel, M. (1998): Die europäische Informationsgesellschaft und ihre Regionen, in: Informationen zur Raumentwicklung, H. 1, 1998, Bonn.

Löhr, A. (2004): The Changing Role of NGOs for Business: Instruments, Opponents, or Professional Partners, Präsentation am EGOS colloquium »CSR and Business Ethics«, Ljubljana, 1.-3. Juli 2004.

- (1996): Die Marktwirtschaft braucht Unternehmensethik, in: H. Lenk u.a., Hrsg., Ethik in der Wirtschaft. Chancen verantwortlichen Handelns, Stuttgart/Berlin/Köln, 48-83.

Luhmann, N. (1998): Der Staat des politischen Systems. Geschichte und Stellung in der Weltgesellschaft, in: U. Beck, Hrsg., Perspektiven der Weltgesellschaft, Frankfurt am Main, 345-379.

- (1997): Die Gesellschaft der Gesellschaft, 2 Bde., Frankfurt a. M.

- (1996a): Die Wirtschaft der Gesellschaft, 2. Aufl., Frankfurt a. M.

- (1996b): Die Realität der Massenmedien, 2., erw. Aufl., Frankfurt a. M.

- (1993a): Gesellschaftsstruktur und Semantik. Studien zur Wissenssoziologie der modernen Gesellschaft, Bd. 1, Frankfurt a. M.

- (1993b): Gesellschaftsstruktur und Semantik. Studien zur Wissenssoziologie der modernen Gesellschaft, Bd. 2, Frankfurt a. M.

- (1993c): Gesellschaftsstruktur und Semantik. Studien zur Wissenssoziologie der modernen Gesellschaft, Bd. 3, Frankfurt a. M.

- (1991): Soziale Systeme. Grundriss einer allgemeinen Theorie, 4. Aufl., Frankfurt am Main.

- (1990): Die Wissenschaft der Gesellschaft, Frankfurt a. M.

- (1971): Die Weltgesellschaft, in: ders., 1975, Soziologische Aufklärung 2, Opladen, 51-71.

Lyotard, J. F. (1999): Das postmoderne Wissen. Ein Bericht, hrsg. v. P. Engelmann, Wien.

Maak, T. (1998): Globalisierung und die Suche nach den Grundlagen einer lebensdienlichen Weltökonomie, in: T. Maak und Y. Lunau, Hrsg., Weltwirtschaftsethik: Globalisierung auf dem Prüfstand der Lebensdienlichkeit, Bern/Stuttgart/Wien, 19-44.

MacNeill, J. (1990): Meeting the Growth Imperative for the 21st Century, in: Angell, D. J. R., J. D. Comer und M. L. N. Wilkinson Hrsg., Sustaining Earth: Response to the Environmental Threat, London, 191-205.

Mäder, U. (1999): Soziale Konsequenzen der Globalisierung, in: C. Bosshardt, Problembereiche interdisziplinärer Forschung, Bern u.a., 141-150.

Mark-Ungericht, B. / Weiskopf, R. (2004): Who defines Corporate Social Responsibility? Concepts, interests and spaces of responsibility – the emerging discourse in Austria, Präsentation am EGOS colloquium, Ljubljana, 1.-3. Juli 2004.

Maljers, F. A. (1998): Unilever intern: Die Entwicklung eines multinationalen Unternehmens, in: B. v. Oetinger, Hrsg., Strategien für die neue Weltwirtschaft, München/Wien, 151-162.

Mariacher, A. (1996): Dialogkommunikation als Ausdruck verantwortlichen Handelns auf Branchenebene, in: G. Bentele, H. Steinmann und A. Zerfass, Hrsg., Dialogorientierte Unternehmenskommunikation. Grundlagen – Praxiserfahrungen – Perspektiven, Berlin, 287-303.

Martin, H.-P./Schumann, H. (1997): Die Globalisierungsfalle. Der Angriff auf Demokratie und Wohlstand, 13. Aufl., Reinbek bei Hamburg.

Marx, K. ([1867] 1957), Das Kapital. Kritik der politischen Ökonomie, in Zusammenh. ausgew. u. eingel. v. B. Kautsky, Stuttgart.

Masson, P. (2001): Globalization: Facts and Figures, IMF Discussion Paper 01/4, Washington D.C.

Matten, D./Wagner, G. R. (1998): Konzeptionelle Fundierung und Perspektiven des Sustainable Development-Leitbildes, in: H.

Steinmann und G. R. Wagner, Hrsg., Umwelt und Wirtschaftsethik, Stuttgart, 51-79.

Maturana, H./Varela, F. (1987): Der Baum der Erkenntnis. Die biologischen Wurzeln des menschlichen Erkennens, Bern/München/Wien.

Mayer-Tasch, P. C. (1976): Die Bürgerinitiativbewegung. Der aktive Bürger als rechts- und politikwissenschaftliches Problem, Reinbek bei Hamburg.

Mazlish, B./Buultjens, R., Hrsg. (1993): Conceptualizing Global History, Boulder.

McGrew, A. G. (1992): Global Politics in a Transitional Era, in: ders. u.a., Hrsg., Global Politics. Globalization and the Nation-State, Cambridge, 312-330.

McGuire, J. (1963), Business and Society, McGraw-Hill, New York.

McIntosh, M. et al. (2003): International Standards for Corporate Responsibility, in: Ethical Corporation Magazine No. 1 2003, 22-29.

– (2003): Analysis: International standards for corporate responsibility, in: Ethical Corporation Magazine, Online-Version http://www.ethicalcorp.com/content.asp?Content ID=354.

McLuhan, M. (1995): Die Gutenberg-Galaxis, Bonn.

Meadows, D. C. (1976): Wachstum bis zur Katastrophe? Pro und Contra zum Weltmodell, hg. v. H. E. Richter, München.

Meadows, D. C. et al., Hrsg. (1972): Die Grenzen des Wachstums. Bericht des Club of Rome zur Lage der Menschheit, Stuttgart.

Meffert, H. (1989): Globalisierungsstrategien und ihre Umsetzung im internationalen Wettbewerb, in: Die Betriebswirtschaft, Heft 4, 1989, 445-463.

Meffert, H./Bolz, J. (1997): Internationales Marketing-Management, 3. Aufl., Stuttgart.

Meffert, H./Kirchgeorg, M. (1995): Einsatz der ökologischen Zertifizierung im Marketing, in: P. Klemmer und T. Meuser, Hrsg., EG-Umweltaudit. Der Weg zum ökologischen Zertifikat, Wiesbaden, 95-122.

- (1998): Marktorientiertes Umweltmanagement. Konzeption, Strategie, Implementierung, 3. Aufl., Stuttgart.

Meister, H.-P./Banthien, H. (1998): Die Rolle internationaler Industrieverbände für die Ermittlung und Implementierung einer Ethik: Das Responsible-Care-Programm der Chemischen Industrie, in: H. Steinmann und G. R. Wagner, Hrsg., Umwelt und Wirtschaftsethik, Stuttgart, 107-129.

Merten, K. (1994): Evolution der Kommunikation, in: ders., S. J. Schmidt und S. Weischenberg, Hrsg., Die Wirklichkeit der Medien. Eine Einführung in die Kommunikationswissenschaft, Opladen, 141-162.

Merton, R. K. ([1963] 1996): Sociological Ambivalence, in: ders., On Social Structure and Science, Chicago, 123-131.

Messerli, P./Meuli, H. (1996): Umwelt und Tourismus. Erfordernisse an die neue, wettbewerbsorientierte Tourismuspolitik, Bern.

Messner, D. (2001): Weltkonferenzen und Global Governance: Anmerkungen zum radikalen Wandel vom Nationalstaatensystem zur Global-Governance-Epoche, in: T. Fues und B. I. Hamm, Hrsg, Die Weltkonferenzen der 90er Jahre: Baustellen für Global Governance, 13-43.

Minc, A. (1998): Globalisierung – Chance der Zukunft, a.d. Franz. v. M. Sedlaczek, Wien.

Minsch et al. (1996): Mut zum ökologischen Umbau. Innovationsstrategien für Unternehmen, Politik und Akteurnetze, Basel/Boston/Berlin.

Mishra, R. (1999): Globalization and the Welfare State, Cheltenham, UK/Northampton, MA.

Missbach, A. (1997): Nachhaltige Entwicklung und Nord-Süd-Konflikt – Das Umfeld von NGO-Aktivitäten am Beispiel der internationalen Klimapolitik, in: E. Altvater, Hrsg., Vernetzt und verstrickt: Nicht-Regierungs-Organisationen als gesellschaftliche Produktivkraft, Münster, 85-112.

Moore, W. E. (1966): Global Sociology: The Word as a Singular System, in: American Journal of Sociology, 71, 475-482.

Morhardt, J. E. (2002): Clean green and read all over. 10 Rules for Effective Corporate Environmental and Sustainability Reporting, Milwaukee.

Morhardt, J. E./Baird, S./Freeman, K. (2002): Scoring corporate environmental and sustainability reports using GRI 2000, ISO 14031 and other criteria, in: Corporate Social Responsibility and Environment Management 9, 215–233.

Müller, M./Hennicke, P. (1995): Mehr Wohlstand mit weniger Energie. Einsparkonzepte, Effizienzrevolution, Solarwirtschaft, Darmstadt.

Münch, R. (1998): Globale Dynamik, lokale Lebenswelten. Der schwierige Weg in die Weltgesellschaft, Frankfurt am Main.

– (1991): Dialektik der Kommunikationsgesellschaft. Frankfurt am Main.

Multhaup, T./Grossmann, W. D. (1999): Einleitung: Die vielfältigen Fazetten der Nachhaltigkeit, in: D. Grossmann u.a., Hrsg., Nachhaltigkeit: Bilanz und Ausblick, Frankfurt am Main, 1-13.

Nattrass, B. / Altomare, M. (1999): The Natural Step for Business: Wealth, Ecology and the Evolutionary Corporation, Gabriola Island, Canada.

Nederveen-Pieterse, J. (1998): Der Melange-Effekt. Globalisierung im Plural, in: Beck, Hrsg. (1998c), 87-124.

Neyer, J./Seeleib-Kaiser, M. (1996): Arbeitsmarktpolitik nach dem Wohlfahrtsstaat. Konsequenzen der ökonomischen Globalisierung, in: Aus Politik und Zeitgeschichte, B 26/96, 36-44.

Nilsson, J. E./Dicken, P./Peck, J., Hrsg. (1996): The internationalization process: European firms in global competition, London.

Nowotny, E. (1997): Ein Ordnungsrahmen für den globalen Wettbewerb, in: Internationale Politik und Gesellschaft Nr. 3/1997, 229-236.

OECD (2001): Sustainable Development: Critical Issues, Paris.

– (2000a): The OECD-Guidelines for Multinational Enterprises: Review 2000, Paris.

- (2000b): The OECD Declaration and Decisions on International Investment and Multinational Enterprises: Basic texts, Paris.
- (1999): Sustainable Eonomic Growth: Natural Resources and the Environment in Norway, by Paul van den Noord and Ann Vourch, Economic Department Working Paper No. 218, Paris.
- (1997): Globalization and Linkages. Macro-structural Challenges and Opportunities, Peter Richardson (ed.), Economic Department Working Papers No. 181, Paris.
- (1996): Integrating Environment and Economy: Progress in the 1990s, Paris.

ÖIEW/BUND (2002): Die Erd-Charta, deutsche Übersetzung, 3. Aufl., San José.

Ohmae, K. (1992): Die neue Logik der Weltwirtschaft, Hamburg.

oikos International (1998): Sustainable Economics and Management. A Student Agenda for Researching and Teaching (Arbeitspapier des ersten Jahrestreffens von oikos International vom 16. bis 18. Dezember 1998), St. Gallen.

Opp, K.-D. (1996): Aufstieg und Niedergang der Ökologiebewegung in der Bundesrepublik, in: A. Diekmann und C. C. Jaeger, Hrsg., Umweltsoziologie, KZfSS, Sonderheft 36, Opladen, 350-379.

Packard, V. (1966): Die wehrlose Gesellschaft, München/Zürich.

Palazzo, G. (2004): The politicization of the corporation – towards a communicative concept of organizational legitimacy, Präsentation am EGOS colloquium, Ljubljana, 1.-3. Juli 2004.

Pearce, D. (1991): Blueprint 2: Greening the Economy, London.

- (2000): Economics and Environment. Essays on Ecological Economics and Sustainable Development, London.

Pearce, D./Markandya, A./Barbier, E. B. (1989): Blueprint for a Green Economy, London.

Pearson, I., Hrsg. (1998): Der Fischer Atlas der Zukunft, a.d. Engl. v. B. Schäfer u. K. Fleckenstein, Frankfurt am Main.

Perraton, J. et al. (1998): Die Globalisierung der Wirtschaft, in: Beck, Hrsg. (1998b), 134-168.

Perrow, C. (1989): Normale Katastrophen. Die unvermeidbaren Risiken der Grosstechnik, Frankfurt a. M./New York.

Pfriem, R. (1998): Genug ist nicht genug. Was eine sozialökologische (=integrative?) Unternehmensethik möglicherweise gegen die Globalisierungsfalle anrichten kann, in: T. Maak und Y. Lunau, Hrsg., Weltwirtschaftsethik: Globalisierung auf dem Prüfstand der Lebensdienlichkeit, Bern / Stuttgart/ Wien, 465-486.

- (1996): Unternehmenspolitik in sozialökologischen Perspektiven, 2. Aufl., Marburg.

Preisendörfer, P./Franzen, A. (1996): Der schöne Schein des Umweltbewusstseins. Zu den Ursachen du Konsequenzen von Umwelteinstellungen in der Bevölkerung, in: A. Diekmann und C. C. Jaeger, Hrsg., Umweltsoziologie, KZfSS, Sonderheft 36, Opladen, 219-244.

Pries, L. (1999): Die Transnationalisierung der sozialen Welt und die deutsche Soziologie, in: Soziale Welt 50, 383-394.

Renn, O./Knaus, A./Kastenholz, H. (1999): Wege in eine nachhaltige Zukunft, in: B. Breuel, Hrsg., Agenda 21 – Vision: Nachhaltige Entwicklung, Frankfurt am Main/New York, 17-74.

Renner, M. (2000): Arbeitsplätze schaffen, die Umwelt bewahren, in: Worldwatch Institute, Hrsg., Zur Lage der Welt 2000: Prognosen für das Überleben unseres Planeten, Frankfurt am Main, 218-251.

Richter, D. (1997): Weltgesellschaft, in: G. Kneer, Hrsg., Soziologische Gesellschaftsbegriffe. Konzepte moderner Zeitdiagnosen, München, 184-204.

Porter, M. E. (1997): Nur Strategie sichert auf Dauer hohe Erträge, in: Harvard Business Manager, Nr. 3 1997, 42-58.

Postel, S. (2000): Neue Wege in der Bewässerungswirtschaft, in: Worldwatch Institute, Hrsg., Zur Lage der Welt 2000: Prognosen für das Überleben unseres Planeten, Frankfurt am Main, 96-125.

Preuss, S. (1991): Umweltkatastrophe Mensch. Über unsere Grenzen und Möglichkeiten, ökologisch bewusst zu handeln, Heidelberg.

Quaas, G. (1994): Ethik als ökonomische Theorie der Moral?, in: Ethik und Sozialwissenschaften 5, 63-65.

Rapoport, A./Chammah, A. M. (1965): Prisoner's Dilemma, Ann Arbor.

Redclift, M. R./Skea, J. F. (1996): Globale Umweltveränderungen: Der Beitrag der Sozialwissenschaften, in: A. Diekmann und C. C. Jaeger, Hrsg., Umweltsoziologie, KZfSS, Sonderheft 36, Opladen, 380-389.

Reich, R. B. (1993): Die neue Weltwirtschaft. Das Ende der nationalen Ökonomie, Frankfurt am Main/Berlin.

Renner, A. (2002): Nachhaltigkeit und Globalisierung, Partizipation und Demokratie – Identifizierung von Zusammenhängen und Gestaltungsansätzen, Bensheim/Berlin.

Rifkin, J. (1995): The End of Work, New York.

Ritzer, G. (1995): Die McDonaldisierung der Gesellschaft, a. d. Amerik. v. S. Vogel, Frankfurt am Main.

Robertson, R. (1998): Glokalisierung: Homogenität und Heterogenität in Raum und Zeit, in: U. Beck, Hrsg., Perspektiven der Weltgesellschaft, Frankfurt am Main, 192-220.

– (1992): Globalization. Social Theory and Global Culture, London.

Rode, F. A. (1989): Der Weg zum neuen Konsumenten. Wertewandel in der Werbung, Wiesbaden.

Rose, K. (1987): Grundlagen der Wachstumstheorie, 5. Aufl., Göttingen.

Rota, Franco P. (1997): Informationsmittel des Unternehmens. Wege und Formen effizienter Marktinformation, München.

Roth, G. (1999): Max Weber und der globale Kapitalismus damals und heute, in: G. Schmidt und R. Trinczek, Hrsg., Ökonomische und soziale Herausforderungen am Ende des zwanzigsten Jahrhunderts, Soziale Welt, Sonderband 13, Baden-Baden, 29-39.

Ruh, H. (1998): Das Shareholder-Value-Konzept. Globale Neuauflage eines alten Missverständnisses, in: T. Maak und Y. Lunau, Hrsg., Weltwirtschaftsethik: Globalisierung auf dem Prüfstand der Lebensdienlichkeit, Bern / Stuttgart / Wien, 191-201.

Ruhrmann, G. (1994): Ereignis, Nachricht und Rezipient, in: K. Merten, S. J. Schmidt u. S. Weischenberg, Hrsg., Die Wirklichkeit der Medien. Eine Einführung in die Kommunikationswissenschaft, Opladen, 237-256.

Sarasin, C. (1998): Unternehmensethische Herausforderungen im globalen Umfeld, in: T. Maak und Y. Lunau, Hrsg., Weltwirtschaftsethik: Globalisierung auf dem Prüfstand der Lebensdienlichkeit, Bern / Stuttgart/ Wien, 369-384.

Sassen, S. (1991): The Global City: New York, London, Tokyo, Princeton.

- (1988): The Mobility of Labour and Capital: A Study of International Investment and Labour Flow, Cambridge, Mass.

Sautter, H. (1994): Probleme einer intergesellschaftlichen Sozialordnung, in: K. Homann, Hrsg., Wirtschaftsethische Perspektiven I: Theorie, Ordnungsfragen, internationale Institutionen, Berlin, 211-239.

Scharpf, F. W. (1998): Demokratie in der transnationalen Politik, in: U. Beck, Hrsg., Politik der Globalisierung, Frankfurt am Main, 228-253.

Schaltegger, S. / Burritt, R. / Petersen, H. (2003): An Introduction to Corporate Environmental Management: Striving for Sustainability, Sheffield.

Schaltegger, S./Dyllick, T., Hrsg. (2002): Nachhaltig managen mit der Balanced Scorecard: Konzept und Fallstudien, Wiesbaden.

Schaltegger, S. et al. (2002): Sustainability Management in Business Enterprises – Concepts and Instruments for Sustainable Organisation Development, The Federal Ministry for the Environment, Nature Conservation and Nuclear Safety, Bonn, Germany.

Scherer, A.G. / Baumann, D. (2004): Global Rules and Private Actors – The Role of the Transnational Corporation in the Global Governance, Präsentation am EGOS colloquium, Ljubljana, 1.-3. Juli 2004.

Scherer, A. G./Smid, M. (2000): The Downward Spiral and the U.S. Model Business Principles. Why MNEs Should Take Responsibility for the Improvement of World-wide Social and Environmental Conditions, in: Management International Review 40, 351-371.

Schimany, P. (1997): Globalisierung aus sozialwissenschaftlicher Perspektive, in: ders. u. M. Seifert, Hrsg., Globale Gesellschaft? Perspektiven der Kultur- und Sozialwissenschaften, Frankfurt am Main, 137-168.

Schmidheiny, S./BCSD (1992): Kurswechsel. Globale unternehmerische Perspektiven für Entwicklung und Umwelt, 3. Aufl., München.

Schmidheiny, S./Zorraquin, F./WBCSD (1996): Finanzierung des Kurswechsels. Die Finanzmärkte als Schrittmacher der Ökoeffizienz, Zürich.

Schmidt, G. (1999): ›Globalisierung‹ – oder: Der gesellschaftliche Diskurs zur Sorge ums Weitermachen am Ende des 20. Jahrhunderts, in: ders. und R. Trinczek, Hrsg., Ökonomische und soziale Herausforderungen am Ende des zwanzigsten Jahrhunderts, Soziale Welt, Sonderband 13, Baden-Baden, 11-25.

Schmidt, S. J. (1996): Der Radikale Konstruktivismus. Ein neues Paradigma im interdisziplinären Diskurs, in: ders., Hrsg., Der Diskurs des Radikalen Konstruktivismus, 7. Aufl., Frankfurt am Main, 11-88.

– (1995): Werbung zwischen Wirtschaft und Kunst, in: S. Schmidt und B. Spiess, Hrsg., Werbung, Medien und Kultur, Opladen, 26-43.

Schmidt, S. J./Spiess, B. (1997): Die Kommerzialisierung der Kommunikation. Fernsehwerbung und sozialer Wandel 1956-1989, Frankfurt am Main.

Schmitt, D. (1998): Sustainable Development und Unternehmensführung – unternehmerische Verantwortung in der Folge von Rio, in: H. Steinmann und G. R. Wagner, Hrsg., Umwelt und Wirtschaftsethik, Stuttgart, 80-92.

Schmitz, W. (1994): Die Entwicklung der Konditionalität des Internationalen Währungsfonds zu einem ordnungspolitischen Instrument der Weltwirtschaftsordnung. Ein Beispiel für die Interdependenz ordnungsethischer Zielsetzungen auf internationaler Ebene, in: K. Homann, Hrsg., Wirtschaftsethische Perspektiven I: Theorie, Ordnungsfragen, internationale Institutionen, Berlin, 275-302.

Schönborn, G./Steinert, A. (2001): Sustainability Agenda. Nachhaltigkeitskommunikation für Unternehmen und Institutionen, Neuwied/Kriftel.

Schuler, A. (1992): Das Prinzip der Nachhaltigkeit und der Aufbau der schweizerischen Forstwirtschaft; Vortrag, gehalten in der Arbeitsgruppe »Forstgeschichte« des internationalen Verbandes forstlicher Versuchsanstalten (IUFRO) in Berlin.

Schulze, G. (1992): Die Erlebnisgesellschaft. Kultursoziologie der Gegenwart, Frankfurt am Main/New York.

Schumann, H. (2003): Die Globalisierung folgt dem falschen Programm, in: C. Grefe, M. Greffrath und H. Schumann, attac. Was wollen die Globalisierungskritiker, Berlin, 19-102.

Schwab, K./Smadja, C. (1998): Macht und Politik: Die neue Weltwirtschaftsordnung, in: B. v. Oetinger, Hrsg., Strategien für die neue Weltwirtschaft, München/Wien, 29-41.

Schwinn, T. (1999): Gibt es eine »Zweite Moderne«? Über den Umgang mit soziologischen Diagnosen, in: Soziale Welt 50, 423-432.

Seifert, M. (1997): Globalisierung der Lebenswelten. Exkurse in die Alltagskultur der Moderne, in: P. Schimany u. M Seifert, Hrsg., Globale Gesellschaft? Perspektiven der Kultur- und Sozialwissenschaften, Frankfurt am Main, 195-222.

Sen, A. (1999): Ökonomie für den Menschen. Wege zu Gerechtigkeit und Solidarität in der Marktwirtschaft, aus d. Engl. v. C. Goldmann, München/Wien.

Sennett, R. (1998): Der flexible Mensch. Die Kultur des neuen Kapitalismus, 8. Aufl., Berlin.

Sethi, S. P. (2002): Standards for Corporate Conduct in the International Arena: Challenges and Opportunities for Multinational Corporations, in: Business and Society Review, Spring 2002 (107:1), 20-40.

- (1975), Dimensions of Corporate Social Performance: An Analytical Framework, in: California Management Review 17, No 3, S. 58-64.

Shaw, M. (1998): Die Repräsentation ferner Konflikte und die Zivilgesellschaft, in: U. Beck, Hrsg., Perspektiven der Weltgesellschaft, Frankfurt am Main, 221-255.

Simmel, G. ([1908] 1968): Soziologie. Untersuchungen über die Formen der Vergesellschaftung, Berlin.

- ([1900] 1989), Philosophie des Geldes, Gesamtausgabe Bd. 6, hg. v. O. Rammstedt, Frankfurt am Main.

Sklair, L. (1991): Sociology of the Global System. London.

Smith, A. ([1776] 1978): Der Wohlstand der Nationen. Eine Untersuchung seiner Natur und seiner Ursachen, aus. d. Engl. übertr. u. hg. v. H. C. Recktenwald, München.

- ([1759] 1977): Theorie der ethischen Gefühle. 2 Bde, übersetzt u. hrsg. V. W. Eckstein, Hamburg.

Spencer, G. H. (1857): Progress: Its Law and Cause, in: J. D. Y. Peel, Hrsg., Herbert Spencer and Social Evolution, Chicago, 38-52.

Steger, U./Winter, M. (1996): Strategische Früherkennung zur Antizipation ökologisch motivierter Marktveränderungen, in: Die Betriebswirtschaft, 56. Jg., H. 5, 607-629.

Steinmann, H./Löhr, A. (1992): Grundlagen der Unternehmensethik, Stuttgart.

Stichweh, R. (1995): Zur Theorie der Weltgesellschaft, in: Soziale Systeme, 1. Jg., 29-45.

Stock, W. G. (1995): Europas Weg in die Informationsgesellschaft, in: Ifo Schnelldienst, 6/95, München, 15-28.

Stratos Inc. (2003): Building confidence: Corporate Sustainability Reporting in Canada, Ottawa.

- (2001): Stepping forward: Corporate Sustainability Reporting in Canada, Ottawa.

Stückelberger, C. (2004): Selektive Globalisierung – eine wirtschaftsethische Perspektive, in: U. Mäder und C.-H. Daub, Hrsg., Soziale Folgen der Globalisierung, Basel, 49-65.

SustainAbility/UNEP (2002): Trust Us: The Global Reporters 2002 Survey of Corporate Sustainability Reporting, London.

- (2000): The Global Reporters, London.
- (1997): The 1997 Benchmark Survey – The Third International Progress Report on Company Environmental Reporting, London.

Tanner, C./Foppa, K. (1996): Umweltwahrnehmung, Umweltbewusstsein und Umweltverhalten, in: A. Diekmann und C. C. Jaeger, Hrsg., Umweltsoziologie, KZfSS, Sonderheft 36, Opladen, 245-271.

Thommen, J.-P. (1996): Glaubwürdigkeit: die Grundlage unternehmerischen Denkens und Handelns, Zürich.

Töpfer, K. (1998): Sustainable Development im Spannungsfeld von internationaler Herausforderung und nationalen Handlungsmöglichkeiten, in: H. Steinmann und G. R. Wagner, Hrsg., Umwelt und Wirtschaftsethik, Stuttgart, 93-103.

Tyrell, H. (1985): Emile Durkheim – Das Dilemma der organischen Solidarität, in: N. Luhmann, Hrsg., Soziale Differenzierung: Zur Geschichte einer Idee, Opladen, 181-250.

Ulrich, P. (1999): Grundrechte und Grundfähigkeiten. Gedanken zu einem Leitbild sozioökonomischer Entwicklung aus der Perspektive der integrativen Wirtschaftsethik, in: H.-B. Peter, Hrsg., Globalisierung, Ethik und Entwicklung, Bern/Stuttgart/Wien.

- (1997): Integrative Wirtschaftsethik. Grundlagen einer lebensdienlichen Ökonomie, Bern/Stuttgart/Wien.
- (1993): Transformation der ökonomischen Vernunft: Fortschrittsperspektiven der modernen Industriegesellschaft, 3., rev. Aufl., Bern/Stuttgart/Wien.
- (1977): Die Grossunternehmung als quasi-öffentliche Institution. Eine politische Theorie der Unternehmung, Stuttgart.

Ulrich, P./Fluri, E. (1995): Management. Eine konzentrierte Einführung, 7., verb. Aufl., Bern/Stuttgart/Wien.

Ulrich, P./Thielemann, U. (1993): Wie denken Manager über Markt und Moral?, in: J. Wieland, Hrsg., Wirtschaftsethik und Theorie der Gesellschaft, Frankfurt am Main, 54-91.

- (1992): Ethik und Erfolg. Unternehmensethische Denkmuster von Führungskräften – eine empirische Studie, Bern/Stuttgart.

UNCTAD (2003): World Investment Report 2003 – FDI Policies for Development: National and International Perspectives, New York/Genf.

- (2000): World Investment Report 2000 – Cross-border Mergers and Acquisitions and Development, New York/Genf.
- (1999a): Trade and Development Report 1997, New York/Genf.
- (1999b): The Social Responsibility of Transnational Corporations, New York/Genf.

UNDP (2002): Human Development Report 2002: Deepening Democracy in a Fragmented World, New York

- (1999): Bericht über die menschliche Entwicklung. Globalisierung mit menschlichem Antlitz. Deutsche Gesellschaft für die Vereinten Nationen, Hrsg., Bonn.
- (1998): Bericht über die menschliche Entwicklung. Konsum und menschliche Entwicklung. Deutsche Gesellschaft für die Vereinten Nationen, Hrsg., Bonn.
- (1997): Reconceptualising Governance, Discussion Paper 2, Management Development and Governance Division, New York.
- (1996): Bericht über die menschliche Entwicklung. Wirtschaftswachstum und menschliche Entwicklung. Deutsche Gesellschaft für die Vereinten Nationen, Hrsg., Bonn.
- (1994): Bericht über die menschliche Entwicklung. Neue Dimensionen menschlicher Sicherheit. Deutsche Gesellschaft für die Vereinten Nationen, Hrsg., Bonn.

United Nations (1992), Agenda 21: Programme of Action for Sustainable Development. Rio Declaration on Environment and Development. Statement of Forest Principles, New York.

VCI, Hrsg. (2003): Responsible Care: Daten der chemischen Industrie zu Sicherheit, Gesundheit und Umweltschutz, hg. vom Verband der Chemischen Industrie, Frankfurt.

Vogelpoth, N. (1980): Die französische Sozialbilanz, Frankfurt.

Vogler, J. (1998): Globale Umweltpolitik, in: U. Beck, Hrsg., Perspektiven der Weltgesellschaft, Frankfurt am Main, 293-331.

Vorholz, F. (2000): Streit um Foul und Abseits, in: Die Zeit Nr. 46 vom 9.11.2000, S. 25.

Wagner, G. R. (1990): Unternehmung und ökologische Umwelt, München.

Walk, H./Brunnengräber, U./Altvater, E. (1997): Einleitung, in: E. Altvater, Hrsg., Vernetzt und verstrickt: Nicht-Regierungs-Organisationen als gesellschaftliche Produktivkraft, Münster, 10-25.

Wallerstein, I. (1986): Das moderne Weltordnungs-System. Kapitalistische Landwirtschaft und die Entstehung der europäischen Weltwirtschaft im 16. Jahrhundert, Frankfurt a. M.

- (1974): The modern World-System I, San Diego u.a.

Warner, M./ Sullivan, R., Hrsg. (2004): Putting Partnerships to Work: Strategic Alliances for Development between Government, the Private Sector and Civil Society, Sheffield.

Waters, M. (1995): Globalization, London.

Weber, M. ([1921] 1984): Soziologische Grundbegriffe, Sonderausgabe aus »Wirtschaft und Gesellschaft«, 6. Aufl., Tübingen.

- ([1921] 1956): Wirtschaft und Gesellschaft, Tübingen.

- ([1920] 1988): Gesammelte Aufsätze zur Religionssoziologie, Bd. 1, Tübingen.

- ([1894] 1988): Die Börse, in: ders., Gesammelte Aufsätze zur Soziologie und Sozialpolitik, hg. v. Marianne Weber, 2. Aufl., Tübingen, 256-322.

Weder, R. (1993): Globale Umwelt und Entwicklung, in: R. L. Frey, E. Staehelin-Witt u. H. Blöchliger, Hrsg., Mit Ökonomie zur Ökologie: Analyse und Lösungen des Umweltproblems aus ökonomischer Sicht, 2., überarb. u. erg. Aufl., Basel/Frankfurt a. M./Stuttgart, 157-178.

Welzmüller, R. (1997): Zu den Folgen der Globalisierung für die nationalen Güter-, Finanz- und Arbeitsmärkte, in: Aus Politik und Zeitgeschichte, B 33-34/97, 20-28.

Weizsäcker, E. U. von (1989): Erdpolitik. Ökologische Realpolitik an der Schwelle zum Jahrhundert der Umwelt, Darmstadt.

- (1999): Nachhaltigkeit: Neue Technologien, neue Zivilisation, in: D. Grossmann u.a., Hrsg., Nachhaltigkeit: Bilanz und Ausblick, Frankfurt am Main, 61-74.

Weizsäcker, E. U. von/Lovins, A. B./Lovins, L. H. (1997): Faktor Vier. Doppelter Wohlstand – halbierter Naturverbrauch. Der neue Bericht an den Club of Rome, 10. Aufl., Darmstadt 1997.

Wendt, A. (1998): Der Internationalstaat. Identität und Strukturwandel in der internationalen Politik, in: U. Beck, Hrsg. Perspektiven der Weltgesellschaft, Frankfurt am Main, 381-410.

Werhane, P. A. (1992): Rechte und Verantwortung von Korporationen; in: H. Lenk und M. Maring, Hrsg., Wirtschaft und Ethik, Stuttgart, 329-336.

Werner, K./Weiss, H. (2001): Schwarzbuch Markenfirmen: Die Machenschaften der Weltkonzerne, Wien/Frankfurt a. M.

Wieland, J. (1994): Organisatorische Formen der Institutionalisierung von Moral in der Unternehmung, in: H. G. Nutzinger, Hrsg., Wirtschaftsethische Perspektiven II. Unternehmen und Organisationen, philosophische Begründungen, individuelle und kollektive Rationalität, Berlin, 11-35.

Wiesenthal, H. (1999): Globalisierung als Epochenbruch – Maximaldimensionen eines Nichtnullsummenspiels, in: G. Schmidt und R. Trinczek, Hrsg., Ökonomische und soziale Herausforderungen am Ende des zwanzigsten Jahrhunderts, Soziale Welt, Sonderband 13, Baden-Baden, 503-533.

Williams, O. F. (2000): Global Codes of Conduct. An Idea Whose Time Has Come. Notre Dame.

Williams, D./Young, T. (1994): Governance, the World Bank and Liberal Theory, in: Political Studies, XLII, 84-100.

Willke, H. (1987): Strategien der Intervention in autonome Systeme, in: D. Baecker u.a., Hrsg., Theorie als Passion. Niklas Luhmann zum 60. Geburtstag, Frankfurt am Main, 333-361

World Bank (2001): Globalization, Growth and Poverty: Building an Inclusive World Economy, Washington D.C. und New York.

- (1998): World Development Indicators, Washington D.C.

- (1997): Expanding the Measure of Wealth. Indicators of Environmentally Sustainable Development, Washington D.C.
- (1994): Development in Practice: Governance – the World Bank's Experience, Executive Summary, Washington D.C.
- (1992): Governance and Development, Washington D.C.
- (1989): Sub-Sahara Africa: From Crisis to Sustainable Growth. A Long-term Perspective Study, Washington D.C.

World Business Council for Sustainable Development (WBCSD) (2002): Sustainable development reporting – striking the balance, Genf.
- (2001): Sustainability through the market – seven keys to success, Genf.
- (1999): Meeting Changing Expectations: Corporate Social Responsibility, Genf.
- (1997): Signals of Change – Business Progress Towards Sustainable Development, Genf.
- (1995): Sustainable Production and Consumption: A Business Perspective, Hg. v. World Business Council for Sustainable Development (WBCSD), Genf.

World Resources Institute et al., Hrsg. (1998): World Resources 1998-99. A Guide to the Global Environment. Environmental Change and Human Health, New York/Oxford.

World Resources Institute/UNEP/WBCSD (2002): Tomorrow`s markets – global trends and their implications for business, Washington/Paris/Genf.

World Trade Organization (2003): International Trade Statistics 2003, Genf.

World Wide Fund for Nature (2001): Klimakatastrophe in Den Haag, in WWF-Journal 1/2001, 6.

Worster, D. (1994): Auf schwankendem Boden. Zum Begriffswirrwarr um »nachhaltige Entwicklung«, in: W. Sachs, Hrsg., Der Planet als Patient. Über die Widersprüche globaler Umweltpolitik, Basel/Boston/Berlin, 93-112.

Wysocki, K. v. (1981): Sozialbilanzen, Stuttgart.

Zajitschek, S. (1997): Corporate Ethics Relations – Orientierungsmuster für die legitime Gestaltung unternehmensexterner Beziehungen, Bern/Stuttgart/Wien.

Zimmerli, W. C. (1998): Ethik in der Praxis. Wege zur Realisierung einer Technikethik, Hannover.

Zimmerli, W. C./Assländer, M. (1996): Wirtschaftsethik, in: J. Nida-Rümelin, Hg.: Angewandte Ethik. Die Bereichsethiken und ihre theoretische Fundierung, Stuttgart, 290-345.

Zürn, M. (1998): Regieren jenseits des Nationalstaates. Globalisierung und Denationalisierung als Chance, Frankfurt am Main.

Zürn, M./Take, I. (1996): Weltrisikogesellschaft und öffentliche Wahrnehmung globaler Gefährdungen, in: Aus Politik und Zeitgeschichte, B 24-25/96, 3-13.